船舶管系制作与安装

主　编　孙月秋
副主编　李　巍　沈　蕾　吴璇璇
　　　　刘　方　张世锋
参　编　孙文涛　闫佳兵
主　审　郑学贵

北京理工大学出版社
BEIJING INSTITUTE OF TECHNOLOGY PRESS

内 容 提 要

本书基于船舶修造企业船舶管系生产安装与总体验收职业能力要求，考虑工作过程逻辑性，依据大量实践和多年船舶修造生产经验，以船舶管系制作与安装的实际工作任务为载体进行编写。全书由认知船舶管子零件图和管系安装图、加工及检验船舶管系、自制船舶管系常用附件、船舶管系常用附件的选用与安装、安装船舶管路系统、运行调试船舶管路系统六个模块26个任务组成。

本书可作为高等院校船舶动力工程技术专业的教材，也可供从事轮机修造从业人员自学时参考使用。

版权专有　侵权必究

图书在版编目（CIP）数据

船舶管系制作与安装 / 孙月秋主编 . -- 北京：北京理工大学出版社，2021.7
ISBN 978-7-5763-0049-9

Ⅰ. ①船… Ⅱ. ①孙… Ⅲ. ①船舶管系－工艺学－高等学校－教材　Ⅳ. ① U664.84

中国版本图书馆 CIP 数据核字（2021）第 137346 号

出版发行 / 北京理工大学出版社有限责任公司	
社　　址 / 北京市海淀区中关村南大街5号	
邮　　编 / 100081	
电　　话 / （010）68914775（总编室）	
（010）82562903（教材售后服务热线）	
（010）68944723（其他图书服务热线）	
网　　址 / http://www.bitpress.com.cn	
经　　销 / 全国各地新华书店	
印　　刷 / 天津久佳雅创印刷有限公司	
开　　本 / 787毫米×1092毫米　1/16	
印　　张 / 17.5	责任编辑 / 阎少华
字　　数 / 425千字	文案编辑 / 阎少华
版　　次 / 2021年7月第1版　2021年7月第1次印刷	责任校对 / 周瑞红
定　　价 / 75.00元	责任印制 / 边心超

图书出现印装质量问题，请拨打售后服务热线，本社负责调换

前言

本书根据国家"双高计划"船舶工程技术高水平专业群项目建设，依据国家教学标准、船舶行业职业标准（规范）和专业人才培养方案（专业标准）等进行立项编写。为推进船舶动力工程技术专业"三教"（教师、教材、教法）改革，更好地培养学生专业能力、帮助学生学习工作过程知识、促进学生关键能力和综合素质的提高，编者与行业企业合作编写了这本船舶动力工程技术专业的核心课程教材。

本书对接船舶管系制造和安装行业进展、科技发展趋势和市场需求，吸收比较成熟的新技术、新工艺、新规范，突出理论和实践相统一，注重实用性，遵从学术性，满足"1+X"证书制度下课证融通要求，实现技术技能人才培养与培训通用。本书在编写过程中，形成了如下特色：

1．本书内容按行动领域项目化，取材于工作实际，由企业专家和来自企业的教学专家共同参与，体现校企合作、工学结合。

2．知识结构按工作过程系统化，体现教学过程以学生行动为主体。

3．明确教学方法以培养能力为目标。

4．理论性知识总量适度、够用，且反映新技术、新工艺。

5．任务引领设计具体，可操作性强，能方便地按岗位工作实际设计教学情境。

本书以具备船舶管系的零件图和安装图识读、船舶管子的加工、船舶管系常用附件的制作、船舶管系常用附件的选用与安装、船舶管路系统安装和调试等相关职业岗位能力为学习目标，在应用新技术、新工艺完成生产实际工作任务过程中融入思政教育，以提升学生知识认证能力、实践能力和学做结合技能，切实将教材变为"学材"，操作性较强，使学生能更快、更顺利地胜任船舶动力工程技术生产岗位。

本书由渤海船舶职业学院孙月秋担任主编，渤海船舶重工有限责任公司李巍、渤海船舶职业学院沈蕾及吴璇璇、江苏省无锡交通高等职业技术学校刘方、大连航运职业技术学校张世锋担任副主编，渤海船舶职业学院孙文涛、闫佳兵参编。具体编写分工为：孙月秋

Foreword

编写模块 1 的任务 1.1、1.2、1.3、1.4、1.5 以及模块 2 的任务 2.1、2.2 的内容；闫佳兵编写模块 2 的任务 2.3、2.4 的内容；孙文涛编写模块 2 的任务 2.5、2.6 的内容；李巍编写模块 1 的任务 1.6 和模块 2 的任务 2.7 的内容；吴璇璇编写模块 3 和附录中的学习模块 1 和学习模块 2 的内容；沈蔷编写模块 4 和附录中的学习模块 3、4、5、6 的内容；刘方编写模块 5、模块 6 的内容；张世锋协助孙月秋负责本书统稿及校稿工作。

渤海船舶职业学院郑学贵教授审阅了本书的全部内容，并提出了许多宝贵的意见与建议，在此深表谢意。由于编者水平有限，书中难免存在疏漏及不足之处，敬请读者批评指正。

编　者

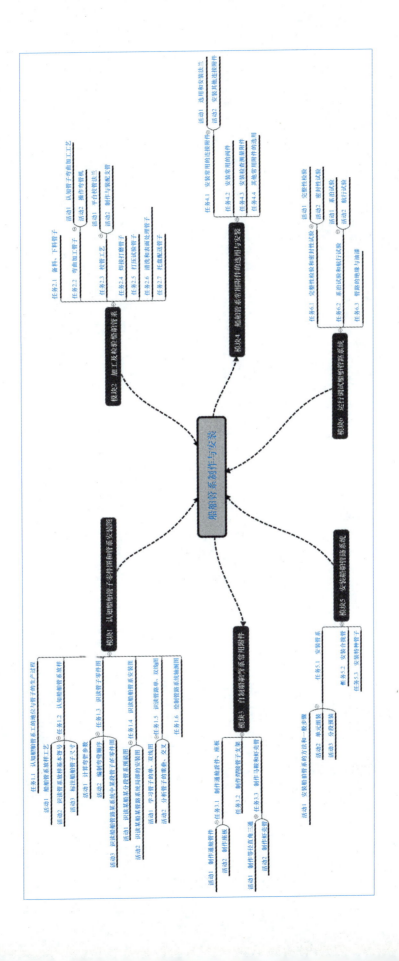

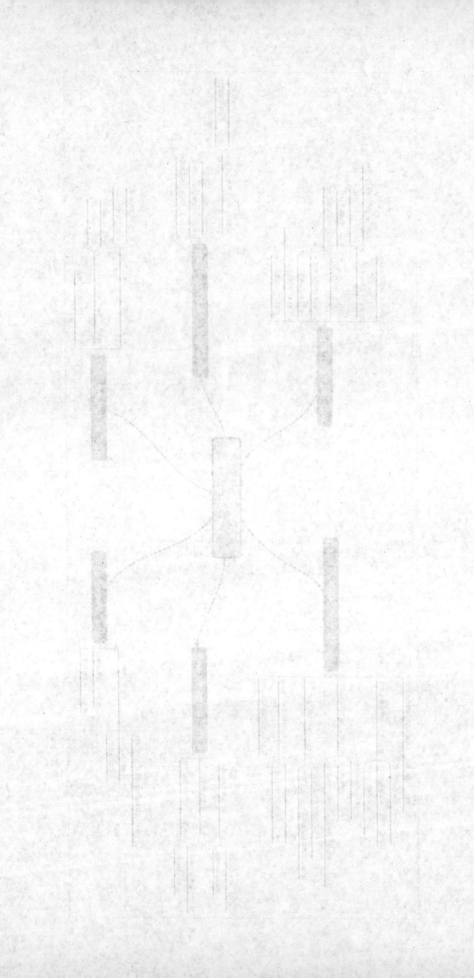

目录

模块1　认知船舶管子零件图和管系安装图 ... 1
　任务1.1　认知船舶管系工的地位与管子的生产过程 ... 2
　任务1.2　认知船舶管系放样 ... 6
　任务1.3　识读管子零件图 ... 30
　任务1.4　识读船舶管系安装图 ... 49
　任务1.5　识读管路单、双线图 ... 63
　任务1.6　绘制管路系统轴测图 ... 74

模块2　加工及检验船舶管系 ... 79
　任务2.1　备料、下料管子 ... 81
　任务2.2　弯曲加工管子 ... 88
　任务2.3　校管工艺 ... 101
　任务2.4　焊接打磨管子 ... 110
　任务2.5　打压试验管子 ... 118
　任务2.6　清洗和表面处理管子 ... 122
　任务2.7　托盘配送管子 ... 126

模块3　自制船舶管系常用附件 ... 131
　任务3.1　制作通舱管件、座板 ... 132
　任务3.2　制作焊接管子支架 ... 139
　任务3.3　制作马鞍和虾壳管 ... 145

模块4　船舶管系常用附件的选用与安装 153
任务4.1　安装常用的连接附件 154
任务4.2　安装常用的阀件 164
任务4.3　安装检查测量附件 171
任务4.4　其他常用附件的选用 177

模块5　安装船舶管路系统 183
任务5.1　安装管系 184
任务5.2　安装合拢管 207
任务5.3　安装特种管子 211

模块6　运行调试船舶管路系统 217
任务6.1　完整性检验和密封性试验 218
任务6.2　系泊试验和航行试验 229
任务6.3　管路的绝缘与油漆 239

附录 246

参考文献 272

模块 1　认知船舶管子零件图和管系安装图

模块描述

船舶管系放样是一项十分细致和严密的施工设计工作。要结合工厂实际，使管子便于加工和安装。识读管系图纸，就要熟悉管系放样符号。管系放样的基本符号归纳起来共有 4 大类，即管子曲形符号、连接件符号、支管曲形符号和阀件(附件)符号。在管系放样时，通常以船体的常用剖面作为基准面。要确定一根管子在船上的位置，只要能确定该管子两端法兰端面中心在船体纵向、横向及高度的相空间坐标值(x, y, z)就可以。管子零件图是管子进行弯制、校管和定位安装的基本依据。管子零件图主图的方位一般应与该管子在安装图中的方位一致，所以，还需标出管子端点的方位符号。要正确地运用图纸进行弯管工作，就必须看懂图纸中管子的实际长度、弯曲角、旋转角、起弯点和总长度的含义等；还要读懂管系安装图纸，才能够正确安装这些管件和设备。

模块分析

管系放样是采用投影原理，在样台上按一定比例放出(画出)船体型线图、结构布置图，并分别绘制出每一系统的管路及有关装置设备，再根据此图通过计算以求得各管路管段的实际形状、尺寸，并绘制弯管、校管用的管子施工零件图、各系统布置图(安装图)的工作过程。本模块通过管子零件图和安装图纸的识读，将现代科技运用到造船中，在今后的工作中就会大大提高生产效率。

模块目标

一、知识目标

1. 掌握管子曲形符号、连接件符号、支管曲形符号、阀件(附件)符号的含义。
2. 掌握管子端点的方位符号。
3. 掌握弯管参数的含义。
4. 识读管子零件图、安装图的步骤。
5. 绘制船舶管路系统轴测图。

二、能力目标

1. 能够掌握管子曲形符号、连接件符号、支管曲形符号、阀件(附件)符号。
2. 能够掌握管子端点的方位符号。
3. 能够计算弯管参数。
4. 能够识读管子零件图和安装图。
5. 能够绘制船舶管路系统轴测图。

三、素养目标

具有规范、安全操作意识，具有爱岗敬业、团队协作优秀品质，具有对新技能和新工艺的学习能力与解决问题的能力。

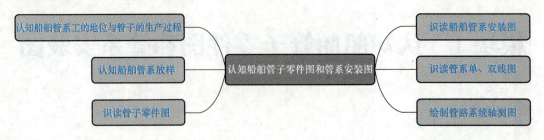

任务 1.1 认知船舶管系工的地位与管子的生产过程

工作任务	认知船舶管系工的地位与管子的生产过程		教学模式	任务驱动
任务描述	本任务主要是对典型管子的生产过程进行认知学习。			
学习目标	知识目标	1. 熟悉船舶管系工的重要地位和作用。 2. 了解船舶管系放样。 3. 了解船舶管系的生产过程。		
	能力目标	1. 能够掌握船舶管系工的作用。 2. 能够掌握船舶管系工的任务。 3. 能够认知船舶管系放样。 4. 能够掌握船舶管系的生产过程。		
	素质目标	1. 激发学生深入学习船舶管系的兴趣。 2. 培养学生具有分析、判断、计算、应用实践的基本素质,能够展示学习成果,对工作过程进行总结和反思。		
知识充电站				
船舶管系工在船舶建造中的作用和任务	船舶管系工是船舶修造行业中特有的工种,主要是指使用工具或机械设备对船舶管路及其附件进行取样、制造、铺设、安装、调试修理的人员。在船舶建造过程中,船舶装配工、船舶电焊工、船舶钳工、船舶管系工和船舶电工是五大主体工种。其中船舶管系工的工作量占全船工作量的15%~20%,所以,船舶管系工在船舶修造中的地位十分重要。 　　船舶管系工的主要任务是将输送船舶主机、辅机等机器设备,以及其他设备用的油、水、气等介质的管子、附件等连接起来,组成一个个系统,保证全船所有管系都能正常工作,为主辅机、日常生活、货物装卸、船舶正常航行等提供服务。在船舶动力装置中,管路占有较重要的位置,而管子制造和安装的质量好坏,将直接影响整个船舶的建造质量。所以,从事本岗位的工作人员,首先,要懂得管件的制造、安装知识及实际操作技能,看懂管子施工图及管理图表;其次,要了解船舶管路系统的工作原理,熟悉管系中各种装置、设备、常用阀件及附件和相关的法定检验技术知识;最后,要掌握船体的基本结构及分段知识。			
掌握相应的特殊职业技能	除具备基本素质外,本工种还应掌握相应的特殊职业技能: 1. 掌握相关设备的专业知识,主要包括管系的设计生产、液压传动、金属削切。 2. 了解托盘管理技术和常用设备的使用维护。 3. 掌握相关工种,如气割、电焊的知识和操作技能。 4. 具备立体作业的沟通协调能力,并能组织安排生产。 除以上要掌握的特殊职业技能外,本工种还要熟知的工作内容:首先,要能熟练进行船用管件的制作和安装,做好自放管测绘样板的制作;其次,必须能完成船用各种卫生设备的定位及安装;最后,要做好船舶管路系统的调试及故障排除。			

续表

任务实施

1. 识读典型的管子生产流程图，了解以下内容：

从图 1-1 中可以看出，一根管子从原材料到制作成形、安装、试验要经过多道工序，特别是内场制作要经过近 10 道工序才能完成。

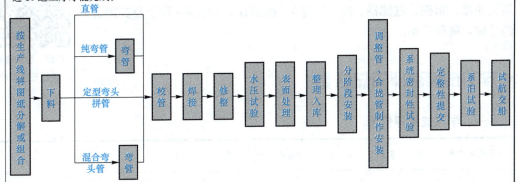

图 1-1　典型的管子生产流程

2. 分析典型的管子生产流程图，掌握生产流程的各个环节：

（1）下料：按管子切割计划表进行备料、画线和切割，根据管子制造工艺可以在理论长度上加放余量，这称为有余量下料；也可以按理论长度下料，这称为无余量下料。

（2）弯管：根据管子零件图对纯弯管或混合弯头管进行弯曲，直管或定型弯头拼管直接流入校管工序。

船舶管系的生产过程

（3）校管：在管子上装配连接件、支管、复板、仪表接头、止动器、管子附件等。

（4）焊接：进行管子的焊接工作。

（5）修整：去除管子制作、焊接过程中留在管子表面的毛刺、焊渣、流挂等，同时，对不合格的焊缝进行机械修整。

（6）水压试验：装焊完成的管子进行水压强度试验，并按要求进行验收提交。

（7）表面处理：按图纸要求对管子表面进行镀锌、酸洗、磷化、涂塑、衬橡胶或除锈涂油漆。

（8）整理入库：根据托盘管理表进行整理，每只托盘管子数量完整后移交给集配中心。

（9）分阶段安装：在船舶建造流程中已经叙述过。

（10）调整管、合拢管制作安装：在管子内场制作过程中，管子两端连接件不装焊的管子称为调整管，必须在船上现场校管、焊接后安装。分段间、总段间、管路与设备间等相互连接的最后一段管子，生产设计不设绘零件图，必须在现场取样后进行制作安装的管子称为合拢管。

（11）系统密封性试验：整个管路系统基本安装完成后，检查管路连接质量，即主要检查管子连接处的泄漏情况，根据管路输送的介质可采用水、油或空气进行密封性试验，试验的压力按图纸要求。

（12）完整性提交：按管系原理图，对整个管路进行是否安装完整、正确的检查，包括管子、阀件及附件、仪表、支架、名牌等。

（13）系泊试验和试航交船：所谓系泊试验，就是船舶下水后，在码头边对船舶上安装的各系统及机械、电气设备进行的调试提交工作。试航就是船舶在海上进行的航行试验，主要是对船的总体性能进行验证，是否达到了设计的要求。船舶试航结束后，一般应进行少量缺陷修补工作、移交工作及最后的涂装，方可交船。

任务总结

本任务主要介绍了船舶管系工在船舶建造中的作用和任务及船舶管系的生产过程，主要根据典型的管子生产流程图，对下料，弯管，校管，焊接，修整，水压试验，表面处理，整理入库，分阶段安装，调整管、合拢管制作安装，系统密封性试验，完整性提交，系泊试验和试航交船等进行简单阐述。

在船舶动力装置中,船舶管路系统是泛指为专门用途而输送流体(液体或气体)的成套辅助机械(如泵、风机、压气机、分油机等)、设备(如热交换器、箱柜、过滤器、空气瓶等)、检测仪表和管路(管子及其附件)的总称,简称管系。

拓展:船舶管路系统及其组成

学习成果测评与总结

一、学习成果评价单

学习成果名称		认知船舶管系工的地位与管子的生产过程		完成限时		60分钟			
场地、设备及工量具									
小组人员分工									
任务评价	自我评价	1. 通过本任务学习,我学到的知识点和技能点:_____。存在问题:_____。 2. 在本次工作和学习的过程中,我的表现可得到: □优　□良　□中　□及格　□不及格							
	小组互评	项目人员	组长	组员1	组员2	组员3	组员4	组员5	组员6
		认真倾听、互助互学							
		合作交流中解决的问题							
		成员参与度							
		备注:请根据组员表现情况评分,优秀5分、良好3分、合格1分、不合格0分。							
	教师评价								

二、自我分析与总结

学生改错：	学生学会的内容：

1. 船舶管系工在船舶建造中的作用和任务是什么？
2. 什么是典型的管子生产流程图？
3. 什么是系泊试验？

学习笔记：

任务1.2 认知船舶管系放样

活动1 船舶管系放样工艺

工作任务	船舶管系放样工艺		教学模式	任务驱动
任务描述	熟悉船舶管系的放样工艺,对船舶管系放样的优点、放样的工作内容和具体实施步骤进行认知学习,为船舶管子的零件图和管系安装图识读进一步打下基础。			
学习目标	知识目标	1. 了解船舶管系放样工艺。 2. 了解船舶管系放样的内容。 3. 了解船舶管系放样的具体实施步骤。		
	能力目标	1. 能够掌握船舶管系放样工艺。 2. 能够掌握船舶管系放样的内容。 3. 能够掌握船舶管系放样的具体实施步骤。		
	素质目标	1. 激发学生深入学习船舶管系识图的兴趣。 2. 培养学生具有分析、判断、计算、应用实践的基本素质,能够展示学习成果,对工作过程进行总结和反思。		
知识充电站				
认知船舶管系放样	在管系放样工艺产生之前,管系施工一般都采用样棒取样的传统工艺。设计部门所提供的有关管系图纸仅仅是原理图,图中的管系没有确切的走向,更没有管子的加工尺寸和安装尺寸。管系施工人员必须在船体分段合拢成型、主机、辅机和泵等各种机电设备定位以后,根据管系原理图,用样棒在船上测取每一根管子的弯曲形状和长度尺寸。他们将测取好的曲形和尺寸的样棒在车间内弯制管子,再将弯制好的管子扛到船上进行现场校管点焊法兰和固定支架,再把校好的管子拆下,拿回车间进行法兰焊接、压力试验等工作,最后将管子拿到船上进行安装。这种俗称为"三上二下"的样棒工艺,费工费时,劳动强度大,加工、安装质量差。尤其在机舱中,机电设备多,管路密集程度高,多工种立体交叉作业,互相干扰,既不安全,又严重影响工作效率。采用样棒工艺,往往是按系统为单位分档单独进行施工,各工档之间往往各自为政,无法对整个舱室中的各类管系的敷设做出统筹兼顾的合理布置。先行敷设安装的管系抢占了好位置,造成随后敷设的管系不得不绕道而行,不必要地增加了管子的弯头和长度,既不美观,又影响动力装置的运行管理和维修保养。而最主要的问题还在于,采用样棒工艺一定要在船体成型、设备定位后才能进行管系施工,管子没有条件进行预制,更谈不上预装,因而,大大地延长了船舶的建造周期。 管系放样是采用投影原理,在样台上按一定比例放出(画出)船体型线图、结构布置图,并分别绘制出每一系统的管路及有关装置设备,再根据此图通过计算以求得各路管段的实际形状、尺寸,并绘制弯管、校管用的管子施工零件图、各系统布置图(安装图)的工作过程。			
船舶管系放样的优点	管系放样工艺之所以具有强大的生命力而在造船界广泛应用,具体地讲,它具有以下优点: (1)各系统管路在图面上进行了综合布置,做到了统筹兼顾、全面协调,使管路的布置合理、整齐、美观,使管路安装方便、避免返工。 (2)将大量船上的外场作业变为车间的内场作业,高空作业变为平地作业,为安全生产创造了良好的作业条件和环境,提高了安装质量和劳动生产率。 (3)实现了上船一次性安装,减少了不必要的重复劳动,大大减轻了工人的劳动强度。 (4)在船体开工建造的同时,就可进行管子的预制和管路的预装工作,管子的预制工作甚至可以在船体建造之前进行,从而大大地缩短了造船周期。 (5)由于放样管子都有了确切的实际尺寸,管子在制作过程中可以根据不同的长度进行套料,使原材料得以充分利用,从而降低造船成本。 (6)有利于推广电子计算机技术的应用。			

续表

	任务实施
管系放样的工作内容	管系放样是一项十分细致和严密的施工设计工作。它既要保证管路的设计性能，满足规范要求，又要考虑操作管理和维修保养的方便。并要结合工厂实际，使管子便于加工和安装。因此，它是一项实践性很强的技术工作。 管系放样工作可以分为以下几个部分： (1)在涤纶薄膜(或图纸)上，按一定比例绘制出船体型线——结构图。在该图上进行船舶主机、辅机、轴系、泵等各种机电设备及电缆、风管等的综合布置和定位，然后根据管系原理图用投影的方法在该图上进行全部管系的综合布置。在综合布置图上确定了每条管路的来龙去脉、具体走向和安装位置，并给每条管路配之以若干连接件(如法兰、螺纹接头等)，使之成为若干根管子，并标上编号。每条管路(并排的管路可以为几条)需配之以若干支架，并标上相应的编号。 (2)根据管系安装形式，如某区域采用单元组装、分段预装和倒装，则需要根据该区域的综合布置图另外绘制出相应的单元组装图、分段预装图或倒装图。由于综合布置图图面复杂，很多管系重叠在一起，不容易看清楚，为了给管系安装人员提供方便，则需将综合布置图上的各个系统的管路分别单独绘制成管路系统布置图，即管系安装图。这些安装图上除要用曲形符号画出每一根管子、标出其编号及安装尺寸外，还需要画出管路附件(阀件)及标出其代号、船体结构与机械设备简图。 (3)给每一张安装图上的每一根管子绘制出管子零件加工图。在管子零件加工图上必须标出材料、规格及这根管子的所有必需的加工数据和安装尺寸等资料。这些对应于每一张安装图的管子零件加工图合订成册，就成为管子加工制造和安装的主要依据。 (4)对应于每一张安装图，编制各类明细表。这些明细表包括管子明细表、阀件(附件)明细表、机械设备明细表及材料汇总表。管子明细表实际就是管子零件加工图册的目录，表中栏目有管子的编号、管子名称、规格、数量和处理要求等。阀件(附件)明细表中标出了阀件(附件)的型号、规格、名称和数量等。机械设备明细表也标出了设备的型号、名称和数量等。材料汇总表是将某一册内所有的管子加工所需的各类规格的管子、连接件、定型弯头、复板等数量汇总而制成的表格。这些明细表及汇总表或单独成册，或与相应的管子零件图册合订在一起。它们与管系安装图、管子零件图配合使用，主要是为了便于管子在加工和安装前的准备工作与原材料消耗的统计工作。 (5)绘制管系开孔图或开孔表。管路在船上要穿过甲板隔舱壁等船体构件，则需要在这些构件上开孔。孔的具体位置、孔的大小尺寸及该孔所穿过的管子编号或以绘出图形表示，或以表格形式表达均可。 (6)绘制托盘表。在一条船的整个管系安装过程中，存在着安装区域、安装形式和安装顺序不同的情况。为了使整个安装工作有条不紊地进行，为了使原材料得以充分利用而不至于造成浪费，必须绘制托盘表。托盘表明确地标明了在某船某区域(或某分段、某单元)须预装的管子的编号，并配之以相应的管子支架、阀件(附件)、设备等物件。而在另外一些托盘表中列出了该区域(或分段)中需要现场校正的管子的编号或分段与分段之间合拢管的编号，以及所需的相应规格的连接件的数量，更详细的甚至还须列出在管子安装时所需的各类垫片、螺栓等数量。
管系放样工艺具体施工步骤	(1)收集资料进行管系放样的准备工作。 (2)绘制三图一表，即综合布置图、管系安装图、管子施工零件图和管系明细表。 (3)根据管子施工零件图进行弯管工作。 (4)利用校管机进行单管校正、点焊法兰。 (5)进行法兰的焊接、水压试验、清洗、镀锌和油漆工作。 (6)按管系安装图(或单元组装图、分段预装图、倒装图)进行管路安装。 管系放样新工艺的诞生是管系设计、管子制造和管路安装的一次飞跃，它对提高造船质量、缩短造船周期和改善劳动条件都起到了良好的作用。

任务总结

本任务主要介绍了管系放样工艺的优点、放样工作的内容和具体的实施步骤，为后续的学习做了一个概括性的介绍。

任务拓展

船舶管系的设计、加工和安装是造船工程的一项重要内容。管系工程的特点是多规格、多品种、多数量。在较短的设计、加工和安装周期内要完成繁重的工作内容。由于工作性质的复杂性、产品的单件性,船舶管系工程长期一直处于落后状态。随着国际市场上船舶工业竞争性加剧,各国都在致力于降低船舶的总造价,缩短造船周期,相应地提高船舶管系生产技术水平,这已成为造船工业的重要发展目标。

我国船舶管系设计和施工按发展特征,大致经历如下几个阶段:

(1) 20 世纪 50 年代中期前是第一阶段。管子的弯曲加工,基本上 $\phi 25$ mm 以上的管子采用灌砂热弯方式,这种方法劳动强度大、效率低、弯管质量差。20 世纪 50 年代中期开始,逐渐扩大了机械冷弯作业的比例,使管子弯曲的效率和质量都有了一定的提高。但由于这个时期管系的施工设计采用现场取样方式,管子的加工滞后于船体的建造,工作量大,影响船舶的建造周期。

(2) 20 世纪 60 年代是第二阶段。造船工业的发展对船舶的品种、性能、质量和船舶建造周期都提出了更高的要求,而管子加工和这种要求相比,还存在着很大的差距。为此,各船厂设法提前加工管子,力图实现管子的"预制"。基于船体实尺放样的启示,研究了管系实尺放样,在样台取得管系的布置和管子的坐标尺寸。后来又发展了管系的比例放样甚至综合放样。终于使管子的加工基本上脱离了现场,也即消除了在管子的加工上依附于船体的局面,施工设计的变革,促进了加工设备的更新,各船厂相继研制出一批液压弯管机,其规格扩大到能弯 $\phi 203 \sim \phi 305$ mm 的管子。同时,也发展了中频弯管机,以弯曲大口径的管子,逐渐淘汰了火焰弯管机,并且研制成功了内场校管装置,管子加工的效率和质量得到了进一步的提高。

(3) 20 世纪 70 年代初进入第三阶段。由于我国电子技术的发展,各厂都开始寻求把电子技术应用于管子加工,管子的切割、焊接和弯曲设备开始采用数字控制方式。不少船厂相继着手研究管子加工自动线、流水线。

20 世纪 70 年代中期,电子计算机在管系施工设计中的应用研究得到推广,使布置设计后的各项计算、绘图和设计工作逐步实现了优化,形成管装设计的比例绘图——电算处理法。

(4) 20 世纪 80 年代进入第四阶段。不少船厂相继建造出口船舶,管子生产成为造船过程中的瓶颈,管子加工的进度和质量直接影响船舶建造周期,各厂相应采取很多措施,船舶管系的设计和加工也得到了很大的发展,主要体现在以下几个方面:

1) 在管系综合放样的基础上,继续开展电子计算机技术在管系布置设计中的应用研究。从取代管系综合放样中人工计算曲形参数及绘制管子零件图开始,发展到由计算机自动输出弯管的指令及套料计算,利用计算机数控绘图机自动绘制系统安装图,进行计算机辅助设计等。

2) 利用机舱的比例模型进行舾装工程设计的工程模型法也在某些研究所和船厂实施。工程模型法具有灵活性、直观性和多重思考性,对生产工艺及实船运行中可能出现的问题有很高的预见性。

3) 在管系加工方面,开始采用数控的工艺装备,某些装备可由人工测量方式转为自动测量,从而提高了加工精度和效率。

4) 管系预舾装技术的应用、推广和发展,其实质是船上现场安装的工作转化为车间(平台)的内场作业。各个船厂采用的单元组装、分段组装及机舱大单元组装等方式不同程度地体现了预制预装的优越性,取得了改善施工条件、减轻劳动强度、提高产品质量、节约原材料和缩短造船周期的显著效果。

5)继续研制出一批质量较高的液压机有芯弯管机,逐渐淘汰弯管质量低劣的无芯弯管机,并开始选用标准弯头取代耗能高、效率低的某些弯管机。

6)为了提高管系的焊接质量,各船厂逐渐推广应用CO_2气体保护焊和氩弧焊封底等焊接方法,并达到了单面焊接双面成型的技术要求,法兰与管子做到双面焊接,不少船厂也从国外引进了一批质量较高的电焊机。

7)推广使用热浸镀锌工艺。

(5)从20世纪90年代开始是第五阶段。在此期间,管系的设计及施工最大的特点是采用国内外先进的技术,使管子的质量有了明显的提高,不但满足了国内规范和标准的要求,而且满足了国外有关船级社的规范要求;另一特点是注重管子加工工艺的研究,编制专用或通用工艺文件。其特征如下:

1)在改进设计管理和继续完善"三化"(标准化、系列化、通用化)工作的同时,管系设计技术的发展方向是在相应软件、硬件支持下,实现管系的计算机辅助设计、施工、管理信息集成化。用专用的船舶管路程序系统完成管路的布置、自动划分管子零件、管路的干涉检查及弯管工艺性检查、管子零件计算、自动绘图、自动统计等工作。

2)建立管子加工流水线。管子加工流水线是近年来国内外管子加工工艺不断发展和逐步完善的一项新技术。其他应用电子计算技术和数控技术使管子加工的备料、切割、法兰焊接、弯曲,以及管子输送、装卸等工艺过程实现半自动化或全自动化,使管子加工工艺程序实现流水作业生产。它不仅保证管子的加工精度,而且大大提高了劳动生产率。目前,管子加工流水线主要有先弯后焊和先焊后弯两种工艺流程。

①先弯后焊工艺流程:储料架→测长→套料→下料→弯管→校对→焊接→泵水。它属于有余量加工,即管子在下料时留有一定的余量,待弯曲后再切割掉余量,因此可不必考虑材料伸长量的因素,但由于这种工艺采用先弯曲后焊法兰,而弯曲后的管子形状多样,对实现自动焊接带来较大困难,且耗工费时。

②先焊后弯工艺流程:储料架→定长切割→法兰定位点焊→自动焊接→泵水→弯曲。它可实现直管切割、直管焊接、直管泵水强度试验、直管输送,有利于实现单机自动化和全线自动化,由于采用了套料和定长切割,实现无余量加工,可提高管材利用率,减少余量切割的工序。但要实现先焊后弯也有一些较难解决的技术问题,如弯曲中管材延伸量和弯角回弹量的控制、管法兰进行卧式自动施焊的可靠性问题、管子加工的精度要求等问题。

3)开展对工艺设备标准化、系列化、通用化工作的研究。工艺设备的"三化"工作应包括设备的主要规格、性能及尺寸的确定,精度指标、检测方式、电气控制及其基本组件、设备标准、附件及备件、辅助设备标准化等。目前各船厂的规模是越来越小,很多设备都是从专业设备厂家购买,或由专业厂家来安装,这样既保证了设备质量,也降低了船厂成本。

4)船舶管系托盘管理的应用。造船生产的管理,以舾装作业的管理最为复杂。其特点是工种多、工件多、品种多、工序多、协作面广、综合性强、作业周期长,因此,将整条船分成若干个区域,根据常规的系统图,按区域绘制出综合布置图和安装图,并将采购的材料或成品按生产工序所要求时间和所属的区域放在对应的托盘上,在计划规定时间内将托盘送往指定的区域和地点进行预舾装和单元组装。

学习成果测评与总结

一、学习成果评价单

学习成果名称		船舶管系放样工艺		完成限时				
场地、设备及工量具								
小组人员分工								
任务评价	自我评价	1. 通过本任务学习,我学到的知识点和技能点:_____。 存在问题:_____。 2. 在本次工作和学习的过程中,我的表现可得到: □优 □良 □中 □及格 □不及格						
	小组互评	项目人员	组长	组员1	组员2	组员3	组员4	组员5	组员6
		认真倾听、互助互学							
		合作交流中解决的问题							
		成员参与度							
		备注:请根据组员表现情况评分,优秀5分、良好3分、合格1分、不合格0分。							
	教师评价								

二、自我分析与总结

学生改错:	学生学会的内容:

1. 什么是船舶管系放样?

2. 船舶管系放样工艺有哪些优点？
3. 请简述"先弯后焊"工艺流程。
4. 请简述"先焊后弯"工艺流程。

活动 2 识读管系放样基本符号

工作任务		识读管系放样基本符号	教学模式	任务驱动
任务描述		熟悉船舶管系的放样工艺，对船舶管子曲形符号、连接件符号、支管曲形符号和阀件(附件)符号进行学习，为船舶管系的零件图和安装图识读进一步打下基础。		
学习目标	知识目标	1. 了解船舶管系放样符号。 2. 熟悉船舶管系常用放样符号。		
	能力目标	1. 能够掌握常用船舶管子曲形符号、连接件符号。 2. 能够掌握常用船舶管子支管曲形符号和阀件(附件)符号。		
	素质目标	1. 激发学生深入学习船舶管系识图的兴趣。 2. 培养学生具有分析、判断、计算、应用实践的基本素质，展示学习成果，对工作过程进行总结和反思。		
知识充电站				
认知船舶管系放样	空间任意一点的位置可以用 x、y、z 三个坐标值来表示。同理，空间任意一根直线段 AB 也可以用它的两个端点的坐标值 $A(x_1, y_1, z_1)$ 和 $B(x_2, y_2, z_2)$ 来表示。在三向坐标图中，将一根直线段的两个端点坐标值分别投影到三面视图中，并分别将它们连接起来，就可以清楚地表达出该直线段的几何形状和具体尺寸了，如图 1-2 所示。 在管系放样中，为了要表达出一根管子的几何形状和具体尺寸，不必画出其三面视图，而只要画出它的水平投影图(俯视图)并辅之以一些必要的放样符号和文字说明就可以了。 利用正投影法，在空间管段的水平投影图(俯视图)上，加上规定的放样符号，标注上具体的尺寸数据和文字说明，用以表示该管段的空间实际形状、尺寸和位置，这就是管系放样的基本原理。 在管系放样中，为了简化制图工作，规定以管子中心实线代表管子，而用折线代表管子的弯头(圆弧)。大口径管子有时也可以用三线图绘出。	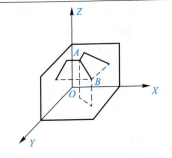 图 1-2 管子 AB 在三向坐标图中的投影		
放样符号	组成一根管子的几个管段在空间的位置如果都平行于投影面时，投影图就反映了它的实际形状和尺寸；而如果组成这根管子的几个管段所形成的这个平面垂直于投影面，它的投影图就是一段直线，而看不出有几只弯头，就不能反映出它的几何形状，如图 1-3(a)所示。如果在这个投影图上加上恰当的放样符号，如图 1-3(b)所示，就可以清楚地看出，管子 $abcd$ 是什么曲形，而且可以判别出管段 ab 高于管段 cd。所以，在放样图上采用一定形式的辅助符号是完全必要的。	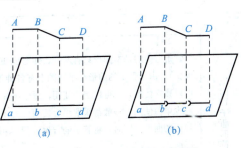 图 1-3 空间管子在俯视图上的投影 (a)无符号；(b)有符号		

续表

放样符号分类	管系放样的基本符号归纳起来共有四大类，即管子曲形符号、连接件符号、支管曲形符号和阀件(附件)符号。前三类符号在安装图和管子零件图上经常使用，而第四类符号一般只用于安装图。 　　放样符号是在投影原理的基础上简化而来的，具有形象直观的特点，但由于它的局限性，只能抽象说明所代表的曲形、连接件、支管或附件属于哪一种形式，不能全面地反映管子的实际几何形状、具体尺寸和安装位置，因而，必须与尺寸标注及其他符号相配合，才能确切反映管子的空间曲形和安装位置。 　　由于各船厂的管系放样不可能永远停留在同一个水平上，有些船厂在实践中有所创造、有所发展，也会增加一些符号。所以，目前放样中所采用的符号，各船厂之间可能存在一些差异，但基本上是一致的。 　　对于管子的曲形符号，有以下几点要加以说明： 　　(1)符号中的圆和半圆的直径等于所表示的管子的外径，是按比例绘制在放样图上的，但在管子零件图中不需要按比例绘制，垂直于投影面的管段画成一个圆。 　　(2)距离投影面远的管段画至圆心，距离投影面近的管段画至圆周("远心近周")。半圆开口那边的管段比另一边的管段离投影面远。 　　(3)在圆中画上一条斜线，这表示与这段垂直于投影面的管段相邻的管段是倾斜于投影面的，而不是平行于投影面的。这是为了将在这种状态的别弯与直角弯有所区别。 　　(4)上别弯和下别弯的曲形符号，如果不对其中的管段附加高度标注，就无法将它们区别开。在实际使用时，应在平行于投影面的管段上标上高度尺寸 H，从而可以判别出如倾斜段高于水平段，则为上别弯；反之则为下别弯。别弯经常被组合起来使用。例如，一只上别弯和一只下别弯组合起来可以构成一组定伸弯，如图 1-4(a)所示。图中首尾两管段都平行于投影面，它们与投影面之间的距离分别为 H_1 和 H_2，且 H_2 大于 H_1。再如，将两只上别弯组合起来可以构成一组双别弯，如图 1-4(b)所示。图中仅一管段平行于投影面，它与投影面之间的距离为 H_2，而另外两管段都倾斜于投影面，这时就必须在图中标出点 H_2 和点 H_3，表示在这个弯头处及管子的这个端点(注意都是指某一个点)与投影面之间的距离分别为 H_2 和 H_3。在图 1-4 中，倘若不给某些管段或点标出其与投影面之间距离 H_1、H_2 和 H_3，就会使图 1-4(a)、(b)这两个图形混淆不清。 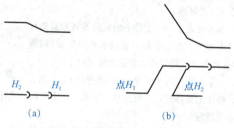 图 1-4　别弯的混合使用 (a)定伸弯；(b)双别弯

任务实施

识读管子曲形符号	管子弯曲的基本曲形只有两种，即弯成 90°的直角弯和大于 90°的别弯(小于 90°的也称别弯，但实际应用极少)。由于管子的曲形在平面图上有各种不同的布置，因而其曲形符号也有相应的变化，这些基本曲形可以独立使用，也可以组合使用，派生出如定伸弯、直角别弯等一些常用的弯曲形式，别弯在管系放样中较少单独使用，一般都采取组合使用。为了便于计算和加工，在实际放样工作中，一般都采用比较简单、规则的曲形，同时，将管子的首尾两段尽可能地平行或垂直于投影面，而决不搞成首尾两段都倾斜于投影面。 　　下面先从表格中识别图形及名称，想象空间图形如何用符号表示。 　　根据图形及名称完成正视图、俯视图、侧视图的识读绘制任务，见表 1-1。

续表

表1-1 管子连接件符号

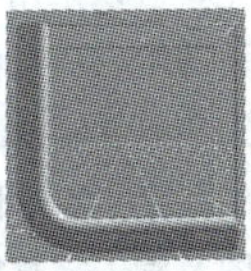

		上直角弯	下直角弯	上别弯	下别弯	上直下别弯	下直上别弯
识读管子曲形符号	图形及名称						
	符号 正视图	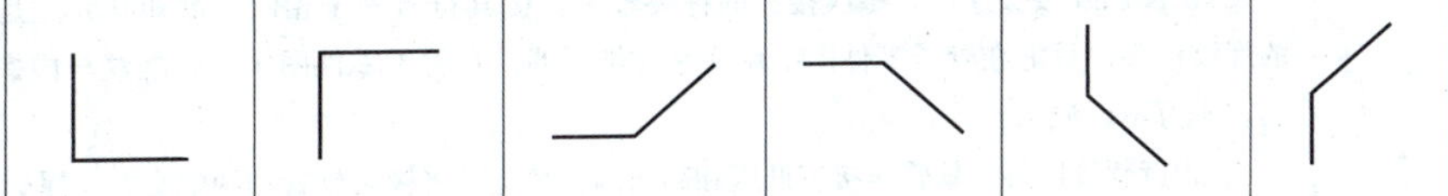					
	符号 俯视图	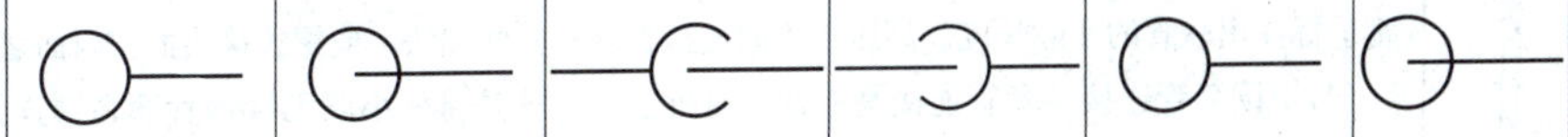					
	符号 侧视图	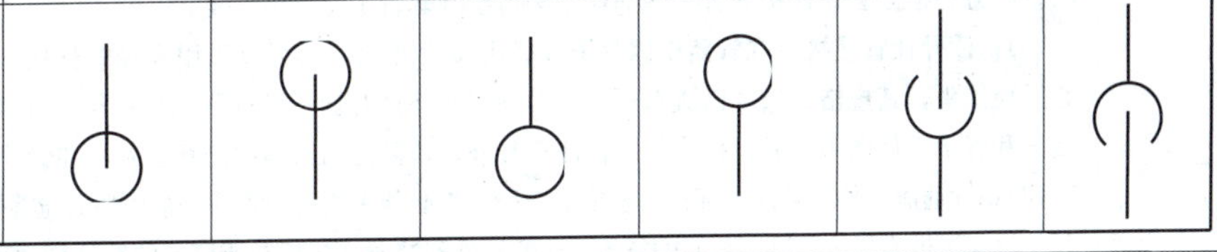					

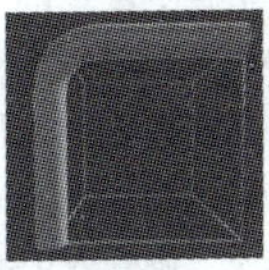

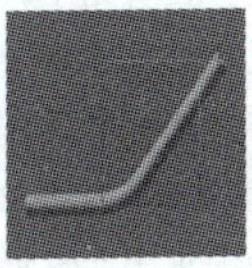

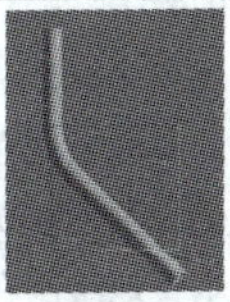

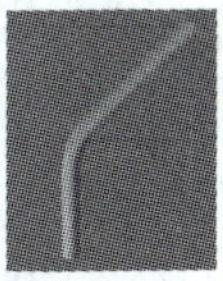

船舶管系常用的连接件有法兰、螺纹接头、焊接套管、软管、异径管及通舱管件等。其图形符号见表1-2。

(1)从表格中识别图形及名称,想象空间图形如何用符号表示。
(2)根据图形及名称完成安装图、零件图的符号识读绘制任务。

表1-2 管子连接件符号

	图形及名称	符号 安装图	符号 零件图	图形及名称	符号 安装图	符号 零件图
识读管子连接件符号	 法兰		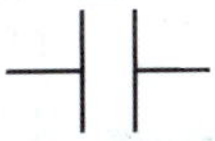	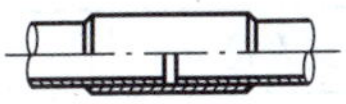 焊接套管		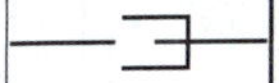
	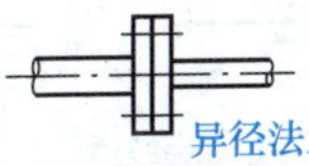 异径法兰	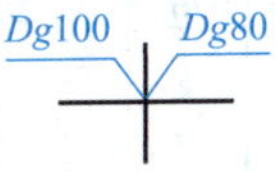 $Dg100$ $Dg80$	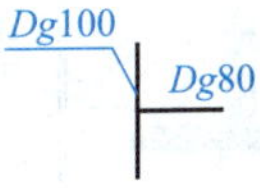 $Dg100$ $Dg80$	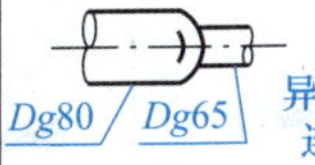 异径管连接	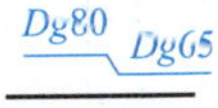 $Dg80$ $Dg65$	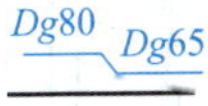 $Dg80$ $Dg65$
	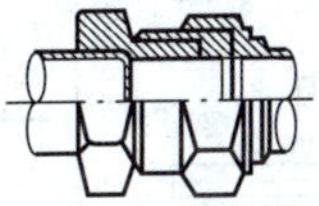 螺纹接头	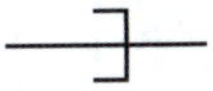		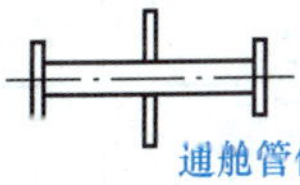 通舱管件		

注:这些连接件,一般都根据其具体规格大小按比例绘制在安装图上,但在管子零件图中,就不必按比例绘制。在管系安装图中,连接件是以成对配套的形式出现的,而在管子零件图中,连接件只能是以单个或其中的一半的形式出现。所以,同样的连接件,在安装图中及在管子零件图中,其表达的方式或其图形符号也是不一样的,这一点务必特别注意。

识读管子连接件符号	(1)识读法兰连接。船舶管路连接大部分采用标准法兰。由于有些设备的进、出口是非标准法兰,与之连接的管子一端只能采用非标准法兰。在管路中,由于管子外径的变化,可以采用异径法兰连接。异径法兰也属于非标准法兰,但它的某些尺寸与标准法兰的尺寸相同。在安装图中,一对法兰只以一条与管子相垂直的线段绘制在管路中,其长度等于法兰的外径,必须按比例画出。在有异径法兰的连接处,必须在法兰两侧分别加注所连接的不同直径的管子的通径 $DN\times\times$ 和 $DN\times\times$。在管子零件图中,一只法兰用一短线段垂直地绘制在管子的端点上。如需采用非标准法兰,则需在安装图及管子零件图上标注出其件号或图号,并将它们归纳汇总,以便进行加工配制。 (2)识读螺纹接头连接。螺纹接头的种类较多,但其符号完全相同。欲知其究竟是何种类型、何种规格的螺纹接头,只能在管子零件图中用文字详细说明。在管子零件图中,外螺纹与内螺纹的表示方法是不同的,千万不可混淆。 (3)识读软管连接。软管连接有低压和高压两种情况。将橡胶软管的两端套在金属管上并用管夹加以固定,这是低压软管的连接方式。高压软管的连接一般被应用在液压系统中,它是将高压法兰或螺纹接头预先用特殊工艺紧密地固定在高压软管的两端,然后与系统中的钢管上的法兰或螺纹接头连接起来。在管子零件图中,都应标注出软管的实际长度。高压软管的连接长度是其两端法兰或螺纹接头的密封面之间的长度。 (4)识读套管连接。套管连接是一种不可拆连接,这是将一小段无缝钢管套在被连接的两根管子的端部,再用电焊焊接。在管子零件图上,套管绘制在被连接的其中一根管子的端部,管端一般伸进至套管的中间。而另一根被套管连接的管子端部就不必再绘制套管了,以免重复。 (5)识读异径管连接。在管路中因管子外径需发生变化,也可以采用异径管连接。一般常用的是无缝同心异径接头,其规格、尺寸已成系列化。两种不同外径的管子可选用相应规格的异径接头拼焊连接。在安装图和管子零件图中,异径接头处除标注符号外,还需标出其两端的管子外径和管壁厚度。 (6)识读通舱管件。管路要穿过甲板或隔舱壁,就必须采用通舱管件。常用的通舱管件的两端是法兰,中间是一块与甲板或隔舱壁厚度相同的复板。通舱管件安装时,复板与所穿越的船体构件相焊接,以保证水密及强度。由于通舱管件的复板在未安装时有固定和活络两种情况,所以,在管子零件图上的表示方法也有所不同。当然,在管子零件图的材料表栏目中,必须注明复板的内径、外径及厚度。在实际应用中,也有多联通舱管件即两根以上管段并排穿过同一块复板的情况,在绘制管子零件图时应标明管子之间的距离。
识读支管曲形符号	根据支管与母管之间连接的相对位置和支管本身的弯曲形状,支管类型大致有垂直支管、直角支管、圆弧支管和斜直支管 4 种。识读它们的图形符号见表 1-3。管子零件图中出现这些支管时,还必须标注相应的尺寸和文字说明。支管管端的连接件按连接件符号绘制。 表 1-3 管子支管符号 | 序号	名称	管子支管符号	符号	序号	名称	管子支管符号	符号
---	---	---	---	---	---	---	---
1	上正支管			4	下直角弯支管	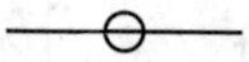	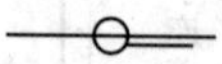
2	下正支管	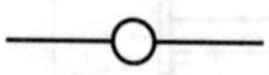	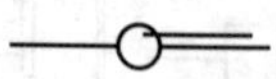	5	上直下虽弯支管	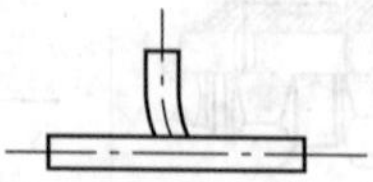	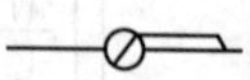
3	上直角弯支管			6	下直上别弯支管			

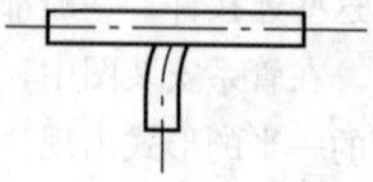

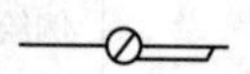

续表

	序号	名称	管子支管符号	符号	序号	名称	管子支管符号	符号
识读支管曲形符号	7	上斜直支管			8	下斜直支管		
识读附件符号	这里所指的附件是除上述连接件外的各种阀件、阀箱等，识读管路附件符号见表1-4。由于篇幅关系，这里仅列出常用的一些附件符号(具体见任务拓展)。这些符号仅仅表示了某个附件属于哪种类型和什么名称，至于这个附件具体的型号(标准号)、规格、材料(如铸钢、铸铁或青铜等)等资料，需根据该附件的件号在附件明细表中查找。附件图形符号仅用于管系安装图，且需根据附件实际外形尺寸(如长度等)按比例绘制。						

任务总结

本任务主要介绍了船舶管系放样基本符号的识读，放样符号主要从管子曲形符号、连接件符号、支管曲形符号和阀件(附件)符号等简单加以阐述识读中需要注意符号中的圆和半圆的直径等于所表示的管子的外径，是按比例绘制在放样图上的，但在管子零件图中不需要按比例绘制，垂直于投影面的管段绘制成一个圆。

任务拓展

管路附件符号

管路附件符号见表1-4。

表1-4 管路附件符号

序号	名称	符号	备用符号	
			俯视	侧视
1	直通截止阀			
2	直角截止阀			
3	三通截止阀			
4	直通止回阀			
5	直角止回阀			
6	竖形止回阀			

续表

序号	名称	符号	备用符号 俯视	备用符号 侧视
7	直通截止止回阀			
8	直角截止止回阀			
9	三通截止止回阀			
10	直通止回舌阀			
11	直角止回舌阀			
12	蝶阀			
13	球阀			
14	闸阀		—	
15	直通防浪阀			
16	斜角防浪阀			
17	直通减压阀			—
18	直角减压阀			—
19	信号安全阀			—
20	直通安全阀			
21	直角安全阀			
22	直通自闭阀			

续表

序号	名称	符号	备用符号	
			俯视	侧视
23	直角自闭阀			
24	快开直通截止阀			
25	快开直角截止阀			
26	快关直通截止阀			
27	快关直角截止阀			
28	直通调节阀			
29	直角调节阀			
30	手动膨胀阀			
31	自动膨胀阀			
32	直通旋塞			
33	直角旋塞			
34	三路L形旋塞			
35	三路T形旋塞			
36	四路四通旋塞			
37	四路四通旋塞			

续表

序号	名称	符号	备用符号	
			俯视	侧视
38	底接式旋塞			
39	直通底接式旋塞			
40	直角底接式旋塞			
41	三路底接式旋塞			
42	单联滤器（油、水、空气）			—
43	双联滤器(水、油)			—
44	吸入口(或吸入滤网)			—
45	带滤网吸入止回阀			—
46	泥箱			—
47	分离器（蒸汽、空气、油）			—
48	疏水器			—
49	传话筒		—	—
50	气笛或雾笛		—	—
51	散热器			
52	二路截止阀箱			
53	二路截止止回阀箱			

续表

序号	名称	符号	备用符号 俯视	备用符号 侧视
54	二路排出截止阀箱			
55	二路双排截止阀箱	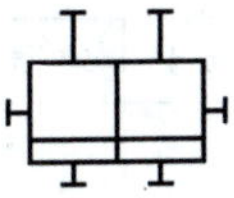	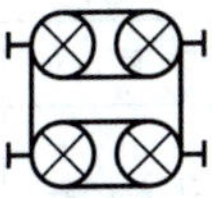	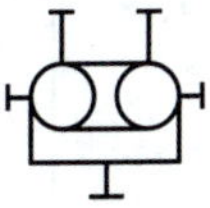
56	水(空)舱帽形空气管头			—
57	油舱帽形空气管头(带铜丝网)			—
58	水舱鹅颈空气管头			—
59	油舱鹅颈空气管头(带铜丝网)	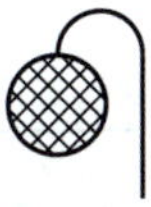	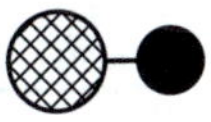	—
60	油舱可闭鹅颈空气管头(带铜丝网)		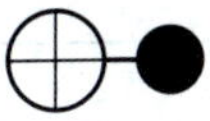	—
61	测深或注入空气管头			—
62	自闭测深头			—

学习成果测评与总结

一、学习成果评价单

学习成果名称	识读管系放样基本符号	完成限时	
场地、设备及工量具			
小组人员分工			

续表

学习成果名称		识读管系放样基本符号		完成限时					
任务评价	自我评价	1. 通过本任务学习，我学到的知识点和技能点：_____。 存在问题：_____。 2. 在本次工作和学习的过程中，我的表现可得到： □优　□良　□中　□及格　□不及格							
	小组互评	项目人员	组长	组员1	组员2	组员3	组员4	组员5	组员6
		认真倾听、互助互学							
		合作交流中解决的问题							
		成员参与度							
		备注：请根据组员表现情况评分，优秀5分、良好3分、合格1分、不合格0分。							
	教师评价								

二、自我分析与总结

学生改错：	学生学会的内容：

练习与思考

1. 船舶管系常用的放样符号有哪些？
2. 请完成上直角弯支管、下直角弯支管、上直下别弯符号。
3. 请完成截止阀、闸阀、止回阀、蝶阀符号。

活动3　标注船舶管子尺寸

工作任务	标注船舶管子尺寸	教学模式	任务驱动
任务描述	熟悉船舶管系放样工艺，对船舶管子尺寸标注进行学习，掌握其识别和使用方法，为船舶管系的零件图和安装图识读进一步打下基础。		
学习目标	知识目标	1. 熟悉船舶管路基准面的选择。 2. 了解船舶管子零件图尺寸标注方法。 3. 了解船舶管路安装图尺寸标注方法。	
	能力目标	1. 能够掌握船舶管路基准面的选择。 2. 能够掌握船舶管子零件图尺寸标注方法。 3. 能够掌握船舶管路安装图尺寸标注方法。	
	素质目标	1. 激发学生深入学习船舶管系的兴趣。 2. 培养学生具有分析、判断、计算、应用实践的基本素质，能够展示学习成果，对工作过程进行总结和反思。	

知识充电站

管路基准面的选择

要确定一个物体在空间的位置，就必须确定它的坐标值。要确定其坐标值，就必须有坐标基准面。管系放样是在平面上考虑问题，在确定管路空间位置时，就必须选择几个适当的基准面作为确定管路坐标值的起始平面。在管系放样时，通常以船体的常用剖面作为基准面。要确定一根管子在船上(空间)的位置，只要能确定该管子两端法兰(或其他连接件)端面中心在船体纵向、横向及高度的空间坐标值(x, y, z)就可以。至于管子中间部分各弯曲点的位置(或称其为节点)，也可由其坐标值表示出来。

管路施工图中的符号，解决了用平面图形示意表达一根管子曲形、阀件、附件、连接件等几何形状的画法，但是要确定管子在空间的位置，还必须知道它的坐标值。要确定坐标值，就需要基准面的三维坐标系，选择适当的平面作为坐标系的基准平面。管路的布置是在船体的结构图上进行的，因而，将船体结构面作为基准平面是最常用的一种方法。

1. 高度基准面

通常以船体的基线、内底、平台、甲板等作为管路布置的高度基准面。标注的方法：基准面符号＋位置号＋距基准面垂直距离。

基准面符号各船厂可根据不同的船舶自行确定，表1-5为各层基准面符号的一般规定。所谓位置号，即当管路布置在基准面上方时可以用"＋"表示(也可以省略)，在基准面下方时用"－"表示。例如，内＋500，即表示管段中心的某一端点在内底板上500 mm。

表1-5　各层基准面符号

序号	船体结构名称	符号	序号	船体结构名称	符号
1	船体基线	H	10	起居甲板	起
2	内底板	内	11	遮阳甲板	遮
3	花钢板	花	12	游步甲板	游
4	平台甲板	平	13	露天甲板	露
5	下平台甲板	下平	14	救生艇甲板	救
6	上平台甲板	上平	15	驾驶甲板	驾
7	下甲板	下	16	罗经甲板	罗
8	上甲板	上	17	首楼甲板	首
9	桥楼甲板	桥	18	尾楼甲板	尾

管路基准面的选择	由于船体的板厚是不一样的,为了方便现场的施工,一般要求标注的距基准面的垂直距离是能直接量取的尺寸。管子位于甲板上方时,标注到上平面,位于甲板下方时,标注到甲板下平面,而不必再进行减去板厚的计算。必要时,可以采用船体结构的标注方法,标出板厚方向,如图1-5所示。同时要适应预舾装的要求,基准面一定要在作业区域内,如分段预装时的基准面必须在分段内。 图1-5 距甲板尺寸标注示例 2.横向基准面 横向基准面确定管路在左舷或右舷的坐标。一般取船体的纵中剖面、横舱壁、油水舱壁、纵骨等作为基准面。距横向基准面的尺寸标注方法同高度基准面。在标注管子距中尺寸时,无论管子在左舷还是在右舷,均可用"中×××"来表示。但在管子零件图中,管子两端安装位置中的横向坐标值一定要用"中+×××"或"中-×××"来表示,纵中剖面可用符号"B"表示,"+"表示在左舷,"-"表示在右舷。例如,B+2000表示距船体中心线向左舷2 000 mm。以其他面作为基准面时,必须写清舱壁的,表示管子中心在14号纵骨向舷300 mm的地方。位于船侧的空气管或测量管等,也可以标注距舷边的尺寸。 3.纵向基准面 一般以船舶的某一肋位线或某横隔舱壁作为纵向基准面,用以确定管路(子)在船舶首尾方向的位置。船舶肋位线的号码自船尾舵杆为"0"号起依次向船首方向增大。船舶肋位线一般用"Fr"表示(英文Frame的缩写)。在管子零件图中,肋位号后面的值就是纵向坐标值。例如,"Fr25+100"就表示在25号肋位向船首100 mm处(在25号与26号肋位之间)。又如"Fr25-200"就表示在25号肋位向船尾200 mm处(在24号与25号肋位之间)。在某肋位向船首方向处,须在尺寸数前标"+",在某肋位向船尾方向处,须在尺寸数前标"-"。肋位号码也可在号码数左上方标"#",如Fr25可以写成#25。
管路安装图的尺寸标注方法	管路的安装图、零件图、开孔图、复板图、支架图等均必须标注足够的尺寸,以满足现场施工需要。其中开孔图只要标注出该孔的位置、孔的大小即可,支架图、复板图按机械制图标准进行标注。 管路安装图尺寸的标注方法,根据它的作用可以有不同的标注方法。管路安装时以安装图为主,零件图为辅,其尺寸必须标注齐全,主要包括以下几个方面: (1)机械设备的安装尺寸。主要包括机械设备及基座的外形尺寸,与管子接口的坐标尺寸、箱柜的位置及外形尺寸等。 (2)每路管子的定位尺寸及不同管路之间的间距。每路管子至少应标注高度、距中或前后的定位尺寸中的两个。例如,平行于船体中心线的管路只要标注出距中、高度两个定位尺寸即可。根据管子的定位尺寸也可以确定穿过船体结构的开孔位置(非预开孔)。 (3)管子支架的件号和安装位置。除以上所需要的尺寸标注外,安装图还必须标注管子的件号、规格、附件的名称或标准号或件号等。 如果管子的安装以零件图为主,安装图为辅,则安装图只要标注几个主要的定位尺寸即可,其余的尺寸在零件图上均可以确定。 安装图上管路定位尺寸的标注如图1-6所示。 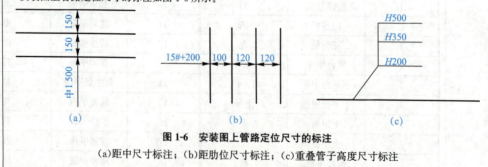 图1-6 安装图上管路定位尺寸的标注 (a)距中尺寸标注;(b)距肋位尺寸标注;(c)重叠管子高度尺寸标注

续表

管子零件图的尺寸标注	管子零件图是管子进行弯制、校管和定位安装的基本依据。管子零件图主图的方位一般应与该管子在安装图中的方位一致。管子的某些加工参数在主图中难以表达时，可另外加画辅助图。管子零件图上的尺寸标注均采用封闭尺寸标注法，长度单位均为mm(图中可省略)。 1. 无支管的管子尺寸标注 (1)直角别弯的尺寸标注。 (2)定伸弯的尺寸标注。 (3)上、下正直角弯的尺寸标注。 (4)连续有两只直角弯的尺寸标注。 2. 有支管的管子尺寸标注 在管子的加工过程中，一般都是按"先主管后支管"的顺序进行的。也就是说在主管弯制和校正结束后，再将支管按图中尺寸装配在主管上。支管尺寸的标注应便于支管的准确装配，主要标出支管本身的各部分尺寸和支管在总管上的安装位置的尺寸。 3. 管子余量尺寸标注 由于管子安装时的积累误差、船体建造误差及设备定位误差等，有些管子的长度要在理论尺寸的基础上加放一定的余量，以便在现场校管时有调节的余地。如图1-7所示，1 000及800是理论尺寸，其右上角标出的"+50"即余量尺寸。在现场校管时需割去多少还得根据实际情况而定。在割去余量(不一定就是图中所标出的数值)时，要在所标余量的管段上割，而不可以在未标余量的管段上割。 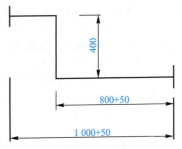 图1-7 管子余量尺寸标注 4. 管子安装尺寸的标注 一根管子经弯曲等工序加工制造完毕后，要拿到船上安装。需要凭安装尺寸来确定其在船上的具体位置。一般管子均有两个端点，如有支管，则可以有多个端点，这些端点在船上的坐标值，就是这根管子的安装尺寸。管子零件图上至少必须标注出这根管子主管的两个端点的安装尺寸，如果将支管的安装尺寸同时标注出则更好。 以上管子零件的尺寸标注只是本身几何尺寸的标注方法，还没有提供现场安装的尺寸。安装尺寸一般由以下4个方面组成： (1)船上的首、尾位置； (2)距船的中线位置； (3)距甲板层高度位置； (4)管端方向。 安装尺寸包括在船上首尾方向的纵向尺寸，即距肋位尺寸；横向尺寸即距船中线尺寸；高度尺寸即距某层甲板(平台)的尺寸，具体在零件图和安装图识读部分加以进一步阐述。现仅对管端安装符号做介绍，见表1-6。一般管子零件图上所有的接口端都应标注有安装尺寸及符号(包括支管)。

表1-6 管端安装符号

安装方向	符号	安装方向	符号	安装方向	符号
在船体的左舷，方向向上	↑	在船体的左舷，方向向舯	▶	在船体的左舷，方向向首	↑
在船体的左舷，方向向下	↓	在船体的左舷，方向向舯	◀	在船体的左舷，方向向尾	▽
在船体的右舷，方向向上	↑	在船体的右舷，方向向舯	◀	在船体的右舷，方向向首	↑

管子零件图的尺寸标注	安装方向	符号	安装方向	符号	安装方向	符号
	在船体的右舷，方向向下	▽	在船体的右舷，方向向舷	▶	在船体的右舷，方向向尾	▽

任务实施

1. 对无支管的管子进行尺寸标注

(1) 直角别弯的尺寸标注。图 1-8 所示为直角别弯管子零件图。图中加画了一个辅助图，以完整地标注出其加工尺寸。

图中管段 12 和 34 都平行于投影面，它们的高度（即距投影面的距离）分别为 $H100$ 和 $H400$，标注在管段的上侧或左侧。它们之间的高差为 300，它们的实长分别为 500 和 200（与投影长相等）。管段 23 倾斜于投影面，它的投影长为 300，实际长度是 424。从点 1 至点 3 的总投影长为 800，而管段 12 和 23 的投影长分别为 500 和 300，在图中均需标注。在辅助图中只标出了 ∠123 为 135°，∠234 是直角，角度 90° 在图中不必标注。

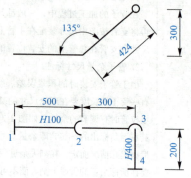

图 1-8 直角别弯管子零件图

(2) 定伸弯的尺寸标注。定伸弯由一只上别弯和一只下别弯组成。它的两只弯头所在平面处于同一平面中。定伸弯所在平面与投影面之间可以存在平行、倾斜和垂直三种情况。当定伸弯平面平行于投影面时，其图形和尺寸能直接反映出该管子的实际面貌。而当定伸弯平面垂直或倾斜于投影面时，为了显示出该定伸弯的开档（两平行管段之间的实际距离）、中间斜管段的实长和成形角（两只成形角相等），则还需作一辅助图，使辅助图中的定伸弯平面平行于投影面。图 1-9 所示为垂直于投影面的定伸弯管子零件图。

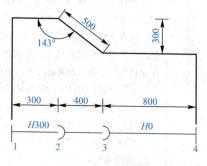

图 1-9 定伸弯管子零件图

图中管段 12 及 34 平行于投影面，其高度值 $H300$ 和 $H0$ 标注于该两管段上方，其高差 300 即该定伸弯的开档，在辅助图中标注。管段 23 倾斜于投影面，其投影长为 400，实际长为 500。该定伸弯的两只成形角相等，均为 143°，在辅助图中只需标注其中一只成形角即可。该定伸弯管子的总投影长为 1 500，而三段管段的投影长分别为 300、400 和 800 均需标注。

图 1-10 所示为倾斜于投影面的定伸弯管子零件图。它的尺寸标注基本上与图 1-9 相同。由于该定伸弯平面与投影面成一定角度，所以它在投影面上的开档为 250，而实际开档为 320（通过计算而得）。斜管段 23 实长为 640，两只成形角均为 150°。弯管时按辅助图（平定伸）中的尺寸进行施工，而校管时，必须按主图（斜定伸）进行施工。

(3) 图 1-11 所示为一根带有两只直角弯和一只别弯的管子。左端为上正直角弯，右端为下正直角弯，中间是一只别弯。为了表达管段 12 和 45 的长度，可分别在这两只直角弯的旁边用文字标出"上正 300"和"下正 400"。图中管段 23 长度为 800，管段 34 长度为 292，∠234 为 149°。本图不必另外作辅助图就可以完全将尺寸表达清楚。

(4) 连续有两只直角弯的尺寸标注。在图 1-12 中，∠123 和 ∠234 都是直角，管段 23 垂直于投影面。为了表达出管段 23 的长度，可以用间接标注法，将管段 12 和管段 34 距投影面的距离 $H0$ 和 $H400$ 分别标注在该两管段旁边，显而易见，它们的高度差 400 即管段 23 的实长。

续表

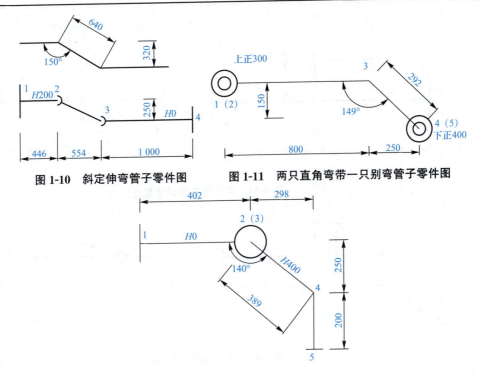

图 1-10 斜定伸弯管子零件图　　图 1-11 两只直角弯带一只别弯管子零件图

图 1-12 垂直于投影面的管段长度间接标法

2. 对有支管的管子进行尺寸标注
(1)垂直支管。支管与主管垂直,标注如图 1-13 所示。

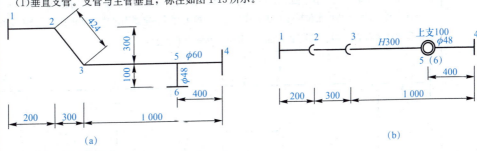

(a)　　　　　　　　　　　　　　　　(b)

图 1-13 垂直支管尺寸标注

图 1-13 中支管 56 与主管的管段 34 垂直,支管本身的长度为 100,是指支管法兰平面至主管中心线之间的长度。在图 1-13(a)中,支管长度可直接标注;在图 1-13(b)中,由于支管垂直于图面,只能在其旁边用文字"上支 100"标注。支管的安装位置与点 4(法兰端部平面中心)相距 400 mm。图中支管安装位置不可标注 35 的距离 600。因为点 3 在管子成形后根本不存在,如果用估计的办法来量取 35 的距离,以确定支管 56 的位置,肯定是不准确的。图中标注了主管外径为 $\phi60$,支管外径为 $\phi48$。如果支管外径与主管相同,则支管外径可以不标注。

(2)直角弯支管。支管本身是一只 90°弯头,它与主管之间的装配形式一般有如图 1-14 和图 1-15 两种情况。在图 1-14(a)中,a 和 b 的尺寸是直角支管本身的尺寸,c 是支管在主管上的定位尺寸;在图 1-14(b)中,由于支管与投影面垂直,仅能标注支管的水平长度 a 和定位尺寸 c,而垂直长度 b 只能依靠主管的 H_1 和支管的 H_2 来间接表示,$b=H_2-H_1$。

管子零件图的尺寸标注

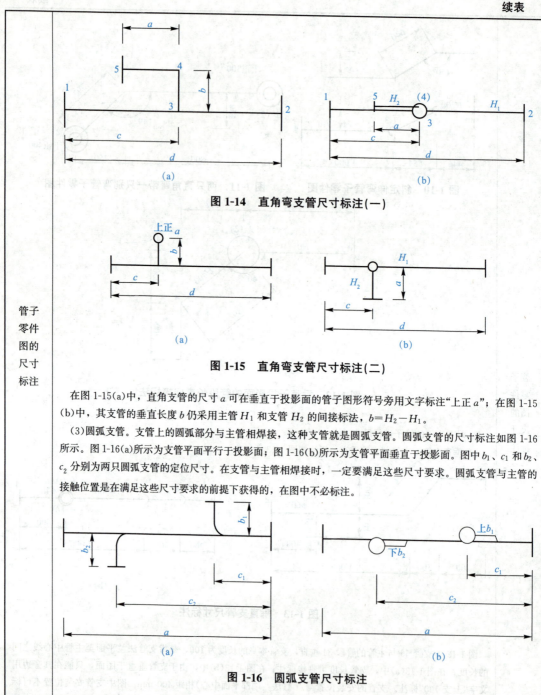

图 1-14 直角弯支管尺寸标注(一)

图 1-15 直角弯支管尺寸标注(二)

在图 1-15(a)中，直角支管的尺寸 a 可在垂直于投影面的管子图形符号旁用文字标注"上正 a"；在图 1-15(b)中，其支管的垂直长度 b 仍采用主管 H_1 和支管 H_2 的间接标法，$b=H_2-H_1$。

(3)圆弧支管。支管上的圆弧部分与主管相焊接，这种支管就是圆弧支管。圆弧支管的尺寸标注如图 1-16 所示。图 1-16(a)所示为支管平面平行于投影面；图 1-16(b)所示为支管平面垂直于投影面。图中 b_1、c_1 和 b_2、c_2 分别为两只圆弧支管的定位尺寸。在支管与主管相焊接时，一定要满足这些尺寸要求。圆弧支管与主管的接触位置是在满足这些尺寸要求的前提下获得的，在图中不必标注。

图 1-16 圆弧支管尺寸标注

📖 任务总结

本任务主要介绍了船舶管子的尺寸标注，主要是根据安装图和零件图的尺寸标注加以进一步学习。学习了安装图中机械设备的安装、管子支架的安装等，还对零件图中有支管和无支管的尺寸标注、管子的余量尺寸标注和管子的安装尺寸标注有所了解和掌握。

斜直支管

支管是一段较短的直管段，它与主管斜交成一个角度。在管路布置中，支管与主管所在平面大多平行于投影面，很少有与投影面垂直的情况。在支管与主管所在平面平行于投影面时，尺寸标注可以有两种标法，如图1-17(a)、(b)所示。

在图1-17(a)中，a 和 c 分别是两只支管本身的长度，角 α 和 β 是它们与主管之间的夹角，b 和 d 分别是它们在主管上的定位尺寸。

在图1-17(b)中，a_1、b_1 和 a_2、b_2 分别为两只斜直支管相对于主管的坐标尺寸，c_1 和 c_2 是它们的定位尺寸，校管时需满足这三个尺寸要求。当然，支管的长度可以通过计算，在管子零件图的表格内标注，以便下料。

图1-17(c)所示是斜直支管与主管所在平面垂直于投影面时的尺寸标注。由于支管与主管重叠在一起，除 a_1、c_1 和 a_2、c_2 可直接标注外，还需要加注符号上 b_1 和下 b_2 来表示支管端点的高度坐标值。

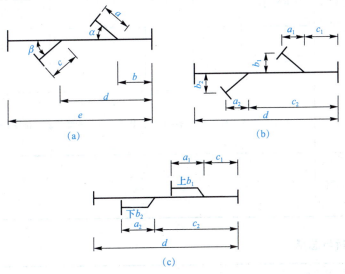

图1-17 斜直支管尺寸标注

学习成果测评与总结

一、学习成果评价单

学习成果名称	标注船舶管子尺寸	完成限时	
场地、设备及工量具			
小组人员分工			

续表

学习成果名称		标注船舶管子尺寸		完成限时					
任务评价	自我评价	1.通过本任务学习，我学到的知识点和技能点：_____。 存在问题：_____。 2.在本次工作和学习的过程中，我的表现可得到： □优　□良　□中　□及格　□不及格							
	小组互评	项目人员	组长	组员1	组员2	组员3	组员4	组员5	组员6
		认真倾听、互助互学							
		合作交流中解决的问题							
		成员参与度							
		备注：请根据组员表现情况评分，优秀5分、良好3分、合格1分、不合格0分。							
	教师评价								

二、自我分析与总结

学生改错：	学生学会的内容：

练习与思考

1. 支管尺寸标注需要注意哪些问题?
2. 管端安装符号是如何确定的?
3. 管子零件的尺寸标注中安装尺寸一般由哪几个方面组成?

学习笔记:

任务 1.3　识读管子零件图

活动 1　计算弯管参数

工作任务	计算弯管参数	教学模式	任务驱动
任务描述	为熟悉船舶管子零件图的识读，先对船舶管系弯管参数进行计算，进而为后面学习正确的识读管子零件图打下坚实的基础。		
学习目标	知识目标	1. 了解弯管参数计算的含义。 2. 熟悉弯曲角、成形角、长度等的计算方法。 3. 了解用图表法进行弯管参数计算。	
	能力目标	1. 能够掌握弯管参数计算的方法。 2. 能够掌握弯曲角、成形角、长度等的计算步骤。 3. 能够掌握用图表法进行弯管参数计算。	
	素质目标	1. 激发学生深入学习船舶管系识图的兴趣。 2. 培养学生具有分析、判断、计算、应用实践的基本素质，能够展示学习成果，对工作过程进行总结和反思。	
知识充电站			

要正确地运用图纸进行弯管工作，就必须看懂图纸中管子的各有关参数，如管子的实际长度、弯曲角、旋转角、起弯点和总长度等。这些参数都是在管子的每个节点坐标值确定的情况下通过计算获得的。下面介绍几个弯管所必须具备的参数及它们的计算方法，从而更深刻地理解这些参数的含义。

1. 弯曲角

管子的弯曲角是指一根直管子弯成一定形状时，管子的一端实际所弯过的角度，也即弯管机模子所转过的角度，一般用 α 来表示，如图 1-18 所示。

如果用弯管机将直管 RP 弯曲成 QSP，应先将管子夹持在 A 点，随着弯模的顺时针转动，原 A 点就到达 A' 位置，如图 1-19 所示。此时，管段 PA 和 $A'Q$ 与弯模相切，A 和 A' 均为切点，A 称作起弯点，A' 称作终止点。$\angle RSQ$ 即弯曲角 α。从图 1-19 中可以看出，弯曲角 α 等于弯模所转过的圆心角 $\angle AOA'$，$\angle AOS = \angle A'OS = \alpha/2$。

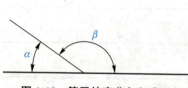

图 1-18　管子的弯曲角和成形角

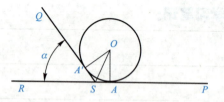

图 1-19　弯曲角 α 的成形过程

管子弯曲角 α 的度数，除 U 形弯头为 $180°$ 外，一般弯曲角 α 的范围是 $0° < \alpha \leqslant 180°$，但常用的范围是 $0° < \alpha \leqslant 90°$。

弯曲角 α 的计算方法如下：

(1) 弯头平面平行于投影面：实际弯曲角 α 和投影弯曲角相等，如图 1-20 所示。

$$\tan\alpha = \frac{t}{s} \qquad \alpha = \arctan\frac{t}{s}$$

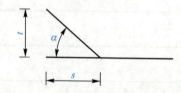

图 1-20　平行于投影面的弯曲角

弯曲角和成形角	(2)弯头平面倾斜于投影面：实际弯曲角就不等于投影弯曲角了，如图1-21(a)所示。图中管子$ABCD$是一只斜定伸弯，其中斜别弯ABC及BCD均倾斜于投影面，它们的实际弯曲角(两只实际弯曲角相等)即图1-21(b)中的α。由于$\triangle CEF$和$\triangle CBE$均为直角三角形，所以 $$\tan\alpha = \frac{CE}{BE} = \frac{\sqrt{CF^2+EF^2}}{BE} = \frac{\sqrt{H^2+t^2}}{s}$$ $$\alpha = \arctan\frac{\sqrt{H^2+t^2}}{s}$$ 式中，$H=H_2-H_1$。 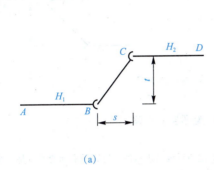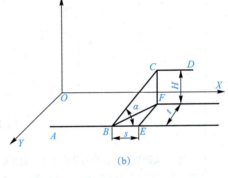 (a) (b) 图1-21 不平行于投影面的弯曲角 2.成形角 相邻两管段之间的实际夹角即成形角，用β表示。成形角与弯曲角互为补角，即$\alpha+\beta=180°$，如图1-18所示。 成形角和弯曲角是两个不同的概念，千万不可混淆。在管子零件图中，弯管程序中所列的参数是弯曲角的度数，而在图形中标注的是成形角的度数。
管子长度计算	1.几何计算法 (1)管段实长。管子的某一管段的实际长度称为管段实长，用l表示。管段在投影图上的投影长度称作投影长，用l'表示。需要求出管段实长的，有下列三种情况： 1)弯头平面平行于投影面：别弯ABC平行于投影面，管段BC在投影图x轴上的长度为s，在y轴上的长度为t，如图1-22(a)所示。管段BC的实际长度l和投影长l'相等，即 $$l=l'=\sqrt{s^2+t^2}$$ 2)弯头平面垂直于投影面：别弯ABC垂直于投影面，由于方位不同，所以有以下两种情况： ①管段BC倾斜于投影面，在x轴上的长度为s，管段AB的高度为H_1，端点C的高度为H_2，它们的高差为$H(H=H_2-H_1)$，如图1-22(b)所示。管段BC的实长l为 $$l=\sqrt{s^2+H^2}$$ ②管段BC倾斜于投影面，在y轴上的长度为t，管段AB的高度为H_1，端点C的高度为H_2，它们的高差为$H(H=H_2-H_1)$，如图1-22(c)所示。管段BC的实长l为 $$l=\sqrt{t^2+H^2}$$ 3)弯头平面倾斜于投影面：别弯ABC倾斜于投影面，管段BC在投影图x轴上的长度为s，在y轴上的长度为t，点C与管段AB的高差为$H(H=H_2-H_1)$，如图1-22(d)所示。管段BC的实长和投影长l'不相等，即 $$l=\sqrt{s^2+t^2+H^2}$$ 其实，上述前两种情况分别为$H=0$、$t=0$和$s=0$的特殊情况。

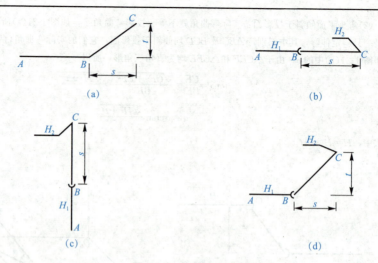

图 1-22 管段实长求解

(2) 弯头圆弧长。在管系放样图中，管子的弯头是用折线来表示的，但管子实际弯曲后是一段光顺的圆弧。每一种规格的管子都有确定的弯模，当弯模半径(管子弯曲半径)为 R、管子的弯曲角为 α 时，其弯头圆弧长 l 为

$$l = 2\pi R \frac{\alpha}{360°}$$

(3) 弯头切线长。如图 1-23 所示，EB、BF 和 GC、CH 分别为角 α_1 和 α_2 的切线，其中 $EB=BF$，$GC=CH$，$\angle EO_1B = \angle FO_1B = \alpha_1/2$，$\angle GO_2C = \angle HO_2C = \alpha_2/2$。当弯曲半径为 R 时，弯头切线 $l_{切线}$ 为

$$l_{切线} = R \times \tan\frac{\alpha}{2}$$

E、F、G、H 四点为切线的切点，如果弯管顺序由 A 至 D，则 E 点和 G 点为该管子的起弯点，E 为首起弯点，G 为尾起弯点，F、H 两点均为终止点。

(4) 首段长度。管端到首起弯点 AE 的长度叫作首段长度，如图 1-23 所示。它是一段直管段，没有圆弧部分，因此当 $\alpha_1 = 90°$ 时，$AE = AB - R$。

(5) 弯头间直线长度。在图 1-23 中，切点 F 和 G 之间的长度叫作两弯头间的直线长度 $l_{直线}$。

$$AE = AB - EB = AB - R\tan\frac{\alpha_1}{2}$$

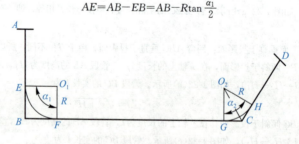

图 1-23 弯头圆弧长等求解

两弯头间的直线长度极为重要，一定要保证 $l_{直线} \geqslant M$(M 为紧固长度，即弯模轧头长度)，如果 $l_{直线} < M$，此管就无法弯制。

(6) 中间段长度。一根管子有几个弯头，就有几个起弯点和终止点。一般来说，为便于加工，一根管子上的弯头不宜超过四个。起弯点按顺序依次为首起弯点、第二起弯点、第三起弯点……，首起弯点到第二起弯点之间的长度称为第一中间段长度，依次为第二、第三中间段长度……在图 1-23 中，中间段长度为

$$EG = \overparen{EF} + \overparen{FG} = EF + BC - BF - GC = 2\pi R \frac{\alpha_1}{360} + BC - R\tan\frac{\alpha_1}{2} - R\tan\frac{\alpha_2}{2}$$

(7)起弯点的确定。每一个弯头的前一个切点就是该弯头的起弯点。为了保证弯管尺寸的准确,在弯管时,必须掌握好起弯点对准弯模起弯线。

1)首起弯点 E 是以首段长度 AE 的尺寸来确定的。如果 AE 的长度小于轧头的长度 M,则可放长一个工艺余量,使之等于轧头长度,待管子弯妥后,再将工艺余量割去,使弯出的管子尺寸符合图纸要求。

2)尾起弯点 G(图 1-23 中只有两只弯头,故称 G 为尾起弯点)的确定方法,可以有下列三种:
①以中间段长度 EG 来确定 G 的位置;
②以两弯头间直线长度 FG 的尺寸来确定 G 的位置;
③以 $BG(BG=BC-GC)$ 的尺寸来确定 G 的位置。

(8)尾段长度。尾起弯点 G 到管子终端 D 的长度称为尾段长度,如图 1-23 所示。

$$GD = \overparen{GH} + HD = GH + CD - CH = 2\pi R \frac{\alpha_2}{360} + CD - R\tan\frac{\alpha_2}{2}$$

(9)展开长度。展开长度是一根管子的各直线长度和弯头圆弧长度的总和。从理论上讲,展开长度即这根管子的下料长度,用 L 表示。以图 1-23 为例。

$$L = AE + \overparen{EF} + \overparen{FG} + \overparen{GH} + HD = AB + BC + CD + EF + GH - EB - BF - GC - CH$$
$$= AB + BC + CD + 2\pi R \frac{\alpha_1}{360} + 2\pi R \frac{\alpha_2}{360} - 2R\tan\frac{\alpha_1}{2} - 2R\tan\frac{\alpha_2}{2}$$

管子在弯曲时,弯头部分的圆弧长度因材料塑性变形等原因而略有伸长,每个弯头处的延伸量积累起一个总延伸量 ΔL,所以管子的实际下料长度应是理论下料长度减去总延伸量 ΔL 之差。延伸量与管子的材料、直径、壁厚及弯曲角和弯曲半径有关。目前工厂在施工时,一般还是取理论下料长度,其延伸量可在校管时割除。但如果采用"先焊后弯"(先焊法兰,再弯曲管子)工艺时,就必须事先考虑延伸量,精确地计算出实际下料长度。

2. 图表计算法

在比例绘图的实践过程中,曾对管子曲形参数计算做过许多有益的探讨,设计了许多专用器具和图表。这里介绍一种管子曲形参数计算图表,它可以摆脱复杂数学计算,通过查阅图表,再辅以必要的作图和简单的加减运算,即能较好完成任何形状管子的曲形参数计算。

(1)弯角、弧长、切线长度表的使用说明。表 1-7 所列数值是弯曲半径为 1 mm 时 1°~150° 的弯曲角所对应的弧长和切线长。它是专供计算管子曲形下料长度和确定弯曲起点的表格。在使用时,依据管子的外径及弯曲曲率半径(根据工厂的弯管胎具的弯曲半径),从表中查出弯曲角对应的弧长和切线长,然后将此数据乘以弯曲半径,就可得到此弯曲管子的真实切线长和弧长,再进行相应的计算可取得曲形的有关弯曲参数。

表 1-7 弧长和切线长数值

弯曲角 α	弧长 S_0	切线长 $\tan\frac{\alpha}{2}$	弯曲角 α	弧长 S_0	切线长 $\tan\frac{\alpha}{2}$	弯曲角 α	弧长 S_0	切线长 $\tan\frac{\alpha}{2}$
1	0.017 5	0.008 7	10	0.174 5	0.087 5	19	0.331 6	0.167 3
2	0.034 9	0.017 5	11	0.192 0	0.096 3	20	0.349 1	0.176 3
3	0.052 4	0.026 2	12	0.209 4	0.105 1	21	0.366 5	0.185 3
4	0.069 8	0.034 9	13	0.226 9	0.113 9	22	0.384 0	0.194 4
5	0.087 3	0.043 7	14	0.244 6	0.122 8	23	0.401 4	0.203 5
6	0.104 7	0.052 4	15	0.261 8	0.131 7	24	0.418 9	0.212 6
7	0.122 2	0.061 2	16	0.279 3	0.140 5	25	0.436 3	0.221 7
8	0.139 6	0.069 9	17	0.296 7	0.149 5	26	0.453 8	0.250 9
9	0.157 1	0.078 7	18	0.314 2	0.158 4	27	0.471 2	0.240 1

续表

弯曲角 α	弧长 S_0	切线长 $\tan\dfrac{\alpha}{2}$	弯曲角 α	弧长 S_0	切线长 $\tan\dfrac{\alpha}{2}$	弯曲角 α	弧长 S_0	切线长 $\tan\dfrac{\alpha}{2}$
28	0.488 7	0.249 3	64	1.117 0	0.624 9	100	1.745 3	1.192
29	0.506 1	0.258 6	65	1.134 5	0.637 1	101	1.762 8	1.213
30	0.523 6	0.267 9	66	1.151 9	0.649 4	102	1.780 2	1.235
31	0.541 1	0.277 3	67	1.169 4	0.661 9	103	1.797 7	1.267
32	0.558 5	0.286 7	68	1.186 8	0.674 5	104	1.815 1	1.280
33	0.576 0	0.296 2	69	1.204 3	0.687 3	105	1.832 6	1.303
34	0.593 4	0.305 7	70	1.221 7	0.700 2	106	1.850 0	1.327
35	0.610 9	0.315 3	71	1.239 2	0.713 3	107	1.867 5	1.351
36	0.628 3	0.324 9	72	1.256 6	0.726 5	108	1.885 0	1.376
37	0.645 8	0.334 6	73	1.274 1	0.740 0	109	1.902 4	1.402
38	0.663 2	0.344 3	74	1.297 5	0.753 6	110	1.919 9	1.428
39	0.680 7	0.354 1	75	1.309 0	0.767 3	111	1.937 3	1.455
40	0.698 1	0.364 0	76	1.326 5	0.781 3	112	1.954 8	1.483
41	0.715 6	0.373 9	77	1.343 9	0.795 4	113	1.972 2	1.511
42	0.733 0	0.383 9	78	1.361 4	0.809 8	114	1.989 7	1.540
43	0.750 5	0.393 9	79	1.378 8	0.824 3	115	2.007 1	1.570
44	0.767 9	0.404 0	80	1.396 3	0.839 1	116	2.024 6	1.600
45	0.785 4	0.414 2	81	1.413 7	0.854 1	117	2.042 0	1.632
46	0.802 9	0.424 5	82	1.431 2	0.869 3	118	2.059 5	1.664
47	0.820 3	0.434 8	83	1.448 6	0.884 7	119	2.076 9	1.898
48	0.837 8	0.445 2	84	1.466 1	0.900 4	120	2.094 4	1.732
49	0.855 2	0.455 7	85	1.483 5	0.916 3	121	2.111 8	1.767
50	0.872 7	0.466 3	86	1.501 0	0.932 5	122	2.129 3	1.804
51	0.890 1	0.477 0	87	1.518 4	0.949 0	123	2.146 8	1.842
52	0.907 6	0.487 7	88	1.535 9	0.965 7	124	2.164 2	1.881
53	0.925 0	0.498 6	89	1.553 3	0.982 7	125	2.181 7	1.921
54	0.942 5	0.509 5	90	1.570 8	1.000 0	126	2.199 1	1.963
55	0.959 9	0.520 6	91	1.588 2	1.018	127	2.216 6	2.006
56	0.977 4	0.531 7	92	1.605 7	1.036	128	2.234 0	2.050
57	0.994 8	0.543 0	93	1.623 2	1.054	129	2.251 5	2.097
58	1.012 3	0.554 3	94	1.640 6	1.072	130	2.268 9	2.145
59	1.029 7	0.565 8	95	1.658 1	1.091	131	2.286 4	2.194
60	1.047 2	0.577 4	96	1.675 5	1.111	132	2.303 8	2.246
61	1.064 7	0.589 0	97	1.693 0	1.130	133	2.321 3	2.300
62	1.082 1	0.600 9	98	1.710 4	1.150	134	2.338 7	2.356
63	1.099 6	0.612 8	99	1.727 9	1.171	135	2.356 2	2.414

续表

	弯曲角 α	弧长 S_0	切线长 $\tan\frac{\alpha}{2}$	弯曲角 α	弧长 S_0	切线长 $\tan\frac{\alpha}{2}$	弯曲角 α	弧长 S_0	切线长 $\tan\frac{\alpha}{2}$
管子长度计算	136	2.373 6	2.475	141	2.460 9	2.824	146	2.548 2	3.271
	137	2.391 1	2.539	142	2.478 4	2.904	147	2.565 6	3.376
	138	2.408 6	2.605	143	2.495 8	2.989	148	2.583 1	3.487
	139	2.426 0	2.675	144	2.513 3	3.078	149	2.600 5	3.606
	140	2.443 5	2.747	145	2.530 7	3.172	150	2.618 0	3.732

任务实施

应用图表计算法求解图1-24所示的弯管参数。

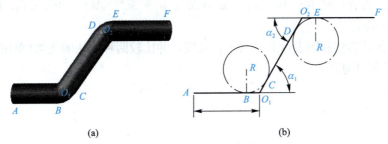

图 1-24 双别弯曲形管件
(a)双别弯曲形管件模型；(b)双别弯曲形管件简图

已知：弯管半径 $R=100$ mm，$\alpha_1=45°$，$\alpha_2=40°$，$AO_1=500$ mm，$O_1O_2=600$ mm，$O_2F=300$ mm。

查弧长和切线长数值表（见表1-7）。

(1) $\alpha_1=45°$ 时，查得 $S_0=0.785\ 4$，$\tan\frac{\alpha}{2}=0.414\ 2$。

将查得数值乘以 R 得 $S_1=78.54$，$\tan\frac{\alpha_1}{2}=41.42$，$BO_1=O_1C=41.42$，$\overset{\frown}{BC}=78.54$。

(2) $\alpha_2=40°$ 时，查得 $S_0=0.698\ 1$，$\tan\frac{\alpha}{2}=0.364\ 0$。

将查得数值乘以 R 得 $S_2=69.81$，$\tan\frac{\alpha_2}{2}=36.4$，$DO_2=O_2E=36.4$，$\overset{\frown}{DE}=69.81$。

故首弯起弯长度 $L_1=AO_1-BO_1=500-41.42=458.58$(mm)。

(3) 第二个起弯点的起弯长度（自第一个起弯点处的丈量长度）按下面求解。

$L_2=\overset{\frown}{BC}+CD=O_1O_2-O_1C-DO_2+\overset{\frown}{BC}=600-41.42-36.4+78.54=600.72$(mm)

(4) 末端长度 $L_3=\overset{\frown}{DE}+EF=O_2F-O_2E+\overset{\frown}{DE}=300-36.4+69.81=333.41$(mm)。

(5) 下料总长度 $L=458.58+600.72+333.41=1\ 392.71$(mm)。

任务总结

本任务主要介绍了弯管参数计算的方法、几何计算法和图表计算法的实施步骤，为后续学习图的识读做了一个概括性的介绍。

用无余量下料方法求解图 1-25 所示的弯制管件参数。

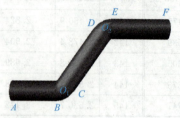

图 1-25 双别弯曲形管件模型

已知：弯管半径 $R=100$ mm，$α_1=55°$，$α_2=50°$，$AO_1=400$ mm，$O_1O_2=600$ mm，$O_2F=500$ mm。

用几何计算法和图表计算法求下料长度，并比较两种方法的优劣（单位：mm）。

(1) 几何计算法：

$AB=$

$\overset{\frown}{BC}=$

$CD=$

$\overset{\frown}{DE}=$

$EF=$

总长＝

(2) 图表计算法：

$AB=$

$\overset{\frown}{BC}=$

$CD=$

$\overset{\frown}{DE}=$

$EF=$

总长＝

学习成果测评与总结

一、学习成果评价单

学习成果名称	计算弯管参数	完成限时	
场地、设备及工量具			
小组人员分工			

续表

学习成果名称		计算弯管参数		完成限时					
任务评价	自我评价	1. 通过本任务学习，我学到的知识点和技能点：_____。 存在问题：_____。 2. 在本次工作和学习的过程中，我的表现可得到： □优　□良　□中　□及格　□不及格							
	小组互评	项目人员	组长	组员1	组员2	组员3	组员4	组员5	组员6
		认真倾听、互助互学							
		合作交流中解决的问题							
		成员参与度							
		备注：请根据组员表现情况评分，优秀5分、良好3分、合格1分、不合格0分。							
	教师评价								

二、自我分析与总结

学生改错：	学生学会的内容：

练习与思考

1. 弯管参数都包含哪些参数？
2. 什么是管子的弯曲角、成形角？
3. 管子的长度计算公式是什么？
4. 管子在弯制过程中首起弯点是如何确定的？
5. 管子在弯制过程中尾起弯点是如何确定的？

活动2　编制弯管顺序

工作任务	编制弯管顺序		教学模式	任务驱动
任务描述	为熟悉船舶管子零件图的识读，应该能够编制弯管顺序，进而为正确地识读管子零件图打下坚实的基础。			
学习目标	知识目标	1. 了解转角的定义。 2. 熟悉转角的确定方法。 3. 熟悉编制弯管顺序的方法。		
	能力目标	1. 能够掌握转角的定义。 2. 能够确定转角的方向大小。 3. 能够编制弯管顺序。		
	素质目标	1. 激发学生深入学习船舶管系识图的兴趣。 2. 培养学生具有分析、判断、计算、应用实践的基本素质，能够展示学习成果，对工作过程进行总结和反思。		
知识充电站				
转角的确定	如果一根管子有两个弯头，而这两只弯头所在的平面处于相交状态，当第一只弯头弯妥后，再弯第二只弯头时，必须将管子旋转一定的角度，才能使弯出的管子满足图纸的要求。 为了简明，将管子相邻的三段作为一个单元，并依次称三段管子为首段、中段和尾段。规定尾段向首段的旋转方向为转角的旋转方向。从首段向尾段看，旋转方向顺时针时为正转，逆时针时为负转。因此，转角也可以表述为，以中段管子为旋转轴，尾段管子和中段管子所组成的平面转到与首段管子和中段管子所组成的平面重合时，所转过的角度即转角。 三角函数法适合于计算一些较简单的管子零件的转角，如特殊类型的转角： (1)转角为0°时，三段管子在同一平面内，且首、尾段在中段的同侧。 (2)转角为180°时，三段管子在同一平面内，且首、尾段在中段的两侧。 (3)转角为±90°时，相邻两弯角所在平面相互垂直。最常见的是相邻两弯角所在平面相互垂直的直角别弯和两直角弯，或一弯角平面处于水平位置时，另一弯角平面在其上的投影为一直线。			
转角的定义	一根弯管中，任何两个相邻弯头所在平面间的夹角称为转角(包括夹角等于0°)，也可以称为弯头间直管段的转角。 为便于管子的弯制，管系放样规定：旋转角的度数范围取$0° \leq \varphi \leq 180°$。这样就使旋转角只能有一种情况，在角度为0°～180°的范围内，根据管子形状，或顺时针旋转，或逆时针旋转。 当旋转角的转向为顺时针时，用符号")"表示；当旋转角的转向为逆时针时，用符号"("表示。也可以在转角φ的度数前面加"+"或"－"，表示顺时针旋转或逆时针旋转，如$\varphi=+30°$则为顺时针旋转30°；$\varphi=-50°$则为逆时针旋转50°；$\varphi=0°$则无旋转方向；$\varphi=180°$时可不标转向，顺转逆转都可以。当一根管子的弯头数目为两个以上或者说管段数目有三段以上者均有转角存在。转角的数目n_φ与管段数目n的关系为$n_\varphi=n-2$。 当一根管子有多个转角存在时，按弯管顺序，第一个弯头所在平面与第二个弯头所在平面之间的转角记为φ_1，第二个弯头所在平面与第三个弯头所在平面之间的转角记为φ_2，……以此类推。			
转角的求解	已知转角，可以通过计算来求出转角的大小和判断出这个转角的旋转方向。 如果一根管子只有两只弯头，那么它就只有一只转角φ。 如果一根管子有三只弯头，那么它就有φ_1和φ_2两只转角。 在给具有多个转角的管子求每个转角的大小和旋转方向时，只能依次去解决。在求第一个转角φ_1时，可以只考虑这根管子的前三段管段的形状和尺寸，在求第二个转角φ_2时，可以只考虑第二、第三、第四这三段管段的形状和尺寸，这样问题就可以简单些。			

| | 那么，所有由三段管段组成的两只弯头，无论这两只弯头的角度大小如何，也无论它们的空间位置如何，都可以在垂直于中间段的平面上作出其投影图，并且将首邻段置于中间段的左侧水平位置，这样可以得出8种情况，如图1-26所示。图中∠abc为直角，也可以不是直角(一般是大于90°)，弯头平面正好处于弯管机模子所在平面。这8种情况的转角求解方法如下：

(1)图1-26(a)中，三个管段在同一平面内，首、尾邻段在中间段的同侧（简称同面同侧），其旋转角 $\varphi=0°$，无旋转方向。

(2)图1-26(b)中，∠bcd 为上斜别弯，管段 ab 和 cd 在中间段 bc 的同侧，d 点高于平面 abc（正高差），其高差 $H=H_2-H_1$，倾斜管段 cd 在 x 轴上的投影长为 s，其转角大小范围为 $0°<\varphi<90°$，旋转方向为逆时针。

$$\varphi=\arctan\frac{H}{s}$$

(3)图1-26(c)中，平面 bcd 垂直于平面 abc，d 点高于平面 abc（正高差），此管子的转角 $\phi=90°$，旋转方向为逆时针。

$$\varphi=\arctan\frac{H}{s}$$

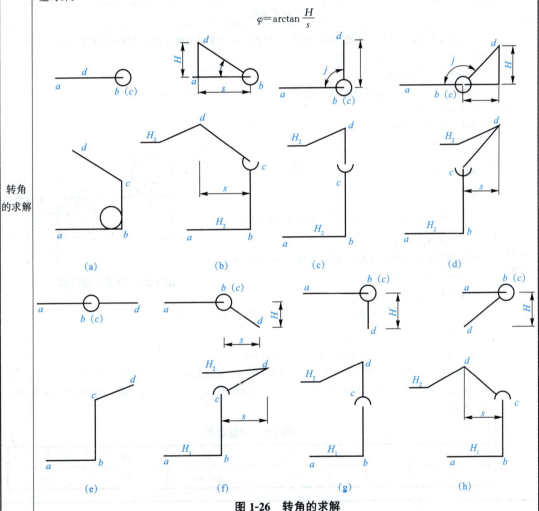

图1-26 转角的求解

(4)图1-26(d)中，∠bcd 为上斜别弯，管段 ab 和 cd 在中间段 bc 的异侧，d 点高于平面 abc（正高差），其高差 $H=H_2-H_1$，倾斜管段 cd 在 x 轴上的投影长为 s，其转角大小范围为 $90°<\varphi<180°$，旋转方向为逆时针。

$$\varphi=180°-\arctan\frac{H}{s}$$

转角的求解	(5)图1-26(e)中，三个管段在同一平面内，首、尾邻段在中间段的异侧(简称同平异侧)，其旋转角 $\varphi=180°$，旋转方向顺逆均可。 (6)图1-26(f)中，$\angle bcd$ 为下斜别弯，管段 ab 和 cd 在中间段 bc 的异侧，d 点低于平面 abc(负高差)，其高差 $H=H_2-H_1$，倾斜管段 cd 在 x 轴上的投影长为 s，其转角大小范围为 $90°<\varphi<180°$，旋转方向为顺时针。 $$\varphi=180°-\arctan\frac{H}{s}$$ (7)图1-26(g)中，平面 bcd 垂直于平面 abc，d 点低于平面 abc(负高差)，此管子的转角 $\varphi+90°$，旋转方向为顺时针。 (8)图1-26(h)中，$\angle bcd$ 为下斜别弯，管段 ab 和 cd 在中间段 bc 的同侧，d 点低于平面 abc(负高差)，其高差 $H=H_2-H_1$，倾斜管段 cd 在 x 轴上的投影长为 s，其转角大小范围为 $0°<\varphi<90°$，旋转方向为顺时针。 $$\varphi=\arctan\frac{H}{s}$$
任务实施	
实例集锦	当上述各项工作完成后，就要编制弯管顺序，以图1-27中管子为例计算，已知该管子弯曲半径 $R=100$，具体如下： 1. 弯曲角 α 和成形角 β 图1-27中 $\angle ABC$、$\angle BCD$ 均为实际角，$\alpha_1=90°$，$\alpha_2=90°$，$\beta_1=90°$，$\beta_2=90°$。 2. 管段长度 图中 AB、BC、CD 均为实长，即 $AB=300$，$BC=600$，$CD=300$。 3. 弯头圆弧长 圆弧 $\overset{\frown}{EF}=\overset{\frown}{GH}=2\pi R\times\frac{90°}{360°}=2\pi\times100\times\frac{90°}{360°}=157$ 4. 弯头切线长 图中 $EB=BF=GC=CH=R\tan\frac{90°}{2}=100\times\tan45°=100$。 5. 两弯头间直线长 图中 FG 为两弯头间直线长，即 $FG=BC-BF-GC=600-100-100=400$。 6. 首段长、尾段长 首段长 $AE=AB-EB=300-100=200$，尾段长 $HD=CD-CH=300-100=200$。 7. 展开长度 展开长度 $=AE+\overset{\frown}{EF}+FG+\overset{\frown}{GH}+HD=200+157+400+157+200=1\ 114(\text{mm})$。 从 A 开始，先送进200(即 AE)，使 E 在弯模的切点上，然后弯曲 $90°$，再送进400(即 FG)，使 G 在弯模的切点上，再以 FG 为轴转 $180°$(因转角 $180°$，顺、逆转均可)，再弯 $90°$，最后量取200(即 HD)，弯曲完毕，见表1-8。 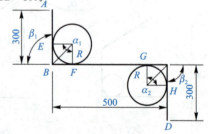 图1-27 管子长度计算

表1-8 弯管参数

长	弯	长	转	弯	长
200	90°	400	↔180°	90°	200

任务总结

本任务主要介绍了弯管顺序的编制过程，应用具体情况举例说明，其他形状的管子也是一样编写。

判别转角大小和旋转方向的规律。

(1)转角大小取决于两弯头的方位。如将第一弯头置于水平位置,在水平投影图上首、尾邻段在公共管段同侧,则转角大小范围为 $0°\leqslant\phi<90°$,$\phi=\arctan\dfrac{H}{s}$;首、尾邻段在公共管段异侧,则转角大小范围为 $90°<\phi\leqslant180°$,$\phi=180°-\arctan\dfrac{H}{s}$。

(2)转角的旋转方向取决于尾邻段的端点与第一弯头所在平面之间的高差(须将第一弯头置于水平位置且与弯模旋转方向一致)。如尾邻段端点高于第一弯头所在平面(正高差),则转角的转向为逆时针;如尾邻段端点低于该平面(负高差),则转角的转向为顺时针。

在实际管系放样中,转角为 0°、90°和 180°的特殊情况应用较多,而 0°~90°和 90°~180°这两个范围内的转角虽然计算较麻烦,但由于布置管路的需要,也不能完全回避,必须正确掌握和熟练运用。

● 学习成果测评与总结

一、学习成果评价单

学习成果名称	编制弯管顺序		完成限时					
场地、设备及工量具								
小组人员分工								
任务评价	自我评价	1. 通过本任务学习,我学到的知识点和技能点:_____。 存在问题:_____。 2. 在本次工作和学习的过程中,我的表现可得到: □优 □良 □中 □及格 □不及格						
	小组互评	项目人员	组长	组员1	组员2	组员3	组员4	组员5	组员6
		认真倾听、互助互学							
		合作交流中解决的问题							
		成员参与度							
		备注:请根据组员表现情况评分,优秀5分,良好3分,合格1分,不合格0分。							
	教师评价								

二、自我分析与总结

学生改错：	学生学会的内容：

练习与思考

1. 转角是如何定义的？
2. 特殊类型的转角包括哪些？
3. 如何判别转角大小和旋转方向的规律？

活动3　识读船舶管路某系统中某段管子的零件图

工作任务	识读船舶管路某系统中某段管子的零件图		教学模式	任务驱动
任务描述	熟悉船舶管系的放样工艺，对船舶管子零件图进行正确的识读，为船舶管系的零件制作和安装进一步打下基础。			
学习目标	知识目标	1. 了解船舶管子零件图的组成。 2. 熟悉船舶管子零件图的方法。		
	能力目标	1. 能够掌握船舶管子零件图的组成。 2. 能够识读船舶管子零件图。		
	素质目标	1. 激发学生深入学习船舶管系识图的兴趣。 2. 培养学生具有分析、判断、计算、应用实践的基本素质，能够展示学习成果，对工作过程进行总结和反思。		
知识充电站				
管子零件加工图的识读	管子零件加工图（简称管子零件图）是用于管子弯制、校正和安装的主要技术图纸。识读管子零件图，就是要求看懂和领会图中每个栏目标出的文字、数据及图形所表达的意思，要能够根据管子零件图制作出符合图纸各项技术要求的管子，要能够按照管子零件图中的定位尺寸，将管子安装到船上准确的位置。通过识读管子零件图，还要培养出绘制管子零件图的能力。在船舶修造过程中，有一部分管子需要现场配制，这就要求施工人员通过实地测量，绘制管子零件草图，进而绘制管子零件图。识读管子零件图，要善于发现和纠正图纸中的差错，从而避免返工和浪费。 　　以图1-28所示的管子零件图为例，对图中的各栏目分述如下： 　　(1)船名、船号、管路名称。该船为40 000 t级成品油轮，船号为40000，即该船的工程编号。 　　管路名称为舱底水管。管路名称实际上是指这根管子属于哪个系统，如燃油管，属燃油系统；润滑油管，属润滑油系统等。有些设计人员将管路名称写为"舱底水自左污水井至舱底泵""燃油泵出至日用油柜"等，虽然字数较多，但更具体明确。安装人员知道了这根管子所属系统及具体功用，就可以大致判别出这根管子在船上的安装方位。			

续表

××有限责任公司船舶管子制作表			第 页 共 页	
船名：40000		管件号名：TB-1DY-BC23-8	图号：××5-1 OG1GUON1CP01	
序号	下料长度	规格及材质		实用料长
1	230	无缝钢管 140×10Ⅲ		230
2	50	无缝钢管 140×10Ⅲ		50
3	1	法兰 16125 GB 2506—89		10
**	1	异径接头 168×11–140×10		0
5	1	1倍钢弯头 140×10×90		280
6	1	法兰 16125 GB 2506—89		10
**	1	无缝钢管 140×10Ⅲ		0

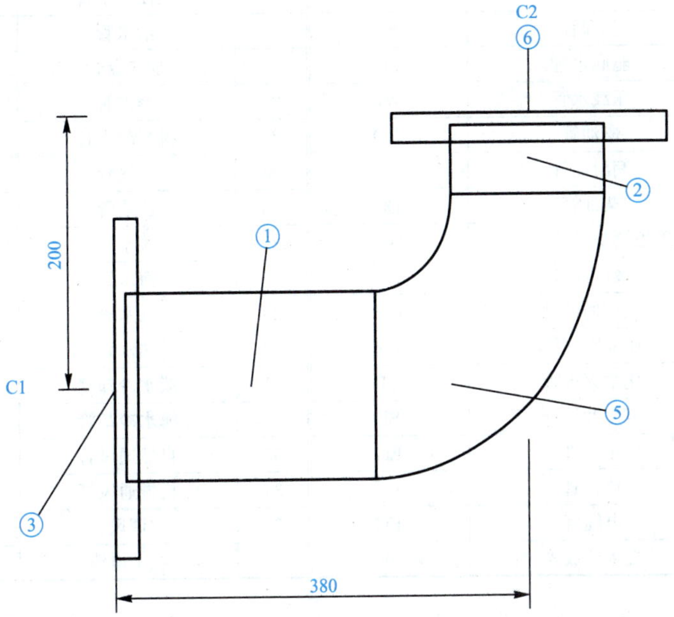

管子零件加工图的识读

	3	0.0		E 5： ：				
	6	0.0		E 5： ：				
序号	法兰转角		支管夹角	支管转角	注释	分段：1DY	起弯点	转角	弯角
装配信息						系统代码：BC	弯曲半径		
C1端坐标	$X=x17+226$		C2端坐标	$X=x17+26$		管子质量：38 kg		
	$Y=1\,280.6$			$Y=1\,280.6$		表面处理：内涂塑		
	$Z=2H+810$			$Z=2H+1\,190$		试验压力：0.60 MPa		

图 1-28　管子零件图

(2)管子编号。这根管子的编号为 TB-1DY-BC23-8。字母 BC 是指舱底压载消防水管系,阿拉伯数字 23-8 是管子的号码。船上那么多的管子都属于不同的系统。设计人员在画管子零件图时,为了使众多的管子不至于混淆,就要按系统分别编上号码。弯管人员在已弯妥的管子上用油漆写上该管子的编号,校管人员可在该管子的法兰边缘上用钢印打上该管子的编号,安装人员根据管子零件图册中的管子编号和图形找出所需安装的管子实物,对照管系安装图就可进行管系的安装工作。

管路系统的代号见表1-9。在这里需要指出的是,各船厂所采用的系统代号可能有所不同。有些船厂系统中文名称的拼音字母的第一个字母为代号,如"舱底压载"用"C"、"冷却"用"L"等。随着生产设计的不断发展,这种状态必将能得到统一。

表1-9 管路系统的代号

序号	管路系统名称	代号	序号	管路系统名称	代号
1	透气管	AP	19	甲板排水管	SC
2	注入管	FL	20	大便污水管	SL
3	测深管	SP	21	给水管	FE
4	舱底水管	BG	22	加热盘管	TH
5	压载水管	WB	23	蒸汽管	ST
6	燃油管	FO	24	排气凝水管	ED
7	润滑油管	LO	25	氧气管	AT
8	柴油管	DO	26	乙炔管	CP
9	甲板消防及冲洗管	WD	27	淡水管	FW
10	液压油管	OP	28	海水管	SW
11	液压回油管	OR	29	饮水管	PW
12	压缩空气管	PP	30	热水管	HW
13	化学灭火管	GF	31	淡水冷却管	CF
14	卫生冲洗管	SF	32	海水冷却管	CS
15	排气管	EG	33	自然通风管	NV
16	传声管	VT	34	机械通风管	MV
17	电缆管	EC	35	空调风管	AC
18	凝水泄放管	SE	36	主干电缆	EL

(3)所属区域代号、处理表、单船数量。所属区域代号是指这根管子安装于这条船的哪一个船体分段或哪一个区域,或属于哪一个管子单元。处理表中所列内容可根据需要而增删,不必每项都填。

按图纸要求,有些管子需要进行镀锌处理,有些管子需要进行酸洗处理。按管内通过的介质来区分,介质是水的,应镀锌;介质是油的,应酸洗。但某些船舶的主机淡水冷却管路,根据技术要求需进行清洗即可不必进行镀锌。对于主、辅机排气管来讲,既不要镀锌也不要酸洗,管系施工人员只要根据管子零件图上的要求去处理即可。管子在进行镀锌或酸洗之前,必须对其内外表面进行清理,将焊渣、飞溅物、油污等杂质清除干净,并对其进行液压试验,试验合格后方可进行镀锌或酸洗。按图1-28的要求,管子进行内涂塑处理。

船上形状、尺寸、材料、规格完全相同的管子较多,但是,它们不可能安装在同一位置上,也就是说,它们的安装尺寸是不同的。所以,必须给这些管子编上不同的号码,防止混淆。某些穿过船体构件的管通件是双联的或是三联的,只能将其视为一个整体编写一个号码,而不编写两个或三个号码。

(4)管子的具体图形和尺寸。在给一条管路划分成若干根管子时,一方面要考虑到使连接件在紧固时处于操作方便的位置;另一方面为了使管子在弯制、搬运和安装时的方便,以及管子在镀锌或酸洗时在容器中容纳得下,其弯头不宜超过4个,其纵向尺寸不宜超过4 000 mm,横向尺寸不宜超过1 000 mm。至于支管的长度,在保证其连接件安装方便的前提下,以尽量短为宜,因为支管(特别是通径较小的支管)太长就很容易变形。

此管的总管是由一只直角弯头和两根直管段组成的,没有支管。

管子零件加工图的识读	平行于投影面的管段其投影长即实长。倾斜于投影面的管段其投影长小于实长,要知道其实长必须通过一定的计算过程。垂直于投影面的管段其投影长为零。 同样,由两段管组成一个夹角,这个夹角所在平面与投影面平行者,其投影角度数与实际角度数相等;这个夹角所在平面倾斜于投影面者,这个夹角的实际度数也需通过计算才能获得。 (5)管子有关参数。管段1规格为$\phi140\times10$HRB400级的无缝钢管,下料长度为230 mm,实用料长为230 mm;管段2规格为$\phi140\times10$HRB400级的无缝钢管,下料长度为50 mm,实用料长为50 mm;3和6为法兰,规格为16125 GB/T 9124—2019,厚度为10 mm;5为1倍钢90°弯头,规格为$\phi140\times10\times90$,实用料长为280 mm;主管上法兰中心线距左端面380 mm;左法兰中心线距上端面200 mm。 (6)支管的制作和定位。若零件图中的支管位于总管的上方,先画出主管和支管的相贯线,用气割切去余料,再用电焊主管和支管焊接在一起。 (7)连接件的表示方法。管子除可以用法兰连接外,根据实际情况也可用套管或螺纹接头等其他形式连接。 船舶管系以普通法兰使用最广。在国家标准中,根据法兰螺孔数目可分为两类:一类是4的整数倍,如4孔、8孔、12孔等;另一类为4的非整数倍,如6孔、10孔等。 如图1-29所示,8孔和6孔对于OO线来说都是对称的,对于与OO线垂直的$O'O'$线来说,8孔法兰的螺孔仍然是对称布置的,而6孔法兰就有一对螺孔落在$O'O'$线上,这样就产生了法兰螺孔的标注问题。 法兰螺孔标注的规定,以放样图上的管子中心线为基准(用俯视↓)。当法兰螺孔的投影有一个落在此中心线上时称为"单",表示方法如图1-30(a)所示;当法兰螺孔的投影不落在中心线上而对称地分布在中心线两边时,称为"双",表示方法如图1-30(b)所示。 一般情况下,管子零件图上的法兰螺孔均采用"双"孔布置法,凡是法兰螺孔采用"双"孔布置法的,为了简化图上的文字和图形,均可不做任何标注,而对采用"单"孔布置法的法兰,必须在图中如图1-30(a)所示那样标注清楚,以示区别。但有些船厂无论是"双"孔还是"单"孔,在图上均加以标注清楚,并且以做出这种标注的法兰为内场校管,不做出这种标注的法兰为外场校管。 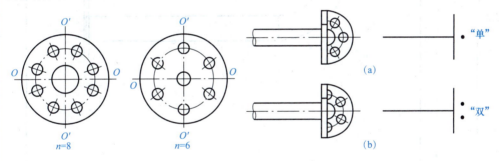 图 1-29 法兰螺孔数　　　　　　　　图 1-30 法兰螺孔的标注 (8)材料表。材料表中标出了制作这根管子所需的所有材料,包括管子、连接件等,所有件都要标注,不能遗漏。完全相同的部件可以归在同一件号内。 如采用特殊类型的法兰,则需要在图中做详细说明,或统一以图表形式归类成册,以便制作。 (9)管子的安装尺寸及方位符号。一般管子如无支管则均有两个端点,在管子零件图的左上方和右下方分别标出这两个端点的安装坐标值和与之所连接的管子的编号。如有支管,且认为有必要,支管连接端面中心的坐标值和与之所连接的管子的编号也可在适当位置标出。各船厂管子零件图的格式和布局可能略有差异。有些厂将管子两端分别称为C1端和C2端,其坐标值栏目均在图形的下面。
	任务实施
实例	1. 识读管子零件加工图(图1-31)。此加工图一般应标明以下内容: (1)船名、系统代号和管子件号,管子材料、牌号、规格、弯曲半径和下料长度。 (2)管子曲形以船上安装位置如实绘制,并标注各管段的投影长、高度值等尺寸。 (3)弯管程序,包括进给长度、转角大小和转向、弯曲角度数。

续表

实例

×× 有限责任公司船舶管子制作表		第 页 共 页	
船名：40000	管件号：TB-1DY-BC23-14	图号：××5-1 OG1GUON1CP01	
序号	下料长度	规格及材质	实用料长
1	1317	无缝钢管 76×7Ⅲ	1 225
2	1	法兰 16125 GB 2506—89	6
**	1	铸铁截止止回阀 S10065 GB 591—93	0
4	1	法兰 16065 GB 2506—89	6
**	1	1倍钢弯 76×7Ⅲ	0

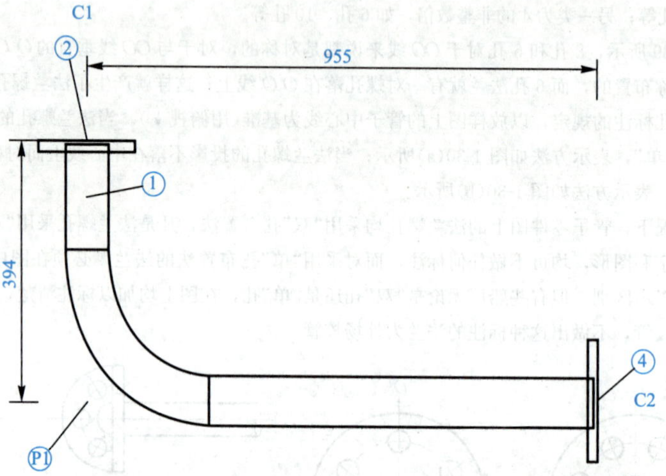

```
1   CUT   2           388 ： P1
2   0.0               BP1： ：
4   0.0               BP1： ：        718.7   0.0   90.0
```

序号	法兰转角	支管夹角	支管转角	注释	分段：1DY	起弯点	转角	弯角
	装配信息				系统代码：BC	弯曲半径	230	
C1 端坐标	$X=x17+226$ $Y=1\,280.6$ $Z=2H+810$		C2 端坐标	$X=x17+26$ $Y=1\,280.6$ $Z=2H+1\,190$	管子质量：38 kg 表面处理：内涂塑 试验压力：0.60 MPa			

图 1-31 管子零件加工

续表

	(4)管子安装位置和管子两端的连接件件号，一般采用代号或文字说明。 2. 根据管子零件加工图，填写表 1-10。
实例	表 1-10　材料表 | 船号	图号	编号	安装区域	数量	标记	表面处理
---	---	---	---	---	---	---
序号	代号	名称	规格	材料	数量	材料员	备注

任务总结

本任务主要介绍了管子加工零件图的识读步骤，应用具体情况举例说明，为后续学习管子的加工制作打下了良好的识图基础。

任务拓展

管子零件图的形式各异，但主要有四大类。一是手工零件图，它的最大优点是比较直观，容易理解。二是数值管子零件图，即图上没有图形，只有各种各样的数值，包括管子节点坐标、连接件信息、内场加工信息、材料定额、工时信息等。它的缺点是不直观，现场施工人员，特别是文化水平较低的工人用起来比较困难。但它具有能利用计算机进行绘图，能为管子自动生产线提供必要的信息，能根据输入的信息自动生成各种生产管理图册，包括切割计划表、材料汇总表、水压试验表册、托盘管理表 A 表、工时汇总表等优点。大大提高了生产设计的工作效率，提高设计的质量，缩短设计的周期。三是三维设计的管子零件图，目前各船厂引进 KCS 公司的 TRIBON 系统输出的管子零件图，它具有上述两种零件图的优点，除直观外，它也能输出各种信息。四是沪东中华造船集团自行开发的计算机辅助管系生产设计系统，简称 SPD，它的形式与手工零件图相似。

学习成果测评与总结

一、学习成果评价单

学习成果名称	识读船舶管路某系统中某段管子的零件图	完成限时	
场地、设备及工量具			
小组人员分工			

续表

学习成果名称		识读船舶管路某系统中某段管子的零件图		完成限时				
任务评价	自我评价	1. 通过本任务学习,我学到的知识点和技能点:_____。 存在问题:_____ 2. 在本次工作和学习的过程中,我的表现可得到: □优 □良 □中 □及格 □不及格						
	小组互评	项目人员	组长	组员1	组员2	组员3	组员4	组员5	组员6
		认真倾听、互助互学							
		合作交流中解决的问题							
		成员参与度							
		备注:请根据组员表现情况评分,优秀5分、良好3分、合格1分、不合格0分。							
	教师评价								

二、自我分析与总结

学生改错:	学生学会的内容:

练习与思考

1. 弯管参数计算都有哪些参数?
2. 什么是弯曲角、成形角度、转角?
3. 管子的首段长度和尾段长度是如何确定的?
4. 请完成表 1-10 的填写任务。

学习笔记:

任务 1.4 识读船舶管系安装图

活动 1 识读某船某分段管系预装图

工作任务	识读某船某分段管系预装图	教学模式	任务驱动
任务描述	熟悉船舶管系安装图的识读方法，对管系安装形式及管系安装图纸类型进行学习，对管系分段预装和倒装进行认知，进而为识读管系分段预装图打下坚实的基础。		
学习目标	知识目标	1. 熟悉船舶管系安装图纸的分类。 2. 了解识读管系安装图纸的基本要求。	
	能力目标	1. 能够掌握管系安装图的识读方法。 2. 能够识读某船某分段管系预装图。	
	素质目标	1. 激发学生深入学习船舶管系识图的兴趣。 2. 培养学生具有分析、判断、计算、应用实践的基本素质，能够展示学习成果，对工作过程进行总结和反思。	
知识充电站			
管系安装图的概念	船舶管路系统安装图（简称管系安装图）是将管系综合布置图按系统逐个分开绘制而成的。一个管路系统（如消防系统、生活用水系统等）往往要通过全船各区域，因此，在绘制管系安装图时，需将分布在全船各区域管系综合布置图中的各个系统分离出来，再将分离出来的各系统管路连接起来，绘制成一整套管路系统安装图。		
管系安装形式及管系安装图纸类型	在实施船舶管系放样工艺后，管系安装的形式主要有分段预装（其中包括倒装）、单元组装和按系统安装。 对于某一条船来讲，经过管系放样后，绘制出一整套管系安装图纸。根据不同的安装形式，这些图纸中可能包括以下三种图纸： (1)管系分段预装图（或倒装图）； (2)管系单元组装图； (3)管系安装图——按系统进行安装的图纸。 管系安装图纸是施工人员进行管系安装的基本依据。在具体的管系安装施工过程中，施工人员不仅要参阅管系安装图纸，还要与之相对应的管子明细表、管子零件图册、管系附件明细表、机械设备明细表、船体结构开孔图（表）等配合使用，以完成整个管系的安装任务。		
识读管系安装图纸的基本要求	(1)明确安装图所属的船舶区域、安装的形式，以掌握施工的最佳时机； (2)明确安装图中各路管系名称及管系安装所选取的三个基准面； (3)懂得安装图上的机械设备、管系附件等外形示意图或图形符号所代表的意义及其定位尺寸； (4)懂得安装图上的管子放样符号，正确掌握每一根管子的空间形状和安装位置； (5)能够根据安装图上所画的外形图、图形符号、件号、管子编号及它们的定位尺寸，统筹进行管系安装工作。		
管系分段预装和倒装的概念	一条船的船体是分段建造的，有些分段正造（船底在下、甲板在上），有些分段反造（甲板在下、船底在上）。分段建造好以后，再将它们合拢，就成为一条完整的船体。 一条船上的管系，纵横交叉，四通八达。机舱部位的管系最为密集，其他部位也或多或少地都有管路穿越。在船体分段建造完毕而尚未进行合拢时，必要时在船体分段建造的同时，将预制好的管子及附件等在船体分段上进行安装，叫作管系分段预装。而在反造的船体分段（如机舱主甲板分段）上预装管系，即倒装。		

任务实施

识读分段管系预装图

任务1　识读某货轮双-2分段管系预装图

图1-32所示为某货轮双-2分段(双层底第二只分段)管系预装图。该分段范围自37#+100至49#+100。在37#+100处及49#+100处是该分段与相邻分段的合拢线。分段中有4个舱：左侧是4#(左)压载舱和空舱，右侧是4#(右)压载舱及4#(中)重燃油舱。这4个舱分别用对角线(点画线)来表示它们的所在范围。实际上这4个舱的纵向范围都是自28#肋位至52#肋位，在本分段中只能显示出它们的一部分，即自37#+100至49#+100。横向范围分别是：船中线至左距中2 600为空舱；左距中2 600至左舷为4#(左)压载舱；船中线至右距中2 600为4#(中)重燃油舱；右距中2 600至右舷为4#(右)压载舱。它们的高度范围都是下至船底板，上至内底板，内底板下边的高度距基线1 285。在47#至49#肋位，左、右两侧对称布置着两口污水井，它们都占据着两档肋距，但在污水井的48#肋位处是相通的。污水井的作用是聚集货舱内可能存在的污水，以便于抽排。在46#至49#肋位之间，分别为4个舱各设置了一个人孔，在需要进出这4个舱时，就从这4个人孔中通过。

在该分段中共有3道纵向水密隔舱壁，它们分别位于船舶纵中剖面处和左、右距中2 600处。而在左、右距5 200处是强纵桁，在该分段的左、右两舷，分别是内底板的左、右半宽线，也就是内底板边线。由于船体线型的关系，内底板边线是左右对称的两条曲线。

在该分段中共有6种管系，它们分别是压载管WB81~WB110；舱底水管BG107~BG112；热油管TH61~TH73；燃油管FO74~FO79；测深管SP366及SP367；透气管AP242。

其中，穿越内底板或水密纵舱壁的管子是WB82、WB84、WB86、WB89、WB91、WB93、WB95、WB98、WB103、WB106、BG108、BG111、SP366、SP367及AP242。它们具体穿越船体什么构件、开孔的部位(三向坐标)及开孔尺寸均由开孔汇总表将其一一列出。这些管件在穿越船体构件处，必须与船体构件双面焊接。

穿越船体构件的短管称为管通件。该分段中，WB84、WB91、WB95、WB98、WB103及WB106是双联管通件，它们都是压载管，表面经过镀锌处理。从图中可以看出，这些双联管通件管子的外面还加焊保护性套管。这是在内场镀锌之前先行焊妥的，而在外场与船体构件相焊时，管通件本身的镀锌层就不至于受到破坏。

在图1-32中，左侧经过空舱的压载管是用法兰连接的，而在右侧经过重燃油舱的压载管是用套管连接的。因为规范要求压载水管穿越油舱时应该使用不可拆接头，以避免管子可能的泄漏造成油、水相混，就只能使用套管连接了；而压载水管途径空舱时则无此规定，故用法兰连接。

左侧的压载管WB96、WB102、WB104、WB110，它们的弯曲形状均为由两只别弯组成的平定伸弯再加一只上正角弯。管子WB99、WB100、WB107、WB108均是直角别弯。它们的安装高度、距中尺寸及距肋位尺寸均在图中标注清楚。这4根管子悬着的一端均在分段合拢线以内，待该分段与相邻分段合拢后，就可以用嵌补管把它们与相邻分段内的预装管接通。右侧的压载管情况与左侧类似。

左右两侧的压载管都是途经双-2分段，它们向船尾与相邻分段的压载管接通后最终接至位于机舱内的压载阀箱，而向船首继续与其他分段的压载管接通，分别接至每只压载舱的吸入口。压载舱的吸入口不是止回的，舱内的压载水排出和注入均可通过该吸入口。

值得注意的是高度尺寸。图1-32中管子WB101旁标注H1025(内H—260)，这个H是以该船基线为准的，该船基线与船底平面一致，在管系安装时，从船底板的内边线往上量取1 025，即H1025。而H1025和内H—260是同一个高度尺寸，"内H"是以内底板的下边线作为基准线，从内底板的下边线往下量取260，即为内H—260。由此可见，从船底板的内边线到内底板的下边线之间的总高度为1 285。

左右两侧的污水井都设置了舱底水管。左侧的BG107及右侧的BG110将与其他分段的舱底水管相连接，接至位于机舱内的舱底水泵进口。而BG109及BG112其下端都安装一只吸入止回阀(件号①)，这样，污水井中的舱底水就只能排出而不至于倒灌。

污水井的底板是水平的，在安装吸入止回阀时，根据该阀的规格其吸入口平面应与污水井底保持些许距离。这个尺寸在管系放样时已经确定。在其他场合(例如船底板是倾斜的)，在布置舱底水吸入止回阀时，应尽可能将其布置在船底的最低处。

识读实例

	经过双-2分段的燃油管是FO74～FO79共6根。经过左侧空舱的燃油管用套管连接，经过右侧重燃油舱的燃油管用法兰连接。在这两种场合，均用套管连接或均用法兰连接都是可以的，用法兰连接是考虑拆装方便；用套管连接一是考虑泄漏的可能性小；二是占据空间位置小，并排的管子其间距可以小一些。 这几根燃油管仅FO79的曲形是斜定伸弯，其他都是直管。燃油管在安装前经过酸洗处理，其管子内壁的清洁程序要求比较高，所以，在安装时必须防止管内受到再次污染。在分段上装妥后，管子两端要采取封头等有效措施，防止垃圾进入。 在双-2分段中，共有热油管13根，编号自TH61～TH73。顾名思义，管子里面热油的温度可以高达220 ℃，它是被用来加热其他液体的。例如，重燃油舱内的重油，在常温状态下，其黏度很大，不易抽吸。这就需要加热，使其黏度变小，易于流动，易于抽吸。热油的热量是由热油锅炉提供的。 图1-32中途经左侧空舱内的热油管安装高度分别为H430和H590，恰好将两路重油管(安装高度为H510)夹在中间，而且和重油管始终并排而行，靠得很近，目的是起伴行加热的作用，使重油管内的重油不至于因冷却而"凝固"。四路热油管向船尾接至机舱内的热油循环泵，向船首接至5#及6#重燃油舱。其实，四路热油管是二路进、二路回，热油在管内循环往复，源源不断地把热量带至重燃油舱，使重油保持易于流动的状态，随时可供抽吸。 在右侧4#(中)重燃油舱内，有5根热油管(TH61～TH65)串联而行。它们的作用就是加热4#(中)重燃油舱内的重油。TH61及TH65向船尾接至机舱内的热油循环泵。 热油管一旦泄漏，其后果可想而知。为安全起见，除与阀件用法兰连接外，其余全用套管连接，而且要保证焊接质量。图1-32中，左侧与燃油管伴行的四路热油管，由于管子之间间距小，在套管焊接时，只能一边慢慢转动管子，一边电焊。安装顺序是由下而上。图中这两排各有三路上下重叠在一起的管路，其安装高度分别标注在每根管子编号的下方，在管子安装时，务必使每根管子各就各位，不要搞错。在右侧4#(中)重燃油舱内安装高度仅H85的4根热油管TH61、TH62、TH64、TH65，由于基本上贴近船底板，而且在每档肋骨中穿过，所以就必须在分段内预装，否则就无法将管子安装就位。在套管焊接时，也必须边转边焊。需要注意的是，在48#～49#肋位有两个直角接头，除了起到类似套管连接的作用外，还改变了接口的方向，使另一端接口向上。TH63两端都是下正直角弯，管端对准直角接头的接口。在本分段与船尾部相邻分段合拢后，两根分段之间的热油管接妥(边转边焊)后，TH63才能最后与这两个直角接头相焊。所以管子TH63仅在分段中预埋而不预装。 本分段中有两根测深管SP366及SP367，它们是为测量左右两口污水井中水的深度而设置的。由于污水井上方正好是货舱，测深管就不能直接设置在污水井上方，只能设置在旁侧的压载舱内，向上通往主甲板。测深管的下端应位于被测舱室的最低部位。测深管一般应垂直安装，中间不宜弯曲。如确需弯曲时，其弯曲半径宜大而不致影响测深尺的伸入。由于本分段中的4个舱仅是它们的一部分，它们的测深管布置在其他分段上。 本分段中透气管仅一根，编号为AP242。它是为4#(右)压载舱设置的。其他舱的透气管被设置在相邻分段上。AP242与内底板焊接时应双面焊。侍与旁板分段合拢后，它与旁板分段上预埋的透气管相焊，向上接至主甲板以上。 图中编号B1～B12为管子支架。管子支架起到紧固管子的作用，使管子在船舶航行过程中能承受得起机器运转引起的振动，同时也承受管子内部介质及管子本身的重量，从而保证整个系统能正常运行。 管子支架必须与船舶肋位上的构件相焊，而不能与船底板相焊。管子支架有标准型和特殊型两种，它们都被汇总在每个分段的管子支架汇总表上，特殊型的管子支架还需将其图形绘出，以便内场预制。 由于船舶类型、大小，以及分段的具体区域的不同，管系分段预装图的形式、内容和复杂程度也有很大差别。上述介绍的某货轮双-2分段管系预装图，其中没有机械设备，管系附件也很少，是一张比较简单的分段管系预装图。
识读 实例	

续表

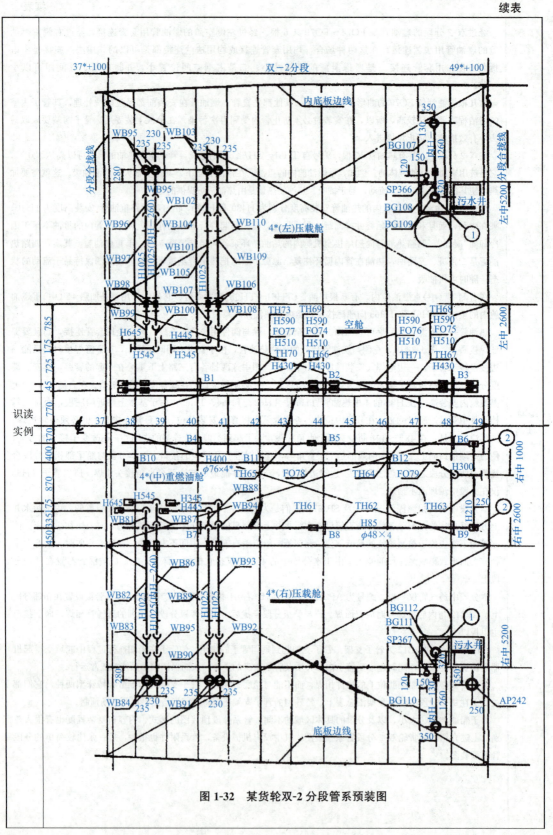

图 1-32 某货轮双-2 分段管系预装图

续表

| 识读实例 | 任务2 识读某轮机舱主甲板分段管系预装图
图1-33所示为某轮机舱主甲板下部管系安装图。图中显示出了从15#~33#肋位范围内主甲板下方的管系布置情况。主甲板中间部位自16#~28#肋位是机舱口，主机等设备就是通过机舱口吊进机舱内进行安装的。左侧17#~20#肋位及右侧22#~24#肋位处各设置了一个扶梯口，通过这两道扶梯向下，就可到达舱内的花铁板处。图中左右舷两条曲线是主甲板边线。
图1-33中有5个系统的管子共47根。其中燃油系统共7根，系统代号为FO；消防系统共7根，系统代号为WD；透气系统共12根，系统代号为AP；粪便系统共4根，系统代号为SL；疏水系统共17根，系统代号为SC。它们都位于主甲板的下方，且依附于主甲板，固定主甲板。这些管子的安装高度基准是主甲板，简写为"主H"。如图中标为"主H－300"，即表示这根管子的中心线位于主甲板下方300 mm。横向基准是船中线，符号为⊄。图中船中线上方为左舷，下方为右舷。管子安装的距船中尺寸标为中×××，并排管子的距船中尺寸可以间距的形式标出。例如，燃油管FO5标为"中2075"，又因它在船中线的上方，所以它的位置就是在左舷距中2 075 mm处。在安装图上一看便知那根管子是在左舷还是在右舷，所以在标距中尺寸时不必另外加写左或右（但在管子零件图上必须标明左或右）。位于靠近主甲板边线处的主甲板疏水管SC1~SC4，在主甲板上的开孔位置距主甲板边线为150 mm，这个横向尺寸是以该处的主甲板边线为准的。如果这个横向尺寸也以船中线为基准，那是没有实际意义的。至于纵向基准，每一挡肋位都可以作为纵向基准，如燃油管FO54的横向部分位于23#—125处，FO59与它的间距为130，也就是位于23#—255处。 |

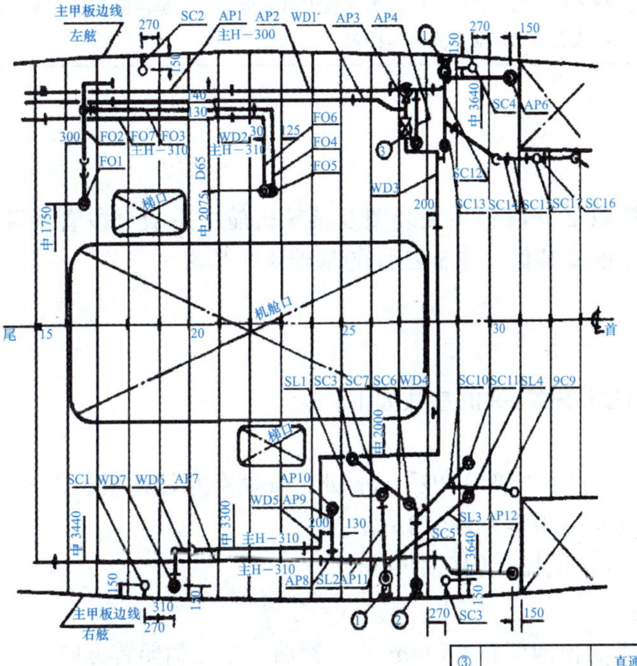

图1-33 主甲板下部管系安装图

说明:
1. 本图为船体在正造的情况下（船底在下，主甲板在上），安装管之用。
2. 图中所注的高度尺寸如H－300，即表示该管子中心线在主甲板下面300 mm。
3. 管路名称的代号及件数见下表。

序号	管路名称	代号	件数
1	疏水管	SC	17
2	粪便管	SL	4
3	透气管	AP	12
4	消防管	WD	7
5	燃油管	FO	7

识读实例	以下对图 1-33 中 5 个系统的管子做介绍。 燃油管自 FO1～FO7 共 7 根。FO1 是穿越主甲板的管通件，它在主甲板上方的一端将继续往上接至上层建筑左、右两侧的燃油驳入阀。FO2 由一只直角弯和一个定伸弯组合而成，管子中部开一只直角支管接 FO3，FO2 主管的一端与 FO1 相接，另一端将接至机舱底部的燃油泵出口。FO3 和 FO7 都是直管，FO4 和 FO6 都是由两只直角弯组成，它们其中的一端都与双联管通件 FO5 相接。FO5 在主甲板上方有两只法兰，其中一只接至日用油柜进油口，另一只接至日用油柜的溢流口。日用油柜内的油注入一定高度时会通过溢流口经 FO6、FO7 流回燃油舱。 消防管自 WD1～WD7 共 7 根。WD1 是一个定伸弯，它与直管 WD2 相接通至左舷甲板尾部。WD3 是一根直角定伸弯管子，它有一只支管接至船首，它的一端接直通截止阀（阀的手轮向下），阀的另一端接至消防泵出口管。WD4 是一只直角弯，它也有一只支管，方向向船尾。WD5 是直角定伸弯，WD6 是直角别弯，WD7 是一只直角弯管通件，它接至甲板右舷，装消防栓。 透气管自 AP1～AP12 共 12 根，粪便管自 SL1～SL4 共 4 根。 疏水管自 SC1～SC17 共 17 根。其中 SC1～SC4 是主甲板两舷疏水管（左、右各 2 根）。SC5～SC11 共 7 根管子接至右舷防浪阀，SC12～SC17 共 6 根管子接至左舷防浪阀。这些疏水管除 SC6、SC8、SC11 和 SC13 是甲板管通件外，其余都安装于主甲板下面，它们与主甲板之间保持一定的斜度，从而使疏水顺畅。 图 1-33 中的管系附件共 4 件，列明细表于右下方。其中有 $DN50$ 的铸钢直角防浪阀 2 只，$DN100$ 的铸钢直角防浪阀 1 只，$DN80$ 的铸铁直通截止阀 1 只。防浪阀实际上是一种止回阀，它可起到防止舷外的海水在大风大浪时倒灌入管子内进而从疏水口喷出的作用。防浪阀安装于船旁板上，它是由铸钢浇铸加工而成的，在受到外力作用时，它不易碎裂，从而可确保船舶安全运行。

 任务总结

本任务主要介绍了某货轮双-2 分段管系预装图及某轮机舱主甲板分段管系预装图的识读步骤，为后续学习船舶管路的安装做一个概括性的基础认知学习。

任务拓展

在图 1-34 中，管子 TB-1DY-BC23-8 的参数如下。
左端法兰中心坐标值为：

X　　x17+226　　表示在 17# 肋位向船首 226 mm 处，管端在左舷朝船首方向。

Y　　1 280.6　　表示在船的左舷距中 1 280.6 mm。

Z　　2H+810　　表示在 2H（花钢板）以上 810 mm。

右端法兰中心坐标值为：

X　　x17+26　　表示在 17# 肋位向船首 26 mm 处，管端在左舷朝船首方向。

Y　　1 280.6　　表示在船的左舷距中 1 280.6 mm。

Z　　2H+1 190　　表示在 2H（花钢板）以上 1 190 mm。

根据上述左端、右端法兰中心坐标值，可以做出这根管子在船上安装位置的示意，如图 1-34(b)（阴影部分）所示。

图 1-34(a)所示是以内底板平面为投影面的投影图，图 1-34(b)是以内底板局部立体图，并根据"近周远心"的规定而绘制的。该船的内底板平面与基线平面平行，肋距为 700 mm。该管子的高度基准是内底板，纵向基准分别为 17# 和 23# 肋骨平面，横向基准是船的纵中剖面。

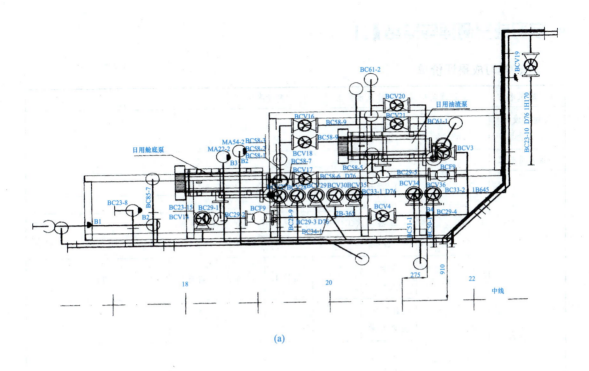

(a)

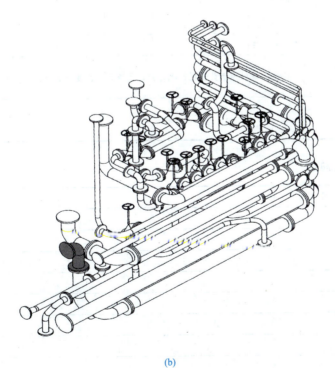

(b)

图 1-34 管子安装位置示意

(a)平面图；(b)立体图

学习成果测评与总结

一、学习成果评价单

学习成果名称		识读某船某分段管系预装图		完成限时				
场地、设备及工量具								
小组人员分工								
任务评价	自我评价	1. 通过本任务学习,我学到的知识点和技能点:＿＿＿＿＿＿＿＿＿＿＿。 存在问题:＿＿＿＿＿＿＿＿＿＿＿。 2. 在本次工作和学习的过程中,我的表现可得到: □优　□良　□中　□及格　□不及格						
	小组互评	项目 人员	组长	组员1	组员2	组员3	组员4	组员5	组员6
		认真倾听、互助互学							
		合作交流中解决的问题							
		成员参与度							
		备注:请根据组员表现情况评分,优秀5分、良好3分、合格1分、不合格0分。							
	教师评价								

二、自我分析与总结

学生改错:	学生学会的内容:

练习与思考

1. 独自识读图 1-32 某货轮双—2 分段管系预装图。
2. 独自识读图 1-33 主甲板下部管系安装图。
3. 独自识读图 1-34 管子安装位置示意。

活动 2　识读某船某管路系统局部的安装图

工作任务	识读某船某管路系统局部的安装图		教学模式	任务驱动
任务描述	熟悉船舶管系安装图的识读方法，对管系安装图的内容及管系安装图的应用进行学习，进而为识读某某管路系统局部的安装图打下坚实的基础。			
学习目标	知识目标	1. 了解船舶管系安装图的内容。 2. 熟悉船舶管系安装图的应用。 3. 熟悉识读某船某管路系统局部的安装图方法。		
	能力目标	1. 能够掌握管系安装图的内容。 2. 能够掌握船舶管系安装图的应用。 3. 能够掌握管系安装图(按系统进行安装的图纸)的识读方法。		
	素质目标	1. 激发学生深入学习船舶管系识图的兴趣。 2. 培养学生具有分析、判断、计算、应用实践的基本素质，能够展示学习成果，对工作过程进行总结和反思。		
知识充电站				
管系安装图的内容	管系安装图主要用平面图(俯视图)来表示。在图中，除管子及附件外，还应绘制出与系统原理或布置有关的机电设备外形及船体结构示意图等。例如，在润滑油管系安装图中，应绘制出润滑油输送泵，润滑油循环泵，被润滑的主机、辅机，以及与管路走向、管子曲形有密切关系的船体结构，如管路穿过的舱壁、强肋骨或管路绕道通过的人孔、基座等。在图中还应标注以下内容： (1)主要安装尺寸。 1)纵向布置的管路距中尺寸或可做参照的距某结构尺寸； 2)横向布置的管路距肋骨尺寸或可做参照的距某结构尺寸； 3)所有平行于基准面的管子应标有高度尺寸，成排的管路要有间距尺寸； 4)舷旁管路(如透气管、疏水管)应注明距舷旁尺寸； 5)注明与该系统布置有关的主要船体结构尺寸，如机舱开口尺寸、油舱纵壁距中尺寸等。 (2)管路的规格及流向(常用箭头表示)。 (3)管路附件编号。 (4)管子零件编号。			
管系安装图的应用	有些区域(如机舱内)管路非常密集，许多系统的管路纵横交叉、上下重叠，使安装人员很难看清楚其中管路的来龙去脉，看懂一路管子的走向，要化费很多时间和精力，而且很可能产生误解和差错。管系安装图则可以将每个系统的管路布置情况清楚地呈现在施工人员的眼前，可供施工人员详尽地了解该系统的全貌及布置，以作为施工时的参考。在不采用分段预装或单元组装的情况下，管路按系统进行安装也是一种较常用的安装方式。 需要指出的是，管系安装图绝不是按系统"各自为政"放样的结果，而是各系统统筹兼顾进行综合布置后再按系统分离出来的。所以，如果综合布置合理无误，而且在安装时又严格按照图纸施工，各系统之间的管路是不会引起"打架"现象的。			

续表

	任务实施
识读 实例	识读某船某管路系统安装图 图1-35所示为某船燃油管系安装图(这里仅绘出机舱底部及主甲板以下部分)。 识读该图,可以从以下几个方面进行: (1)船体结构。本图绘制出了自10#~31#肋位的机舱部位的船体主要结构。左右两舷是主甲板边线,16#、19#、22#、25#、28#为强肋骨,其余各肋位均为普通肋骨。6个油舱的分布位置是10#~13#肋位自左、右距中1 100至左、右舷分别为1#和2#燃油舱,油舱顶为主甲板;19#~25#肋位自左、右距中1 000至左、右内底板边线分别为3#和4#燃油舱,油舱顶为内底板;自28#~31#以船中线为分界线的内底板以下分别为5#和6#燃油舱。在21#~22#和24#~25#肋位之间,左、右两侧的内底板上分别设置了两个人孔,以椭圆形绘出。 (2)机械设备。该系统中,配置了燃油输送泵一台,型号为2CY-5/3.3-1,它的定位尺寸是泵的中心线距船中2 150,泵的进出口位于15#+520处,泵的底脚螺母定位(焊接)于与花钢板等高的基座面板上。 (3)管路附件。该系统中设置了以下一些管路附件: 1)铸钢直通截止阀两只,件号为R/1,标准号为A25 040.GB/T 584—2008。它们分别安装于1#及2#燃油舱的纵舱壁上。 这两只燃油舱的纵舱壁分别在左、右距中1 100位置。在纵舱壁的13#—310、花H—444处分别装焊了一个双面座板法兰。座板法兰的油舱内侧安装吸油管,外侧安装铸钢直通截止阀。油舱壁上必须装焊座板法兰而不能用管通件,油舱壁上必须安装铸钢阀而不用铸铁阀,铸钢阀必须直接安装于油舱壁上而不安装在管路中间,是为了防止发生由于管子或阀件的损坏引起油舱内的燃油大量泄出。如果油舱壁上采用管通件,或是出油阀装在远离油舱的管路中,那么,从油舱到阀件这一段路上,增加了连接件就增加了泄漏的可能性,同时,因为管子的壁厚比油舱的壁厚小,由于管子腐蚀而寿命小于油舱壁,也就等于使整个油舱的寿命缩小。铸钢阀与铸铁阀相比,由于铸钢强度高、韧性大,不易碎裂,而铸铁较松脆,容易碎裂,为安全起见,在油液平面(最高可达主甲板)大大高于出油阀的情况下,选用铸钢阀是完全正确的。当然,如果选用远距离操纵铸钢快关阀更为妥当,一旦机舱内发生火灾,为阻止油液继续从油舱流出,可在室外迅速关闭出油阀。 2)双排六联截止阀箱一具,件号为R/2。通过燃油输送泵的作用,依靠该阀箱可以将船上这6个油舱中任意一个或几个油舱内的燃油驳运至其他任意一个或几个油舱内,以保持各油舱燃油的均衡装载,从而也使船体保持平稳。阀箱的另一作用就是能使这6个油舱的进油和出油处于集中控制状态,使操作方便。 3)双联粗油滤器一只,件号为R/3。它位于17#~18#肋位左舷,确切的位置是:进出口中心为18#-270,滤筒中心为左距2 620。它的作用是将进入燃油输送泵之前的燃油先行粗滤,以防杂质进入泵体而损坏油泵。滤器的两个滤筒可以交替使用,从而可以在清除一个滤筒内杂质时,使整个系统不至于停顿进行。 4)三通旋塞三个,件号为R/4。它们分别位于燃油泵的进、出口管路上。如果用6个截止阀来代替这三个三通旋塞,也完全可以。旋塞的优点是启闭和转换流向迅速。从经济角度考虑,一个旋塞比两个阀成本小,而且在管路连接时所占空间也小。图1-35中两个三通旋塞的其中一路是通往燃油手摇泵(图中未绘出)的进出口的,当燃油输送泵发生故障时,三通旋塞可将通往燃油输送泵的一路切断,而将通往手摇泵的一路开通,这样,手摇泵可以暂时代替燃油输送泵而继续工作。另一个三通旋塞的接管情况是:下口接至泵出口及六联阀箱进口,上口接至两个日用油箱进口及甲板驳出(注入)口,旁口接至油泵进口和六联阀箱出口。根据这个接管情况,可以分析判断出该三通旋塞的作用是:若上、下口相通,旁口不通,则可将油舱内的燃油泵至位于主甲板上方的两个日用油箱,或可泵至甲板驳出口供应其他船只所需。反之,也可将外界燃油通过甲板注入口,通过该三通旋塞继而进入六联阀箱进口驳至本船的六个油舱,这时要靠外界泵作为动力。如果用本船泵作动力,将外界燃油驳至本船,可将该三通旋塞的上口与旁口相通,这样使甲板注入口与本船泵进口通接,将外界燃油驳至六联阀箱至各油舱。还有,当本船泵向外界或本船的日用油箱输油到一定数量需迅速切断油路时,可将该三通旋塞迅速调至下口与旁口相通,使泵出的燃油流回至泵的进口。 (4)管子、管路走向及介质流向。燃油系统的代号为FO,将每一根管子都编上号码,如FO1、FO2等。

续表

识读实例

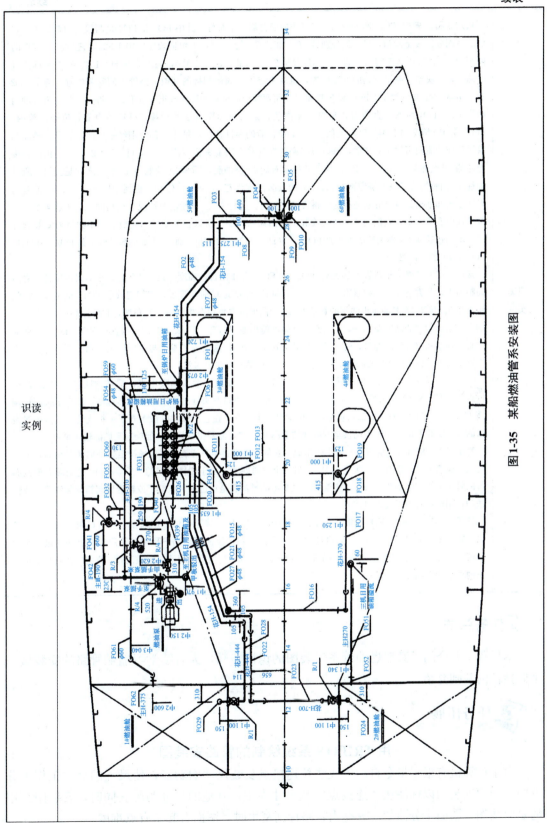

图1-35 某船燃油管系安装图

识读实例	从六联阀箱至5#和6#燃油舱的二路管子向船首部并排而行。其中FO1和FO6是两根直角弯管子，它们的一端分别接至阀箱，另一端分别接FO2和FO7。管子FO6的纵向段距船中1 920，它与管子FO1的间距为115。FO1接至阀箱一端的坐标位置是21# +185，左中2 120，高度为花H—154。这个坐标位置一确定，就决定了整个阀箱的安装位置，也就决定了与阀箱相接的其他7路管子的安装位置。管子FO2和FO7都是定伸弯管子，FO3和FO8都是直角弯管子，FO8的横向段正好位于28#肋位，它与FO3的间距为100。FO4为下正直角弯，它与油舱内底板上的双面座板法兰相接，FO5为直管，位于油舱内。FO9、FO10情况与FO4、FO5类似。5#和6#油舱的燃油注入和抽出，都分别经过这两路管子，燃油在管子里面的流向可以是双向的，所以没有必要在管路上用箭头标注流向。FO11、FO12、FO13由阀箱接至左侧3#燃油舱，FO14至FO19由阀箱接至右侧4#燃油舱，因为3#油舱与4#油舱之间是主机，所以通往4#油舱的管子只好绕道而行，FO16的安装高度为花H—680，位于主机尾轴以下。3#、4#油舱的燃油注入和抽出，就是分别通过这两路管子完成的，这与5#、6#燃油舱情况完全相同。由于这4个油舱都是在内底板以下，它们的燃油注入或驳出都由阀箱控制，所以在油舱的内底板上就不必另外安装阀件了。由阀箱通往1#燃油舱的管子是FO26、FO27、FO28、FO29；通往2#燃油舱的管子是FO20、FO21、FO22、FO23、FO24。 接至阀箱的三根直角弯管子FO26、FO20和FO14并排而行，高度一致，法兰呈叉排形式可使管子之间间距缩小，节省空间，排列紧凑。管子FO27和FO21都是双别弯管子，它们与管子FO15也是并行，间距为105。接至1#燃油舱出油阀的管子FO28的曲形是直角别弯再加一个直角弯，它由原高度花H—154别弯低至出油阀的高度花H—444。接至2#燃油舱出油阀的管子FO22，其曲形为直角别弯，FO23的曲形为直角别弯和双直角定伸弯，管子的最低处为花H—700，这是为了避免与主机的尾轴相碰而特意向下弯至这个高度。FO24和FO29均为下正直角弯，下正端伸至油舱底部。 管子FO31和FO32是六联阀箱的出油管，要将6个油舱的燃油抽吸出来，都必须通过这两根管子。FO31的曲形是两个直角弯，因为存在高度差，所以在两只弯头处画了两个半圆形符号，以表示接阀箱端高于另一端。FO32的两端都是直角弯，中间是一个别弯。在它的倾斜管段上开了一根支管，从由虚线表示的管子路线看出，支管现场接至双联滤器R/3的进口，滤器出口接至三通旋塞至燃油输送泵进口。 管子FO39是由直角别弯加一根支管组成。它的支管端接至三通旋塞并现场接至燃油输送泵出口，另一端接至阀箱进口，再有一端接至FO40至另一个三通旋塞。由于船体线型的关系，FO40这根顺着舷侧而行的管子上有三个别弯弯头。由燃油输送泵泵出的燃油就是通过这两根管子或输送到阀箱至各油舱，或输送到日用油箱及甲板驳入口。 管子FO41、FO42、FO53和FO54位于主甲板下方，向上接至锅炉日用油箱、主机日用油箱及甲板驳出。管子FO59、FO60、FO61及FO62是锅炉日用油箱的溢流管，锅炉日用油箱溢出的燃油通过这路管子流至1#燃油舱。右侧主甲板下方的管子FO51和FO52是主机日用油箱的溢流管，它将主机日用油箱溢出的燃油输送到2#燃油舱。

任务总结

本任务主要介绍了某船燃油管系安装图的识读步骤，为后续学习船舶管路的安装做一个概括性的基础介绍。

任务拓展

用TRIBON系统绘制的管路安装图

由于计算机有根据指令自动生成法兰连接点安装尺寸的功能，使尺寸的标注工作十分方便，因而安装图以标注法兰连接点安装尺寸为主，其他的尺寸为辅。同时，安装图采用的是双线图，图面十分清楚。只有当管路特别密集时，图面看起来有点难度。

计算机绘制的安装图还有一个缺点，就是其基准面(线)只能有几个固定的面(线)，因而，有时会给现场安装工作带来麻烦。例如，管子的距中尺寸标注时的基准线一般是船体中心线，但很多分段进行预装时，该分段上找不到船体中心线，只能以某一纵骨或纵舱壁为基准线(面)标注距中尺寸。此时必须采用手工标注的方法。

● 学习成果测评与总结

一、学习成果评价单

学习成果名称		识读某船某管路系统局部的安装图		完成限时					
场地、设备及工量具									
小组人员分工									
任务评价	自我评价	1. 通过本任务学习，我学到的知识点和技能点：_____。 存在问题：_____。 2. 在本次工作和学习的过程中，我的表现可得到： □优　□良　□中　□及格　□不及格							
	小组互评	项目人员	组长	组员1	组员2	组员3	组员4	组员5	组员6
		认真倾听、互助互学							
		合作交流中解决的问题							
		成员参与度							
		备注：请根据组员表现情况评分，优秀5分、良好3分、合格1分、合格0分。							
	教师评价								

二、自我分析与总结

学生改错：	学生学会的内容：

1. 什么是管系安装图？其安装图纸有哪些类型？
2. 船舶管系安装图纸的内容是什么？
3. 简述船舶管系安装图纸识读的一般步骤。

学习笔记：

任务1.5 识读管路单、双线图

活动1 学习管子的单、双线图

工作任务	学习管子的单、双线图		教学模式	任务驱动
任务描述	熟悉船舶管路单、双线图的表示方法,对弯头的单、双线图,三通、四通的单、双线图,变径管及阀门的单、双线图的表示进行系统学习。			
学习目标	知识目标	1. 了解管系弯头单、双线图表示。 2. 了解管系弯三通、四通单、双线图表示。 3. 了解管系变径管及阀门单、双线图表示。		
	能力目标	1. 能够掌握管系弯头单、双线图的表示方法。 2. 能够掌握管系弯三通、四通单、双线图的表示方法。 3. 能够掌握管系变径管及阀门单、双线图的表示方法。		
	素质目标	1. 激发学生深入学习船舶管系识图的兴趣。 2. 培养学生具有分析、判断、计算、应用实践的基本素质,能够展示学习成果,对工作过程进行总结和反思。		
知识充电站				
管子单、双线图表示	在图1-36(a)中可以看出,在短管主视图里虚线表示管子的内壁;在短管俯视图里的两个同心圆中,一个小的圆表示管子的内壁,这是三面视图中常用的表示方法。在图1-36(b)中,管子的长短和管径同图1-36(a),但是用于表示管子壁厚的虚线和实线已省去不画了。这种仅用双线表示管子形状的图样,就是管子的双线图。 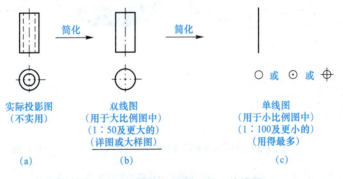 (a) 实际投影图(不实用)　　(b) 双线图(用于大比例图中)(1:50及更大的)(详图或大样图)　　(c) 单线图(用于小比例图中)(1:100及更小的)(用得最多) 图1-36 短管的三视图、双、单线图 对于初学者来说,切勿将空心圆管的双线图同实心圆柱体的三视图混淆。图1-36(c)所示是管子的单线图,根据投影原理,它的平面投影应积聚成一个小圆点,但是为了便于识别,通常在小圆点外面加画了一个小圆。也有的施工图中,仅画成一个小圆,小圆的圆心并不加点。 三种摆放位置情况下,管子单、双线图见表1-11。			

续表

表 1-11 管子单、双线图的几种情况

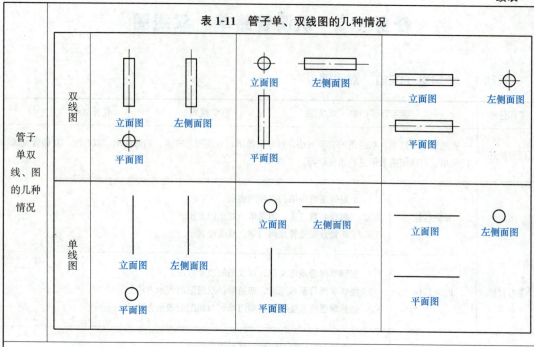

管子单双线、图的几种情况	双线图	立面图　左侧面图　平面图	立面图　左侧面图　平面图	立面图　左侧面图　平面图
	单线图	立面图　左侧面图　平面图	立面图　左侧面图　平面图	立面图　左侧面图　平面图

任务实施

图 1-37 所示是一个 90°摵弯弯头的三面视图，在三个视图里所有管壁都已按规定画出。图 1-38 所示是同一弯头的双线图。在双线图里，不仅管子壁厚的虚线可以不画，而且弯头投影看不见的虚线部分也可以省略不画。

绘制弯头单、双线图

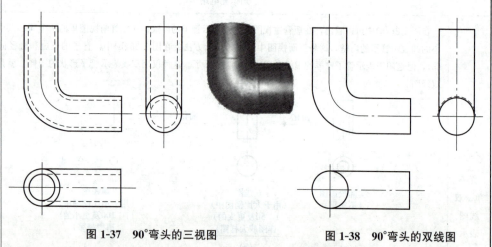

图 1-37　90°弯头的三视图　　　　　图 1-38　90°弯头的双线图

图 1-39 所示是弯头的单线图。在平面图上先看到立管的断口，后看到横管；画图时，同管子的单线图表示方法相同，对于立管断口的投影不画成一个小圆点，而画成一个有圆心点的小圆，横管画到小圆边上。在侧面图(左视图)上，先看到立管，横管的断口在背面看不到；这时横管应画成小圆，立管画到小圆的圆心。在单线图里，管子画到圆心的小圆，也可以将小圆稍微断开来画，如图 1-40 所示。这两种单线图的画法，虽然在图形上有所不同，但意义上相同。

总之，对于 90°弯头单线图的画法，要掌握的要领是：先投影到的管段指向小圆心或半圆心；后投影到的管段指向小圆边或半圆边。图 1-41 是同径正三通的三面视图和双线图，两管的交接线呈 V 形直线。画双线图时，只要将表示壁厚的虚线和实线省去不画，仅画外形图样就可以。

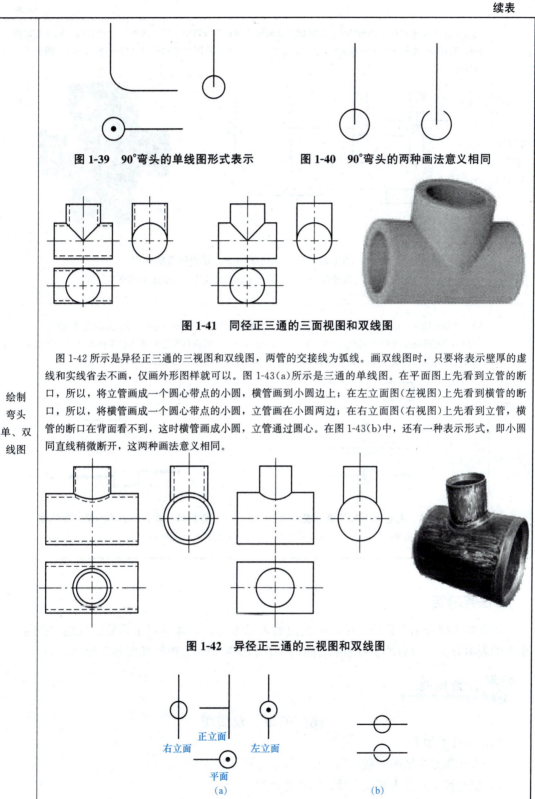

图 1-39 90°弯头的单线图形式表示　　图 1-40 90°弯头的两种画法意义相同

图 1-41 同径正三通的三面视图和双线图

图 1-42 所示是异径正三通的三视图和双线图，两管的交接线为弧线。画双线图时，只要将表示壁厚的虚线和实线省去不画，仅画外形图样就可以。图 1-43(a)所示是三通的单线图。在平面图上先看到立管的断口，所以，将立管画成一个圆心带点的小圆，横管画到小圆边上；在左立面图（左视图）上先看到横管的断口，所以，将横管画成一个圆心带点的小圆，立管画在小圆两边；在右立面图（右视图）上先看到立管，横管的断口在背面看不到，这时横管画成小圆，立管通过圆心。在图 1-43(b)中，还有一种表示形式，即小圆同直线稍微断开，这两种画法意义相同。

绘制弯头单、双线图

图 1-42 异径正三通的三视图和双线图

图 1-43 三通的单线图

续表

绘制四通单、双线图	图1-44所示是同径正四通的单、双线图。在同径正四通双线图中，其交接线呈X形直线，同径正四通和异径四通的单线图在图样的表示形式上相同，在施工图中，是用标注管子口径的方法，来区别四通的同径与异径。 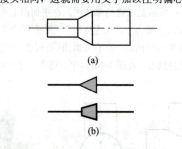 图1-44　同径正四通的单、双线图及实物图 (a)同径正四通双线图；(b)同径正四通单线图；(c)同径正四通实物图
绘制变径管（大小头）的单、双线图	同心异径外接头在单线图中有的画成等腰梯形，有的画成等腰三角形。这两种表示形式意义相同。 偏心异径外接头的单线图和双线图(用立面图形式表示)。如偏心异径外接头在平面图上的图样与同心异径外接头相同，这就需要用文字加以注明偏心两字以免混淆(图1-45和图1-46)。 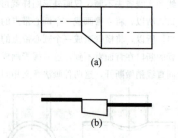 图1-45　同心大小头的单、双线图　　　　图1-46　偏心大小头的单、双线图 (a)同心大小头单线图；(b)同心大小头双线图　　　(a)偏心大小头的单线图；(b)偏心大小头的双线图

任务总结

本任务主要介绍了管子的单、双线图的表示方法，具体学习了弯管、三通、四通、大小头的表示方法，为后续学习船舶管路的制作和安装做一个概括性的基础介绍。

任务拓展

阀门的单、双线图

阀门的分类如下：

(1)按功能分为闸阀、截止阀、止回阀、球阀、安全阀等。

(2)按连接方式分为螺纹连接、法兰连接等。

在实际施工中，阀门的种类很多，用来表示阀门的特定符号也很多。因此，它的单线图和双线图的图样也很多，而且国内还没有这方面统一的国家标准。现在仅选截止阀为例

列出单、双线图(图 1-47 和图 1-48)。

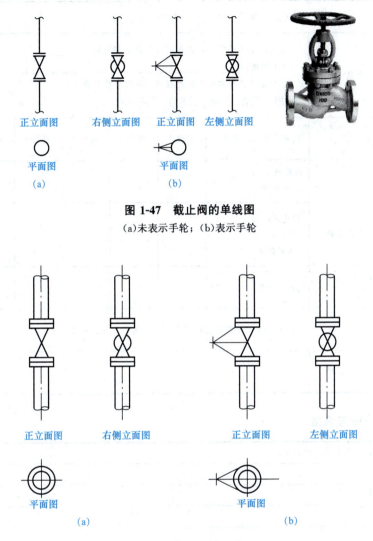

图 1-47 截止阀的单线图
(a)未表示手轮；(b)表示手轮

图 1-48 截止阀的双线图
(a)未表示手轮；(b)表示手轮

学习成果测评与总结

一、学习成果评价单

学习成果名称	学习管子的单、双线图	完成限时	
场地、设备及工量具			
小组人员分工			

续表

学习成果名称		学习管子的单、双线图			完成限时				
任务评价	自我评价	1. 通过本任务学习，我学到的知识点和技能点：_____。 存在问题：_____。 2. 在本次工作和学习的过程中，我的表现可得到： □优　□良　□中　□及格　□不及格							
	小组互评	项目人员	组长	组员1	组员2	组员3	组员4	组员5	组员6
		认真倾听、互助互学							
		合作交流中解决的问题							
		成员参与度							
		备注：请根据组员表现情况评分，优秀5分、良好3分、合格1分、不合格0分。							
	教师评价								

二、自我分析与总结

学生改错：	学生学会的内容：

练习与思考

1. 请绘制90°弯头和直角三通的单线图。
2. 请绘制同径正四通的单、双线图。
3. 在施工图中，用什么方法来区别四通的同径与异径？

活动 2　分析管子的重叠、交叉

工作任务	分析管子的重叠、交叉	教学模式	任务驱动
任务描述	熟悉船舶管路单、双线图的表示方法，并进一步学习管子的重叠、积聚和交叉的表示。		
学习目标	知识目标	1. 掌握管子的积聚现象。 2. 掌握管子的重叠现象。 3. 掌握管子的交叉现象。	
	能力目标	1. 能够掌握弯管的积聚现象并会做出判断。 2. 能够掌握多路管系的重叠并会做出判断。 3. 能够掌握多路管路的交叉并会做出判断。	
	素质目标	1. 激发学生深入学习船舶管系识图的兴趣。 2. 培养学生具有分析、判断、计算、应用实践的基本素质，能够展示学习成果，对工作过程进行总结和反思。	
		知识充电站	
管子的重叠	1. 管子的重叠形式 　　长短相等、直径相同（或接近）的两根管子，如果叠合在一起，它们的投影就完全重合，反映在投影面上好像是一根管子的投影，这种现象称为管子的重叠。图 1-49 所示是一组∩形管的单、双线图，在平面图上由于两根横管重叠，看上去好像是一根弯管的投影。 　　多管子的投影重合后也是如此。图 1-50 所示是一组由四根成排支管组成的单、双线图。 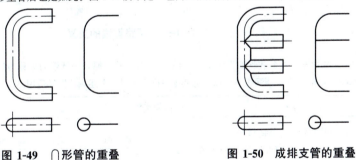 　　图 1-49　∩形管的重叠　　　　　图 1-50　成排支管的重叠 　　图 1-51 所示是两根重叠管线的平面图，表示断开的管线高于中间显露的管线；如果此图是立面图，那么断开的管线表示在前，中间显露的管线表示在后。 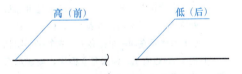 　　图 1-51　两根重叠直管的表示方法 　　2. 多路管线的重叠表示方法 　　通过对图 1-52 中平、立面图的分析可知，这是四路管径相同、长短相等、由高向低、平行排列的管线。如果仅看平面图，不看编号的标注，很容易误认为是一路管线，但对照立面图就能知道是四路管线。编号自上而下分别为 1、2、3、4，如果用折断显露法来表示四路重叠管线，就可以清楚地看到，1 号为最高管，2 号为次高管，3 号为次低管，4 号为最低管，如图 1-53 所示。 　　运用折断显露法画管线时，折断符号的画法也有明确的规定，只有折断符号为对应表示时，才能理解为原来的管线是相连通的。例如，一般折断符号如用呈 S 形状的一曲表示，那么管线的另一端相对应的也必定是一曲，如用二曲表示时，相对应的也是二曲，依次类推，不能混淆(图 1-53)。

续表

管子的重叠	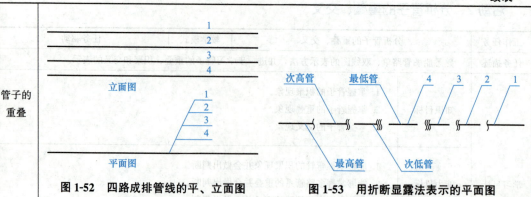 图 1-52 四路成排管线的平、立面图　　图 1-53 用折断显露法表示的平面图
管子的交叉	在图纸中经常会出现交叉管线，这是管线投影相交所致。如果两路管线投影交叉，高的管线无论是用双线表示，还是用单线表示，它都显示完整；低的管线在单线图中要断开表示，在双线图中则应用虚线表示清楚，如图 1-54(a)、(b)所示。 在单、双线图同时存在的平面图中，如果大管(双线)高于小管(单线)，那么小管的投影在与大管投影相交的部分用虚线表示，如图 1-54(c)所示；如果小管高于大管时，则不存在虚线，如图 1-54(d)所示。 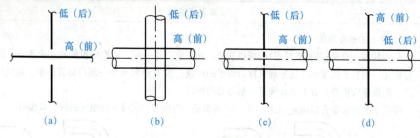 图 1-54 两路管线的交叉 如果是立面图，那么原来在平面图中是高管的称为前管，原来是低管的则称为后管，两根管线投影交叉示例取交叉角为 90°，当两根管线以任意其他角度交叉时，上述画法同样适用。
任务实施	
实例集锦	**1. 试分析直管与弯管的重叠** 图 1-55 所示是弯管和直管两根重叠管线的平面图。当弯管高于直管时，一般是让弯管和直管稍微断开 3～4 mm(断开处可加折断符号，也可不加折断符号)，以示区别弯管和直管不在同一个标高上，它的平面图如图 1-55(a)所示。如果是立面图，则表示弯头在前面，直管在后面。当直管高于弯管时，一般是用折断符号将直管折断，并显露出弯管，它的平面图如图 1-55(b)所示。 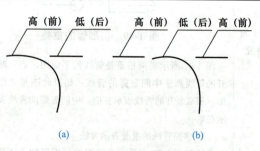 图 1-55 弯管与直管重叠 (a)弯管在前；(b)直管在前 **2. 试分析多路管线的交叉** 图 1-56 所示是由 a、b、c、d 四路管线投影相交所组成的平面图。当图中小口径管线(单线表示)与大口径管线(双线表示)的投影相交时，如果小口径管线高于大口径管线，则小口径管线显示完整并画成粗实线，可见 a 管高于 d 管；如果大口径管线高于小口径管线，那么，小口径管线被大口径管线遮挡的部分应用虚线表示，也就是 d 管高于 b 管和 c 管。根据这个道理，可知 c 管既低于 a 管，又低于 d 管，但高于 b 管；也就是说，a 管为最高管，d 管为次高管，c 管为次低管，b 管为最低管。

实例集锦	如果图 1-56 是立面图,那么 a 管是最前面的管子,d 管为次前管,c 管为次后管,b 管为最后面的管子。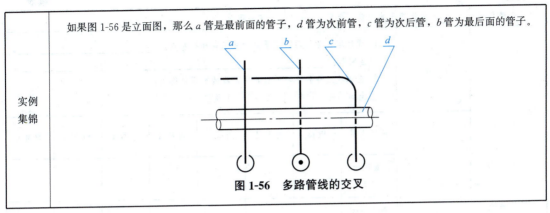图 1-56　多路管线的交叉

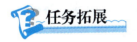任务总结

本任务主要介绍了管子的重叠、交叉的识读步骤,为后续学习船舶管路的安装做一个概括性的基础认知学习。

任务拓展

识读的步骤和方法

1. 看视图,想形状

拿到一张管线的正投影图后,先要弄清楚它是用哪几个视图来表示这些管线形状和走向的,再看平面图与立面图、立面图与侧面图、侧面图与平面图这几个视图之间的关系是什么样的,然后想象出这些管线的大概轮廓。

2. 对线条,找关系

想象出管线的大概轮廓后,各个视图之间的相互关系可利用对线条(对投影关系)的方法,找出视图之间对应的投影关系,尤其是积聚、重叠、交叉管线之间的投影关系。

3. 合起来,想整体

看懂了各视图的各部分形状后,再根据它们相应的投影关系综合起来想象,对各路管线形成一个完整的认识。这样,就可以在想象着将整个管线的立体形状、空间走向、完整地勾画出来。

● 学习成果测评与总结

一、学习成果评价单

学习成果名称	分析管子的重叠、交叉	完成限时	
场地、设备及工量具			
小组人员分工			

续表

学习成果名称		分析管子的重叠、交叉			完成限时				
任务评价	自我评价	1. 通过本任务学习，我学到的知识点和技能点：_____。 存在问题：_____。 2. 在本次工作和学习的过程中，我的表现可得到： □优　□良　□中　□及格　□不及格							
	小组互评	项目人员	组长	组员1	组员2	组员3	组员4	组员5	组员6
		认真倾听、互助互学							
		合作交流中解决的问题							
		成员参与度							
		备注：请根据组员表现情况评分，优秀5分、良好3分、合格1分、不合格0分。							
	教师评价								

二、自我分析与总结

学生改错：	学生学会的内容：

练习与思考

1. 同径正三通、异径正三通的单线图如何表示？

2. 简述多重管系重叠识读的一般步骤。
3. 简述多重管系交叉识读的一般步骤。

学习笔记：

任务1.6 绘制管路系统轴测图

工作任务	绘制管路系统轴测图	教学模式	任务驱动
任务描述	熟悉船舶管路单系统轴测图的绘制方法,对船舶管路系统正等轴测图和斜等轴测图有进一步的学习和认知。		
学习目标	知识目标	1. 了解管路系统正等轴测图的绘制方法。 2. 了解管路系统斜等轴测图的绘制方法。	
	能力目标	1. 能够掌握管路系统正等轴测图的绘制方法。 2. 能够掌握管路系统斜等轴测图的绘制方法。	
	素质目标	1. 激发学生深入学习船舶管系识图的兴趣。 2. 培养学生具有分析、判断、计算、应用实践的基本素质,能够展示学习成果,对工作过程进行总结和反思。	
知识充电站			
轴测图的基本原理	用多面正投影图能够完全、准确地表达物体的形状和尺寸,但缺乏立体感。而轴测图能用一个图面同时表达出物体的长、宽、高三个方向的尺度和形状,富有立体感,是生产中常用的辅助图示方法。 轴测图是采用平行投影的方法,沿不平行于任一坐标面的方向,将物体连同三个坐标轴一起投射到单一投影面上所得的图形。 如上所述,管道轴测图具有能将平面图、立面图的图样反映在一个图面上的特点。它的绘图原理是用一组平行的投射线将立方体连同三个坐标轴一起投在一个新的投影面上。所谓坐标轴是指在空间交于一点而又相互垂直的三条直线。利用这三条直线来确定物体在空间上下、左右、前后的位置和具体尺寸,就是轴测图的基本原理。		
轴测图的分类	轴测图根据投射线与投影面的不同位置可分为两大类:当投影方向垂直于轴测投影面时,得到的投影是正轴测图,如图1-57(a)所示;当投影方向倾斜于轴测投影面时,得到的投影是斜轴测图,如图1-57(b)所示。 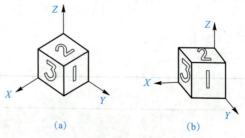 (a) (b) **图1-57 立方体的轴测图** 因为投射线是相互平行的,所以无论是用正投影法还是斜投影法,物体表面上互相平行的直线,在轴测图中仍然保持平行。物体长、宽、高三个方向的坐标轴 X、Y、Z 在轴测图中的投影,称为轴测轴(简称轴)。轴测轴的方向简称轴向。轴测轴之间的夹角称为轴间角。 物体上平行于长、宽、高三个方向的直线,在轴测图中分别平行于相应的轴测轴,还分别有一定缩短率,所谓缩短率就是轴测图中线段的长度和物体实际长度之比。根据上述这些特性,物体上长、宽、高三个方向的直线,可以沿轴向分别按一定的缩短率来测量平行于相应坐标轴的线段的长度。也可以利用物体上坐标轴的平行线,比较方便地作出物体的轴测图。		

轴测图的轴间角和各轴向的简化缩短率	正等测图的轴间角 $X_1O_1Y_1=X_1O_1Z_1=Y_1O_1Z_1=120°$，$O_1Z_1$ 轴一般画成铅直方向，O_1X_1 轴、O_1Y_1 轴与水平线的夹角叫作轴倾角。在正等测图中，轴倾角均为 $30°$，如图 1-58 所示。 　　三个轴的轴向缩短率相等，都是 0.82，为了作图方便，轴向缩短率都取 1，称为简化缩短率。这样沿轴向的尺寸都可以按实长去量取，很方便。不过，如此画出的轴测图比实际的轴测图放大了 0.82 倍，但不影响图形的立体感。 　　斜等测图的轴间角 $X_1O_1Z_1=90°$，$X_1O_1Y_1=Y_1O_1Z_1=135°$，如图 1-59 所示，轴向伸缩系数均为 1。 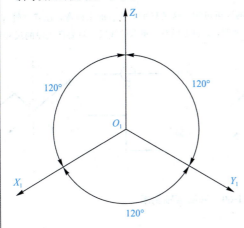 图 1-58　正等测图的轴间角及画法　　图 1-59　斜等测图的轴间角及轴向缩短率
绘制正等测图注意事项	(1) 物体上的直线画在正等测图上仍为直线。空间直线平行某一坐标轴时，画它的轴测投影时，仍应平行于相应的轴测轴。 (2) 空间两直线互相平行，画在正等测图上仍然平行。 (3) 凡不平行于轴测投影面的圆，其轴测投影一般为椭圆。 (4) 轴测轴的方向可以取相反方向，画时轴测轴可以向相反方向任意延长。 (5) OZ 轴一般画成垂直位置，OX 轴和 OY 轴可以换位。 (6) 画管线轴测图时，只能在与轴平行的方向上截量长度。 (7) 管线一般用单根粗实线表示。 (8) 被挡住的管线要断开。 (9) 轴测图中的设备，一律用细实线或双点画线表示。 (10) 应在轴测图中注明管路内的介质性质、流动方向等。
绘制斜等测图注意事项	(1) 物体上的直线画在轴测图上仍为直线。空间直线平行某一坐标轴时，画它的轴测投影时，仍应平行于相应的轴测轴。 (2) 空间两直线互相平行，画在斜等测图上仍然平行。 (3) 画平行于坐标面 XOZ 的圆的斜等测图时，只要作出圆心的轴测图后，按实形画圆就可以了。而当画平行坐标面 XOY、YOZ 的圆的斜等测图时，其轴测投影一般为椭圆。 (4) 轴测轴的方向可以取相反方向，画图时轴测轴可以向相反方向任意延长。 (5) OZ 轴一般画成垂直位置，OY 轴可以放在与 OZ 成 $135°$ 的另一侧位置上。 　　画斜等测管道轴测图时，基本上也根据这几条原则的特殊性，但由于管线投影的复杂性和表现形式的特殊性，决定了管道轴测图的复杂性和特殊性。常将 X 轴选定为左右走向的轴，Y 轴选定为前后走向的轴，Z 轴为上下走向的轴。

续表
任务实施

1. 将平面图、立面图上的来回弯画成正等轴测图

在图1-60(a)中，通过对平面图、立面图的分析可知，这只来回弯是由两只方向相反的90°弯头所组成，从管线的走向来看主要是左右走向；立管部分是上下走向。定 OX 轴为前向，OY 轴为左右向，OZ 轴为垂直向(在以后练习中，三轴均按此定位)。然后，就可以沿轴向或轴向的平行线量取线段，将所有线段依次连接起来，即得来回弯的轴测图。

在图1-60(b)中，通过对平面图、立面图的分析可知，这是只水平放置的来回弯，没有立管部分，仅有左右和前后走向的管线。因此，沿轴向量尺寸时，Z 轴上没有可量取的线段，只要把线段的尺寸量在 X 和 Y 轴及其平行线上即可。

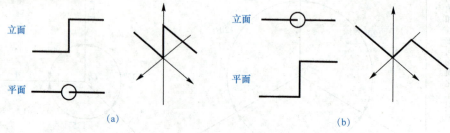

图1-60 来回弯轴测图

2. 将平面图、立面图上的管线画成正等轴测图

通过对平面图、立面图的分析可知，这路管线实际上是由两只摇头弯所组成，为了便于分析，通常从左至右，从下至上对各段管线进行编号，然后再逐段分析，看看每段管线究竟和哪根坐标轴方向一致。在图1-61中，将管线分成6段，其中1段和4段是上下走向，2段和5段是前后走向，3段和6段是左右走向，在分析的基础上定轴定方位，然后沿轴向量尺寸。在轴测图中画阀门位置时，应同平面图上的阀门投影相对应。

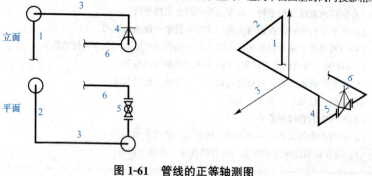

图1-61 管线的正等轴测图

任务总结

本任务主要介绍了管子的正等轴测图、斜等轴测图的轴间角，以及各自绘制的方法和步骤，具体学习了轴测图绘制的应知注意点，为后续学习船舶管路的安装做一个基础介绍。

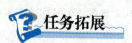

试将图1-62平面图、立面图中的管线画成斜等轴测图。

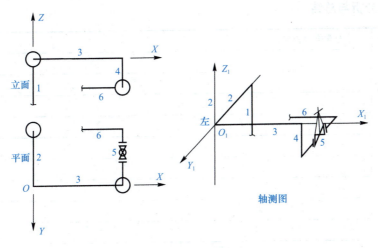

图 1-62　管线斜等轴测图

学习成果测评与总结

一、学习成果评价单

学习成果名称		绘制管路系统轴测图		完成限时					
场地、设备及工量具									
小组人员分工									
任务评价	自我评价	1. 通过本任务学习，我学到的知识点和技能点：_____。 存在问题：_____。 2. 在本次工作和学习的过程中，我的表现可得到： □优　□良　□中　□及格　□不及格							
	小组互评	项目人员	组长	组员1	组员2	组员3	组员4	组员5	组员6
		认真倾听、互助互学							
		合作交流中解决的问题							
		成员参与度							
		备注：请根据组员表现情况评分，优秀5分、良好3分、合格1分、不合格0分。							
	教师评价	教师评价							

二、自我分析与总结

学生改错：	学生学会的内容：

练习与思考

1. 什么是轴测图？轴测图的轴向缩短率如何确定？
2. 绘制正等测图应注意哪些事项？
3. 绘制斜等测图应注意哪些事项？

学习笔记：

模块 2　加工及检验船舶管系

模块描述

在船舶管路系统中，管子承担着机械设备、器具、附件之间的连接任务。为了保证连接后的工作质量和尺寸准确，必须熟练地对管子进行选料、画线、切割、弯曲、校管、焊接、试验、清洗、防腐等工作。还要了解一些加工设备的使用方法，并最终熟练使用这些设备。

模块分析

目前造船行业里管加工工艺越来越倾向于自动化制造，所以，非常有必要对管加工工艺进行总结和研究，本模块除对管子生产加工流程进行学习外，也将了解现配管工艺，掌握了这些本领，将现代科技运用到造船中，在今后的工作中就会大大提高生产效率。

模块目标

一、知识目标

1. 了解管子进行选料备料、下料的方法。
2. 了解管子进行弯曲的方法。
3. 了解管子进行校管方法。
4. 了解管子进行焊接打磨的方法。
5. 了解管子进行泵水试验的方法。
6. 了解管子进行清洗表面处理的方法。
7. 了解管子进行质量检查的方法。
8. 了解托盘管理的方法。

二、能力目标

1. 能够对管子进行备料、下料操作。
2. 能够使用弯管机，对管子进行弯曲操作。
3. 能够对管子进行校管法兰及现场配管等操作。
4. 能够对管子进行点焊打磨操作。
5. 能够对管子进行泵水试验。
6. 能够对管子进行清洗及表面处理。
7. 能够对管子进行质量检查及喷油、封口。
8. 能够进行封装管理托盘。

三、素养目标

在实际操作过程中，要培养实践动手能力，要注重培养质量意识、安全意识、节能环保意识和规范操作等职业素养。

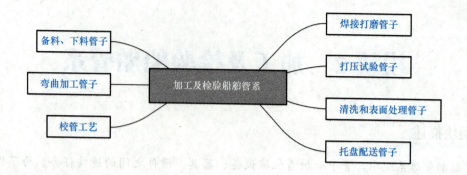

图 2-1 所示为管加工流程图。

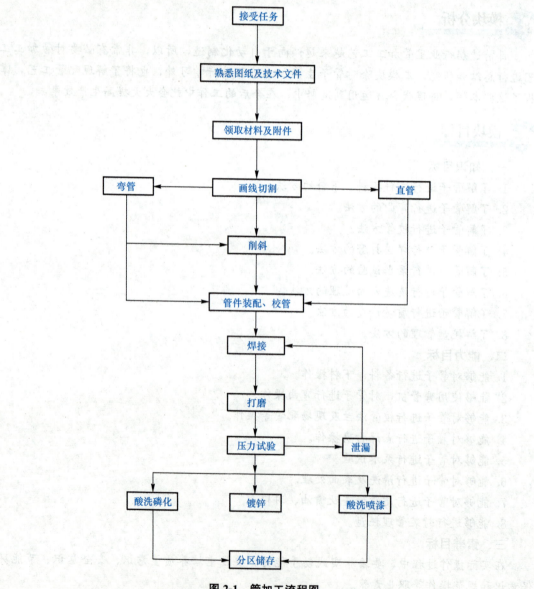

图 2-1 管加工流程图

任务2.1 备料、下料管子

工作任务	备料、下料管子	教学模式	任务驱动
任务描述	在船舶管路系统中，管子承担着机械设备、器具、附件之间的连接任务。由于受到机舱地位限制及船体结构和机械设备形状等的影响，直管不可避免地弯成各种不同的形状才能相互连接。为了保证连接后的工作质量和准确尺寸，应该学会对管子进行备料、下料操作。		
学习目标	知识目标	1. 了解管子备料的工艺方法。 2. 熟悉确定管子的下料工艺。	
	能力目标	1. 能够掌握管子备料的工艺步骤。 2. 能够掌握砂轮切割、火焰切割、锯床切割的工艺。	
	素质目标	1. 注重培养学生动手能力，能够展示学习成果，对工作过程进行总结和反思。 2. 注重培养学生质量意识和安全意识及规范操作的能力，与他人进行有效沟通和团结协作的能力。	
设备器材	个人防护用品：安全帽、防护眼镜及无齿锯、锯床等工具。		
相关资源	教材、视频、课件。		

知识充电站

| 管子的备料 | 1. 确定材料需求
根据管子加工托盘表，统计出相应的管子和连接附件(法兰、套管、标准弯头、异径接头、管座等)的规格和数量，由领料人员到相应仓库领料。弯头按照类别存放，如图2-2所示。
2. 材料的质量控制
(1)无缝钢管、不锈钢钢管和双金属管，其内外表面是否有裂缝、折叠、分层、结疤、轧折、起皮等缺陷，如有上述缺陷应清除或报废。对于液压油管主机润滑油管的内部，清除后应无目视可见缺陷，其余管子允许有小的压痕、轻微的错位和薄的氧化铁。
(2)铜管的内外表面应光滑、清洁，不应有裂缝、起皮、夹杂、凹坑、分层等缺陷，但局部的、轻微的划伤、斑点、拉痕和轧痕可允许存在。
(3)管子都须具有材质报告和炉批号证书，Ⅰ级和Ⅱ级管还应有船级社证书，法兰、标准弯头、异径接头等都须具有合格证书。
3. 材料管理
(1)注意管子的等级标识：Ⅰ级管(红色)、Ⅱ级管(黄色)、Ⅲ级管(无色)；同规格注意壁厚差。
(2)领出的管子和附件按管子切割日期、生产线分开，法兰、套管、弯头等按规格和等级分类摆放。放于各生产线相应位置，并做好切割日期的标识。 | 
弯制管件按流程卡批次，根据管件分类配盘，标识管件信息，制作班组按流程卡信息领用

弯头按类别存放

图2-2 弯头存放 |

续表

不同管材管子下料切割方法	1. 钢管 $DN\leq 100$ 的钢管用砂轮机、锯床切割；$DN>100$ 的钢管用火焰(氧乙炔、氧丙烯)切割机切割。 2. 紫铜管 紫铜管(图 2-3)用手锯切割。 3. 不锈钢钢管 不锈钢钢管用手锯、机械割管机或等离子切割机切割。 4. 铝黄铜管、铜镍铁合金管 铝黄铜管、铜镍铁合金管用手锯、机械割管机或等离子切割机切割。	 图 2-3　紫铜管
下料工艺使用场合	1. 砂轮切割机(砂轮机)的使用方法 (1)将管子切割线和砂轮片对准，固定好管子。 (2)接通电动机电源，当转速充分上升稳定后，开始进行切割。 (3)切割精度：±1.5 mm。 (4)用砂轮对管子端部进行打磨，去除切割端毛刺，并在装焊法兰部分管子外部进行打磨除锈，长度不小于 50 mm。 砂轮机如图 2-4 所示。 2. 火焰切割机的使用方法 (1)移动切割机，火口到切割线为止。 (2)将火口下降到距离管子表面 10～15 mm，确定火口位置。 (3)打开燃气、氧气开关，点火，调整火焰。 (4)预热后，打开高压氧气开关，开始切割，接通旋转用的电动机电源，边调整切割速度，边进行切割。 (5)切割精度：±1.5 mm，对于对接管段，每一对接端应减去 2 mm 装配间隙。 (6)用砂轮对管子端部进行打磨，去除切割端毛刺和焊接区域铁锈，除锈长度为法兰端 50 mm，对接端 30 mm。 火焰切割机如图 2-5 所示。 3. 锯床的使用方法 (1)将管子的切割位置对准锯刃，固定管子。 (2)调整切割速度，对管子进行切割。 (3)供给切割油。 (4)切割精度为±1.5 mm。 锯床如图 2-6 所示。 管子加工-备料	 图 2-4　砂轮机  图 2-5　火焰切割机  图 2-6　锯床

续表

下料工艺使用场合	4. 手锯的使用方法 (1)固定管子。 (2)将手锯锯条对准切割线，进行切割，在切割过程中，锯条与管子轴线保持垂直。 (3)对于口径较大的管子，在管子部分圆周切割后，转动管子再进行另一部分圆周切割，直至全部完成，此时管子切割线应为整个圆周。 (4)切割精度为±1.5 mm。 (5)用锉刀锉去切割端毛刺。 手锯如图 2-7 所示。	 图 2-7 手锯
任务实施		
管子下料工艺实施步骤	(1)按流程卡选择管件，注意管子的等级标识：Ⅰ级管(红色)、Ⅱ级管(黄色)、Ⅲ级管(无色)；同规格注意壁厚差。管子的等级标识如图 2-8 所示。 (2)按流程卡所示尺寸画线，画线时注意刻度尺应与管材平行；所画的线应与管子成直角，有坡口加工时，要空 3 mm 的间隔画线；直切时的间隔为 0。注意等级管原材料炉批号移植到所有管段上。刻度尺与管材不平行如图 2-9 所示。有坡口画线如图 2-10 所示。 画线时应注意以下内容： 1)切割计划表，取用材料牌号、规格相符的管子。 2)按切割计划表上管子长度进行画线，并在管子写上工程编号、托盘连续号、切割日期、加工托盘序号等记号。 3)切割线可用细石笔画出，在需要画出较长切割线时，可用靠板画线以保证切割线与管子轴线垂直。 4)对于有色标的管子，画线从无色标端起始，以便保留余料色标。 (3)由管端开始测量时，卷尺的角应正确放置；测量管子中间时，请不要使用卷尺的端部。 (4)下料应根据管径和材质，选用合适的机械设备进行，肘板的下料应采用数控或专业器械进行，禁止手工下料。 (5)测深管末端的条形槽的加工，在加工能力受限的情况下，可委外进行；管件禁止手工火焰开孔。 (6)相贯线下料的管子应将卷边残渣清除，打磨干净后备用。 (7)下料完成后按照批次集中摆放，并标识流程卡号或附流程卡流转。	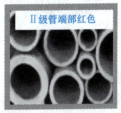 图 2-8 管子的等级标识  图 2-9 刻度尺与管材不平行 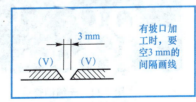 图 2-10 有坡口画线

任务总结

本任务主要介绍了管子备料和下料的工艺方法,主要从砂轮切割机、火焰切割机、锯床、手锯的使用方法和管子下料的具体实施步骤加以阐述。

任务拓展

船用管子的材料

在各类船舶上常用的管子主要有金属管、非金属管、复合管三大类别。下面对几种船舶上常用的管材予以介绍。

1. 钢管

钢管按制造工艺可分为无缝钢管和有缝钢管两类。钢管的材料有普通碳素钢、优质碳素钢、合金钢和不锈钢等,主要用于Ⅰ级和Ⅱ级管系的管子。

管子的材料规格分类

(1)无缝钢管(图 2-11)。制造无缝钢管的材料牌号一般为 10 号、20 号、30 号等优质碳素钢,以及 A2、A3、A4 等普通碳素钢,合金钢则为 10Mn2、09Mn2V、16Mn、15MnV、12MnOV 等,不锈钢多为 OCr18Ni9Ti、ICr18Ni、10Ti、1Cr18Ni10Ti 等。

无缝钢管是由圆坯加热后,经穿管机穿孔轧制(热轧)而成,或者经过冷拔成为外径较小的管子。

由于无缝钢管具有足够的强度,良好的延伸率和工艺性(既可冷弯,也可以热弯,具有良好的焊接性),因此在船舶各管系中应用得最为广泛,如蒸汽管、燃油管、滑油管、压缩空气管、冷却水管、消防管等。

不锈钢钢管也属于无缝钢管的范畴,它除具备一般无缝钢管的特性外,还具有耐腐蚀性强,在高温下不易被氧化,不结皮,并保持较高的机械性能等特点,但是这种管子不宜热弯,在大量的含有氯离子介质中易产生应力腐蚀。它除用于潜艇中高温、高压、高清洁度、工作介质的腐蚀性大的特殊系统外,一般船舶不宜采用。

(2)有缝钢管(图 2-12)。有缝钢管是由钢板卷曲后经焊接而成,根据表面颜色又可分为两种,其中一种是为了提高钢管的抗腐蚀能力,在管子表面镀上一层耐腐蚀的锌层,由于镀锌后的管壁内外表面呈银白色,因此称为白铁管,没有镀锌的有缝钢管统称为黑铁管。

图 2-11 无缝钢管

图 2-12 有缝钢管

制造这类管子的材料牌号有 A2、A3、B2、B3 等,A 类钢多用于船舶。

由于有缝钢管所选用的材料无严格要求，故其机械性能也相对较差。白铁管只适用常温和工作压力 $P \leqslant 0.1$ MPa 以下的日用水、卫生水、舱底水等系统；黑铁管可用于输送低温、低压的水和油等工作介质，有时也可用于低压的废气和蒸汽系统。

2. 铜管

常用的铜管有紫铜管和黄铜管两种。紫铜管由含铜量 99.5% 以上的纯铜拉制和挤制而成；黄铜管由铜基合金制成，两者相比紫铜管的韧性稍高一些，黄铜管的强度稍高一些。

（1）紫铜管（图 2-13）。紫铜管经退火后，质地柔软，工艺性好，具有很高的塑性和耐蚀性，但不适用高温、高压系统，再加之价格较高，在一般的船舶上，只用于压力表管或直径 $\phi \leqslant$ 14 mm 的液压油类管，但在舰艇上得到广泛应用，如海水系统、液压系统、润滑油系统等。

图 2-13　紫铜管

常用的紫铜管材料牌号有 T1、T2、T3、T4、TUP 等，由制造厂供应的紫铜管均未退火，故在加工过程中，首先应对弯曲部位进行退火，退火温度一般为 550 ℃～650 ℃。

（2）黄铜管（图 2-14）。黄铜管的特点是抗海水及空气的腐蚀能力较强，而且有很好的导热率，但由于冶炼困难产量少，价格较高，一般只用于热交换器的管束及通话管。

黄铜管是由 H62、H68、锡黄铜 HSn70-1、HSn62-1、铅黄铜 HPb59-1、铁黄铜 HFe59-1-1 等拉制或挤制而成的。黄铜管在加工过程中也均应先进行退火处理。

图 2-14　黄铜管

3. 铝管

铝管是拉制或挤制而成的无缝管，一般船舶铝管由硬铝合金拉制而成。其主要优点是质量轻、耐腐蚀、塑性好、易加工，常为一般轻型快艇所采用。由于其机械性能不及铜管，只适用低温、低压的场合，如燃油管、润滑油管、冷却水管路等。

常用的铝管牌号有 LF2-M 防锈合金铝、LF2、LF21、LY11、LY12 等。这种管子既可冷弯，也可热弯，冷弯前需经退火处理。

4. 钛合金管

钛合金是问世不久的新型材料，用这种材料制造的管子优于无缝钢管和紫铜管所具备的特性，且又克服了无缝钢管耐腐蚀性差、紫铜管强度低的问题，但由于其价格高、规格较少，所以，它目前的应用只局限于舰艇上某些特殊的场合。

5. 塑料管

塑料管一般由耐冲击聚氯乙烯制成，它具有质量轻（比目前船上常用的任何一种金属管都轻）、耐腐蚀性能强的特点，还具有摩阻小、绝缘、隔声、吸振、耐磨、绝热和不需油漆，加工与安装工艺较简便等优越性，但也存在着强度低、耐热、防火性能差，膨胀系数大，易老化，破损不易修补，焊接温度不易控制等缺陷。所以，目前这种管子仅用于工作温度为 0 ℃～+60 ℃，工作压力小于 0.6 MPa 的管系中，如甲板排水、污水、洗涤水、空气管等。塑料管随着其材料性能不断改进，制造工艺的不断完善，必将会获得广泛的应用。

6. 玻璃管和有机玻璃管

玻璃管的优点是耐化学腐蚀性能好，清洁、透明、易于清洗，流动阻力小，价格低；缺点是耐压低，容易损坏。玻璃管可用于温度为 −30 ℃～+150 ℃ 且温度急变不超过 80 ℃ 的介质，高强度玻璃管的工作压力可达 0.8 MPa。

有机玻璃管除具有玻璃管的优点外，还具有强度高、耐温性能好等优点，适用有腐蚀性介质的管道。

7. 橡胶管

橡胶管能耐多种酸碱液的腐蚀，但不耐硝酸、有机酸和石油产品的腐蚀。其可用作抽吸管、压力管和蒸汽管等。

8. 双金属管

所谓的双金属管是指管壁由两层不同的金属组合而成的管子，即外层为 10 号优质碳素钢，内层为镀有 0.6～0.8 mm 厚的 T4 号铜制成，管子的外径 D 为 6～70 mm，壁厚 δ 为 1.5～6 mm，管长 L 为 3～7 m。

双金属管具备了钢管和紫铜管的双重特点，既有较高的机械强度，又有较强的耐腐蚀能力，因此，它一般专用于高压空气管路，常用于舰艇上。这种管子加工比较困难，因钢和铜的熔点、机械性能都不同，所以最好采用冷弯工艺。

● 学习成果测评与总结

一、学习成果评价单

学习成果名称	备料、下料管子		完成限时			60 分钟		
场地、设备及工量具								
小组人员分工								
任务评价	自我评价	1. 通过本任务学习，我学到的知识点和技能点：_____。 存在问题：_____。 2. 在本次工作和学习的过程中，我的表现可得到： □优　□良　□中　□及格　□不及格						
	小组互评	项目人员	组长	组员1	组员2	组员3	组员4	组员5	组员6
		认真倾听、互助互学							
		合作交流中解决的问题							
		成员参与度							
		备注：请根据组员表现情况评分，优秀5分、良好3分、合格1分、不合格0分。							
	教师评价								

二、自我分析与总结

学生改错：	学生学会的内容：

练习与思考

1. 如何根据工艺要求进行管子下料的具体操作？
2. 管子画线操作的注意点有哪些？
3. 船舶上常用的管子主要有哪三大类别？

学习笔记：

任务 2.2 弯曲加工管子

活动 1 认知管子弯曲加工工艺

工作任务	认知管子弯曲加工工艺		教学模式	任务驱动
任务描述	由于受到机舱位置限制及船体结构和机械设备形状等的影响,直管不可避免地弯成各种不同的形状才能相互连接。如果要弯制管子,应该先对管子弯曲加工工艺进行学习,掌握管子弯曲的工艺方法。			
学习目标	知识目标	1. 掌握管子弯曲加工的分类方法。 2. 了解各种管子弯曲加工方法的适用场合。		
	能力目标	1. 能够掌握管子弯曲加工的分类方法。 2. 能够熟知各种管子弯曲加工方法。 3. 能够掌握机械弯管的弯管工艺。		
	素质目标	1. 注重培养学生动手能力,能够展示学习成果,对工作过程进行总结和反思。 2. 注重培养学生质量意识和安全意识及规范操作的能力,与他人进行有效沟通和团结协作的能力。		
设备器材	个人防护用品、弯管机床、图纸、管子等设备。			
知识充电站				

(1) 钢管的弯曲加工方法如图 2-15 所示。

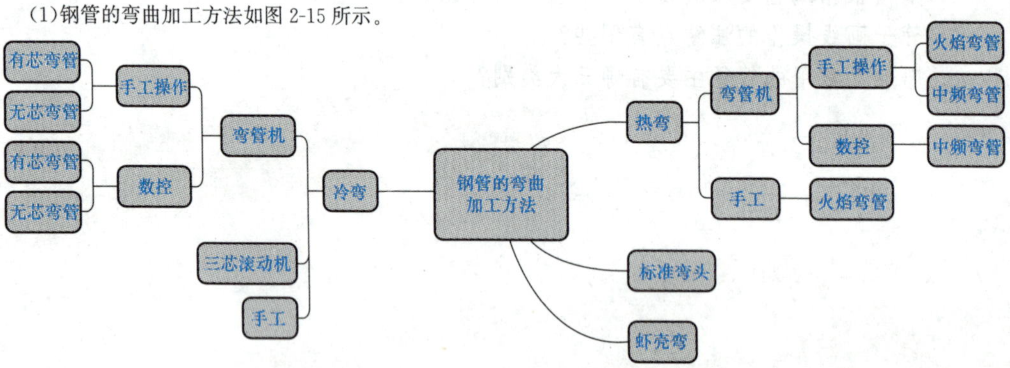

图 2-15 钢管的弯曲加工方法

(2) 铜管的弯曲加工方法如图 2-16 所示。

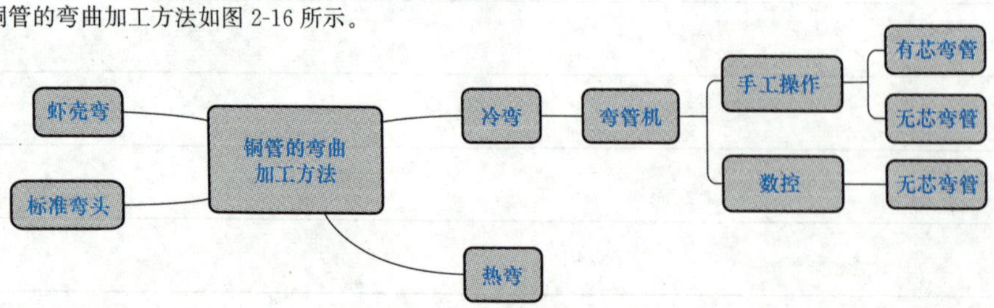

图 2-16 铜管的弯曲加工方法

(3) 不锈钢钢管、铜镍铁合金管的弯曲加工方法如图 2-17 所示。

管子的弯曲加工方法	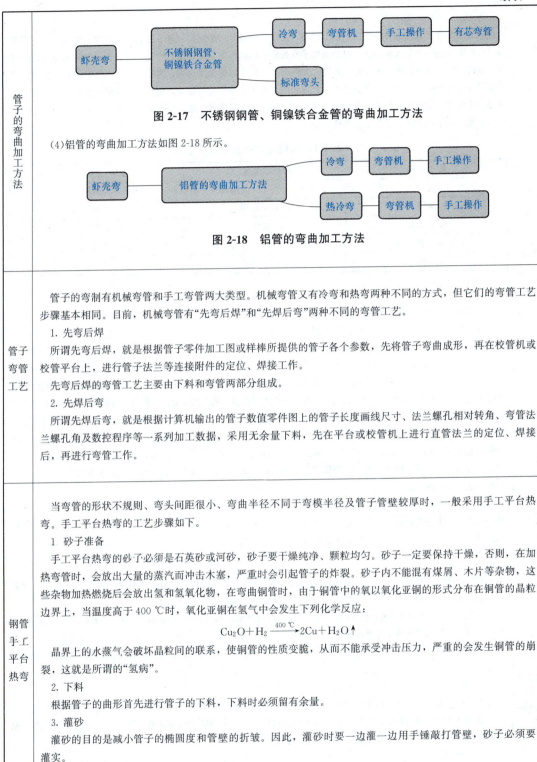

图 2-17　不锈钢钢管、铜镍铁合金管的弯曲加工方法

(4)铝管的弯曲加工方法如图 2-18 所示。

图 2-18　铝管的弯曲加工方法 |
| 管子弯管工艺 | 管子的弯制有机械弯管和手工弯管两大类型。机械弯管又有冷弯和热弯两种不同的方式，但它们的弯管工艺步骤基本相同。目前，机械弯管有"先弯后焊"和"先焊后弯"两种不同的弯管工艺。
1. 先弯后焊
所谓先弯后焊，就是根据管子零件加工图或样棒所提供的管子各个参数，先将管子弯曲成形，再在校管机或校管平台上，进行管子法兰等连接附件的定位、焊接工作。
先弯后焊的弯管工艺主要由下料和弯管两部分组成。
2. 先焊后弯
所谓先焊后弯，就是根据计算机输出的管子数值零件图上的管子长度画线尺寸、法兰螺孔相对转角、弯管法兰螺孔角及数控程序等一系列加工数据，采用无余量下料，先在平台或校管机上进行直管法兰的定位、焊接后，再进行弯管工作。 |
| 钢管手工平台热弯 | 当弯管的形状不规则、弯头间距很小、弯曲半径不同于弯模半径及管子管壁较厚时，一般采用手工平台热弯。手工平台热弯的工艺步骤如下。
1. 砂子准备
手工平台热弯的砂子必须是石英砂或河砂，砂子要干燥纯净、颗粒均匀。砂子一定要保持干燥，否则，在加热弯管时，会放出大量的蒸汽而冲击木塞，严重时会引起管子的炸裂。砂子内不能混有煤屑、木片等杂物，这些杂物加热燃烧后会放出氢和氢氧化物，在弯曲铜管时，由于铜管中的氧以氧化亚铜的形式分布在铜管的晶粒边界上，当温度高于 400 ℃时，氧化亚铜在氢气中会发生下列化学反应：
$$Cu_2O + H_2 \xrightarrow{400\ ℃} 2Cu + H_2O\uparrow$$
晶界上的水蒸气会破坏晶粒间的联系，使铜管的性质变脆，从而不能承受冲击压力，严重的会发生铜管的崩裂，这就是所谓的"氢病"。
2. 下料
根据管子的曲形首先进行管子的下料，下料时必须留有余量。
3. 灌砂
灌砂的目的是减小管子的椭圆度和管壁的折皱。因此，灌砂时要一边灌一边用手锤敲打管壁，砂子必须要灌实。
4. 画线
手工平台热弯的画线必须要根据弯管的弯曲角和实际弯曲半径，画出管子各个弯曲部分的起弯点和终止点。 |

续表

钢管手工平台热弯	**5. 加热** 将画线后的管子弯曲部分放在加热炉上加热，加热炉一般采用柴油炉、氧—乙炔火焰炉或电炉等，不可采用煤炉，因为煤炭中含有大量的硫，对金属管子有强烈的腐蚀作用。为了保证弯管时，管子的曲线部分与直线部分有光滑过渡，加热长度要大于弯曲长度。加热时必须保持加热温度均匀，为此，要在加热炉火口上覆盖铁板并尽可能地转动管子；如果加热长度大于火口长度，则要将管子前后移动，使整个加热部分加热温度一致。加热温度不可超过加热最高温度，加热温度的控制可用热电偶温度计、温度变色笔或根据加热管子的颜色变化及经验来确定。常用金属管子的加热温度见表 2-1。 表 2-1　常用金属管子的加热温度 | 管子材料	弯曲开始温度/℃	弯曲终止温度/℃
---	---	---
碳钢	1 050～1 080（淡黄色）	630～650（深红色）
紫铜	850～860（深橙色）	300
双金属管	850（深橙色）	550（微红色）
钼钢、含钼钢	1 050～1 150（橙黄色）	850～900（樱红色）
不锈钢	1 050（浅黄色）	800（浅红色）	 **6. 弯管** 弯管在弯管平台上进行，弯管平台用生铁铸成，中间排列许多方形或圆锥形孔，供插铁桩之用。弯曲动力可用人力或卷扬机，施力方向必须始终与弯曲平面（平台）平行（紧贴平台平面，控制好弯曲速度）。 加热后的管子放在平台上，先用冷却水冷却不须弯曲的直线部分，但冷却界线不可太明显，防止冷热相接部分弯曲后特别伸长，使管壁过薄而拉断。弯曲时，先在弯管的起始端的前、后侧面各安放一根铁桩，铁桩的距离根据管子的直径而定。在前侧面的铁桩与管子之间应放置靠模来增大接触面积，防止弯管时受力过大而造成管子局部挤扁。对已达到需要弯曲半径的部位可浇水冷却，冷却水一般先浇在腹部的凸出部分，不要直冲背部，以防拉薄的背部因突然冷却而发生断裂。对管子的背部可适当浇水冷却，以防管壁过分拉薄。对薄壁钢管、铜管等，可适当将弯曲角加大一些（2°～5°），成形后在其背部浇些冷却水，使腹部回伸时自然凸出来，可减小椭圆度。弯管时，一定要严格控制好温度，最低弯曲温度必须大于管子的弯曲终止温度（表 2-1），整个弯曲过程最好一次完成，尽量不"回火"。 弯制有缝管时，管子焊缝应置于与弯管平台成 45°的位置上，不可放在弯曲部分的内、外侧或上、下方，以免焊缝在弯曲时开裂。 弯制合金钢管时，应特别注意浇水冷却（淬火）对合金钢的影响。对铬钼耐热钢热弯时，不可浇水冷却。以免组织硬化或发生裂纹，弯曲后还要进行热处理，消除内应力，恢复正常的金属结构。铬镍不锈钢钢管在整个施工过程中，不可与碳素钢直接接触，灌砂击管时应用木槌或铜锤。
有色金属管的热弯	**1. 紫铜管** 紫铜管的弯曲步骤和钢管相同，但加热温度较低（850 ℃），热弯结束时的温度不低于 300 ℃，以免产生缺陷或废品。用水冷却时，要特别注意"氢病"的发生，防止管子破裂。 直径在 15 mm 以下的紫铜管热弯时，可以不充砂直接弯制；直径在 32 mm 以下，可以退火（650 ℃）后用弯管机弯制。大直径紫铜管必须灌砂敲实后，再在平台上手工热弯。 紫铜管在加热弯曲或退火时，必须严格控制加热温度和保持加热均匀，防止因局部过热而造成紫铜管的熔化或穿孔。 **2. 黄铜管** 黄铜管因含锌较多而性质较脆，因此，弯制薄壁管时，常灌入松香（135 ℃溶解）后再弯曲；厚壁管仍充砂弯曲。黄铜管加热温度与紫铜管相仿，但在整个弯曲过程中，一定要始终保持高温，同时要非常仔细、小心，温度降低后不能再弯，必须重新加热，否则很容易折断。 **3. 镀锌钢管** 镀锌钢管（白铁管）由于在钢管的表面镀了一层锌，所以适宜冷弯。如要热弯，则加热温度不宜太高，否则会将镀锌层熔化，同时，要时刻注意加热部分是否出现青烟，青烟即锌层燃烧时的特征，应及时用水冷却。 镀锌钢管的热弯一般只用于小直径管在现场校管或安装时使用。

续表

有色金属管的热弯	**4. 铝管** 铝管的性质较柔软，加热弯曲时，必须小心处理管子的表面，宜用文火均匀加热，使之逐渐升高到 300 ℃～400 ℃。检查温度可先在弯曲处涂肥皂，当其颜色由黄逐渐变黑，或者用竹棒划铝管，表面颜色由白变黑时，就可以进行弯曲工作。充砂宜用木槌敲实而不能用铁器敲击。 **5. 青铅管** 青铅管特别柔软，熔点很低，且加热后不变色。加热温度可用冷水滴试，如果水滴一接触管子表面马上就蒸发，此时就可以进行弯曲。青铅管仍需充砂热弯，热弯后产生的椭圆可用木槌修正。 **6. 双金属管** 双金属管是在钢管内层加镀一层紫铜，厚度一般为 0.6～0.8 mm，这种管子既保持了钢管的强度又保持了紫铜管的耐腐蚀性，适用高压的空气管路和液压管路，在舰艇上应用较广。由于这种管子是由两种不同的金属组成，所以必须严格控制加热温度，加热要均匀，弯制小心。
	任务实施
先弯后焊工艺实施步骤	先弯后焊的弯管工艺主要由下料和弯管两部分组成。 (1)下料首先根据管路的性质确定管子的材料、规格，然后根据管子零件加工图或样棒算出直管的下料长度，考虑到弯管时的误差，下料长度一般要留些工艺余量。 (2)先弯后焊弯管工艺按长→弯→长→转→弯→长的步骤进行。 弯管之前，先根据所弯管子的管径选用合适的弯管机床，再根据弯曲半径调整好弯管机弯模和滚轮。半自动弯管机如图 2-19 所示。 1)长。此长为管子的首段长。一般来说，首段长不须放余量，只要将管子的起弯点对准弯模的起弯线，夹紧弯管机的前后夹头即可。此项工作要防止"虚弯"和"窜动"现象，即由于弯模与管子之间有间隙，刚起弯时，弯模转动，管子与弯模之间的间隙逐渐缩小，但没有弯曲，产生虚弯现象，虚弯使管子实际起弯点后移；由于前夹头夹固不紧等原因，产生管子窜动现象，窜动使实际起弯点前移。通常，虚弯和窜动的共同作用使实际起弯点后移，通过试验可以确定起弯点的后移值，在弯模上划出实际起弯点位置(实际起弯线)。 2)弯。根据样棒或图示的弯曲角弯曲第一个弯头。由于弯管后的回弹现象，实际弯曲角度要略大于弯曲角，松车后要用样棒或万能角尺检验弯曲角。 3)长。此长为两弯头间的直线长度。回车后将第二起弯点对准弯模起弯线并稍稍夹紧。如果是自制样棒则必须保证该段长大于夹头距离(长度)。 4)转。此转即管子的转角 φ。管子每相邻两个弯头间必定存在一个转角 φ，转角 φ 为 0°～180°。平面曲形的转角为 0°(两弯头在中间段同侧)或 180°(两弯头在中间段异侧)；立体曲形的转角 φ 则为 0°～180°。转角除了角度之外，还有顺转(+)和逆转(−)的区别，旋转管子时必须加以注意。此项工作必须将第二起弯点始终对准在起弯线上，不可移动，否则，会造成管子身腰(中间段)的伸长或缩短。同时，要保证转向和角度的正确无误。 5)弯。此弯即旋转之后的第二个弯头的弯曲工作。工艺步骤、要求同 2)。 6)长。如果管子曲形由两个弯头组成，此长即尾段长，下料所放的余量就在此段上，此余量在校管时截去；如果管子曲形大于两个弯头，此长为第二中间长，以后就按转→弯→长的步骤进行，直至弯管工作结束。	  图 2-19 半自动弯管机

先焊后弯工艺实施步骤	先焊后弯可用数控弯管机弯管，也可用普通弯管机弯管，利用普通弯管机弯管的工艺步骤如下： (1)下料(图2-20)。根据管子数值零件图所给的管子材料、规格、长度等进行无余量下料。先焊后弯的下料长度非常重要，其长度误差不能超过±3 mm。 (2)法兰定位。在校管平台或校管机上进行直管两端法兰的定位和焊接工作。该项工作一定要保证两端法兰螺孔相对转角的准确度及法兰端距。同时，保证法兰与管子的垂直度。 (3)画线。根据管子数值零件图的画线尺寸对整根管子的直管段(直管部分长度)和圆弧段(弯曲部分圆弧长度)进行画线工作(若用数控弯管机自动弯管则不必画线)。 (4)定弯管顺序。根据管子数值零件图的规定，确定管子的弯管顺序，即从左到右为顺弯；反之为逆弯。 (5)画螺孔初始角。根据管子数值零件图上的法兰螺孔初始角，在首端法兰密封面上画出螺孔初始角。 (6)调整弯管机。根据管子的管径和弯曲半径调整弯管机的弯模及滚轮等。如果使用塞芯弯管机则要选择好合适的塞芯并调整好塞芯的前置量。 (7)首段弯定位。先将管子的首起弯点(线)对准弯模起弯线并稍稍夹紧，用重锤法检查并调整首端法兰初始角的位置，待位置准确后将管子夹紧。此项工作一定要保证初始角的位置准确。 (8)弯管(图2-21)。先焊后弯的弯管工作非常重要，一定要保证弯曲角度的准确无误，否则会造成尾端法兰螺孔角的误差，给今后的管路安装工作带来困难。 (9)调整转角。当前一个弯头弯好后，将下一起弯点对准弯模起弯线，进行管子转角的调整，夹紧后进行下一个弯头的弯制工作，直至整根管子的弯制工作的完成。	 图2-20 下料  图2-21 弯管

任务总结

本任务主要介绍了钢管手工平台热弯和管子弯制的工艺方法，主要从先焊后弯、先弯后焊的具体实施步骤加以阐述。

任务拓展

各种管子弯曲加工方法的适用场合见表2-2。

表2-2 各种管子弯曲加工方法的适用场合

mm

序号	弯曲加工方法	适用场合
1	弯管机冷弯、有芯弯管	(1)无缝钢管 DN40～DN220； (2)紫铜管 DN15～DN125； (3)不锈钢钢管 DN15～DN50； (4)铜镍铁合金管 DN15～DN40； (5)黄铜管 DN15～DN40； (6)铝管 DN15～DN80。

续表

序号	弯曲加工方法	适用场合
2	弯管机冷弯、无芯弯管	(1)钢管(无缝或有缝)$DN \leqslant 32$； (2)$DN \leqslant 10$ 紫铜管、不锈钢管、铜镍合金管、黄铜管、铝管。
3	三芯滚动机冷弯	钢管(有缝或无缝)不锈钢管 $DN \leqslant 65 R \geqslant 10D$ 常用于弯制栏杆和顺舷旁线型的测量管，通常一根管子上弯出的弯头在一个平面内。
4	手工冷弯	钢管(有缝或无缝)和不锈钢管弯制栏杆等大 R 管，在无三芯滚动机的情况下，用手工冷弯。
5	弯管机热弯（中频湾管）	(1)无缝钢管 $DN250 \sim DN400$； (2)无缝钢管 $DN65 \sim DN200$ 因管壁特别厚或无合适弯曲半径胎膜的场合。
6	手工热弯	各种金属管相邻两弯头之间直线距离很短或无合适的弯曲半径胎膜的场合，都可用手工热弯的方法，目前仅用于 $Dg > 125$ 的紫铜管。
7	标准弯头	管子布置空间狭小，用机械弯管会使法兰焊接于弯头弧线部分或两弯头间直线距离不足弯管夹头长度。 钢管规格 $DN15 \sim DN800$ $R=1D$、$1.5D$； 紫铜管规格 $DN25 \sim DN125$ $R=1D$ 或略大于 $1D$； 铜镍铁合金管、不锈钢钢管规格按产品订货清册。
8	虾壳弯	凡是无法进行弯制，并且无定型弯头的场合，都可以应用虾壳弯。目前仅应用于主辅体机排气管、锅炉排烟管等。

注：D 表示管子公称通径；R 表示弯头弯曲半径。

●学习成果测评与总结

一、学习成果评价单

学习成果名称	认知管子弯曲加工工艺	完成限时	60分钟
场地、设备及工量具			
小组人员分工			

续表

学习成果名称		认知管子弯曲加工工艺		完成限时		60分钟			
任务评价	自我评价	1. 通过本任务学习，我学到的知识点和技能点：_____。 存在问题：_____。 2. 在本次工作和学习的过程中，我的表现可得到： □优　□良　□中　□及格　□不及格							
	小组互评	项目人员	组长	组员1	组员2	组员3	组员4	组员5	组员6
		认真倾听、互助互学							
		合作交流中解决的问题							
		成员参与度							
		备注：请根据组员表现情况评分，优秀5分、良好3分、合格1分、不合格0分。							
	教师评价								

二、自我分析与总结

学生改错：	学生学会的内容：

练习与思考

1. 常用的数控弯管机有哪些？
2. 简述先弯后焊工艺的实施步骤。
3. 简述先焊后弯工艺的实施步骤。
4. 简述铜管的氢病现象。

活动 2　操作弯管机

工作任务	操作弯管机	教学模式	任务驱动
任务描述	由于受到机舱位置限制及船体结构和机械设备形状等的影响，直管不可避免地弯成各种不同的形状的管子才能相互连接。本任务学习弯制管子使用的弯管机的操作。		
学习目标	知识目标	1. 了解弯管机的分类。 2. 熟悉使用弯管机操作的方法。	
	能力目标	1. 能够掌握弯管机的分类。 2. 能够掌握弯管机操作的工艺步骤。 3. 能够掌握弯曲变形的因素。	
	素质目标	1. 注重培养学生动手能力，能够展示学习成果，对工作过程进行总结和反思。 2. 注重培养学生质量意识和安全意识及规范操作的能力，与他人进行有效沟通和团结协作的能力。	
设备器材	个人防护用品、弯管机床、图纸等。		

知识充电站

弯管机的分类和介绍

1. 弯管机的分类

根据冷弯和热弯两大类弯管方法，有相应的两大类弯管机，即适用冷弯的弯管机和适用热弯的弯管机。按其转动部分的动力种类可分为液压弯管机和电动弯管机；按操作方法可分为机械弯管机和数控弯管机。冷弯类弯管机按是否采用芯头防皱和保证椭圆度可分为有芯弯管机和无芯弯管机。有些小型弯管机，针对不同规格的管子，既可作有芯弯管机，也可作无芯弯管机。热弯类弯管机按加热方法可分为中频弯管机和火焰弯管机。

2. 弯管机的性能和参数

弯管机的性能包括弯管方法、传动动力、操作方法、旋转方向等；变管机的参数包括弯曲半径、前后夹长度、插芯长度等，具体的性能和参数可参见相关弯管机的使用说明书。

常用弯管机简介

1. 电动、机械操作、冷弯、无芯弯管机(电动无芯弯管机)

电动无芯弯管机是应用最早的一种弯管机，也是最基本的弯管机，其他形式的弯管机都是由它发展变化而来的。电动无芯弯管机主要由传动部分(机内)和弯曲部分(机外)组成。

2. 液压塞芯弯管机

液压塞芯弯管机的回转机构主要有回转油缸和油电动机两种。使用回转油缸的液压弯管机的扭矩较大，适用弯制公称直径为 100 mm 以上的大直径管子；使用油电动机的液压弯管机结构简单，但扭矩较小，只适用弯制小直径管子。

液压塞芯弯管机就是在管子内部增加了一根柱塞式芯棒——塞芯，塞芯由头部和尾部(拉杆)两部分组成。为了保证管子的导向和防止弯管的芯棒的偏斜，芯棒的头部做成圆柱，其长度一般为 300～400 mm，直径比管子内径小 1～2 mm。常用的芯棒头部端面为球形，如图 2-22 所示。球形芯棒的优点是适用性强，可用于同一内径而不同弯曲半径的管子的弯曲，制造和调整方便。

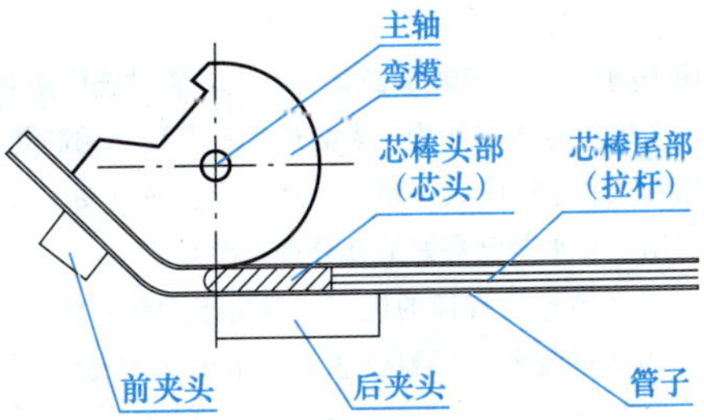

图 2-22　球形芯棒和前置量 K 示意

弯管时，弯模一面转动。一面带动管子前进，在前夹头和压紧模(滑槽)的作用下，管子被弯曲而绕在弯模上。在整个弯曲过程中，塞芯头部始终被拉杆固定在一个位置上，这个固定位置很重要，它直接影响弯管的质量。根据弯管实践，塞芯位置固定在起弯点前面一些，即保持一个正确的前置量 K。前置量(超前值) K 就是塞芯位置超过起弯点的距离。正确调节前置量 K 值大小就可以控制管子变形的变化。前置量 K 值大，椭圆度小、管壁薄；前置量 K 值小，椭圆度大、管壁厚。

因此，当管子椭圆度过大时，则应将塞芯向前伸出一些；当管子管壁过薄甚至破裂时，则应将塞芯向后缩进一些。前置量 K 的大小取决于管子的材料、直径、壁厚、弯曲半径、塞芯外径和管子内径之间的间隙、塞芯形状及弯管机等因素，确切的数值应根据试验而定。只要保持适当的前置量，就可以保证获得良好的弯管质量。

3. 液压、数控、冷弯弯管机(数控弯管机)

数控弯管机是应用电子数字控制技术的加工设备。其能按照规定的程序和尺寸要求自动进行管子弯制工作，实现管子弯管自动化，减轻劳动强度，提高生产效率和管子弯管精度。

针对不同规格的管子，数控弯管机可进行有芯弯管或无芯弯管。

数控弯管机主要由按规定程序发出指令的控制设备和执行指令的数控弯管机床两大部分组成。其实物如图 2-23 所示。

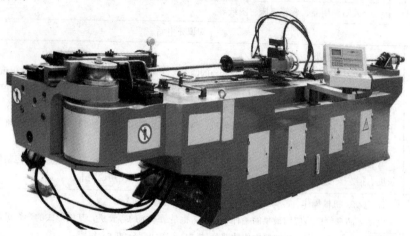

图 2-23　某液压数控弯管机实物

数控弯管机的弯管程序，根据所需弯制管子的形状、法兰螺孔位置、管子延伸率和弯角回弹率、弯管机工作规则等参数编制，提供弯角、送给长度、转角的数据。

数控弯管机床通过程序和电子液压系统分别对弯管指令和机床机构进行程序控制，从而达到能自动地按编码程序进行协调配合工作。

4. 中频弯管机

中频弯管机是热弯无芯弯管机，传动部分动力种类可以是液压，也可以是电动，操作方式可以是数控，也可以是机械操作。

中频弯管机是利用中频(800~2 500 Hz)交变电流，通过感应圈对金属管子作用而产生感应电流，由于感应电流的涡流作用，在极短时间内使管子表面产生一段狭窄的高热区(950 ℃左右)。产生一条 15~25 mm 宽的狭窄热带。根据管径和壁厚的具体情况，随时调整输出功率，达到弯曲温度后，就可以开动弯管机床进行弯管工作，同时用冷却水对已弯好的部分进行冷却。

中频弯管机具有方便调节弯曲直径的优点，但由于中频弯管机要用冷却水对已弯好部分进行冷却，因而会发生弯曲后产生裂纹的现象，一般仅适用弯制 10 号无缝钢管。对于 20 号无缝钢管，弯曲后应做退火处理。

	任务实施	
管子弯曲施工步骤	（1）确认管子规格、编号与零件图符合；吊住管重心，插入芯棒。 （2）对照弯曲半径表及曲半径反弹修正表后，正确无误地画线。 （3）注意手脚不要被夹在弯模和压模之间。 （4）对照角度反弹表正确设定角度，再确认芯棒位置。 （5）松开吊带，确认管旁无人无物后作业。因管端头有可能落下来，先用吊机吊着或手扶。 （6）弯制结束后，弯模和芯棒应放在指定位置，并保养。 （7）有色金属管应使用专用弯管机，并采取可靠保护措施。 （8）管子弯曲半径，一般不小于 3 倍管子外径，在管路布置比较紧凑的地方，在保证弯管质量前提下，允许小于 3 倍管子外径，较小弯曲半径的管子，应采用定型弯头。 （9）弯曲焊接钢管和镀锌钢管时，应尽量将焊缝安置在因弯曲而引起变形的最小方位上，如图 2-24 所示。在弯立体弯头时，也应适当考虑焊缝的位置。 （10）管子弯曲后，允许有均匀折皱存在，但其高度不得超过管子的实际外径的 2%，对于通径 65 mm 以下的管子应予消除。	   图 2-24　管子弯曲的操作

任务总结

本任务主要介绍了利用数控弯管机床弯制管子的施工过程，主要从管子规格的确认、画线、弯制及其注意事项的具体实施步骤加以阐述。

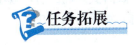

一、管子弯曲变形的现象

在一段金属直管上画几条垂直等分线，将这段直管弯曲成 U 形弯后，可以发现管子外侧部分的垂直等分线的距离增大了，内侧部分的垂直等分线的距离缩短了，而其中间部分的垂直等分线的距离基本上没有变化，如图 2-25 所示。

金属材料在外力作用下要发生形变，受拉伸力的作用，金属材料就要伸长；受挤压力的作用，

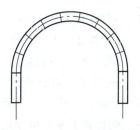

图 2-25　金属管子的弯曲变形

金属材料就要缩短。对U形弯来说，其外侧部分是受拉伸力的作用，内侧部分是受挤压力的作用，其中间部分（中性层）基本上没有受到力的作用。进一步分析还可以发现外层由于受拉力作用管壁减薄；里层受压力作用管壁增厚。这个形变的大小与管壁同中性层的距离成正比，即距中性层越远变形越大，越近变形越小，同时，还与管子弯曲处所受的应力的大小成正比，最大的应力将集中在内、外管壁上。

管子弯曲变形因素

在分力、合力的作用下，引起管子弯曲处的变形，使断面由圆变为椭圆。

二、管子弯曲的四种变形

管子弯曲以后会产生外侧管壁减薄、内侧管壁增厚、截面变为椭圆和缩径四种变形现象。

1. 外侧管壁减薄

管子弯曲时，外侧管壁由于受拉伸力作用，管壁就伸长而减薄。管壁的减薄可能直接导致弯管时管子的断裂。由于管壁的减薄，降低了管子的承压强度，在承受高压的情况下，容易发生胀裂的现象。

管子减薄率：

$$R = \frac{\delta - \delta_0}{\delta} \times 100\%$$

式中　R——管子减薄率(%)；

δ_0——管子弯曲前的平均壁厚(mm)；

δ——管子弯曲后的平均壁厚(mm)。

要求管子减薄率$R \leqslant 20\%$。

2. 内侧管壁增厚

管子弯曲时，内侧管壁受挤压力作用，管壁就压缩而增厚，此挤压力不仅使管壁产生压缩变形，而且在很大程度上使管壁产生折皱变形。

管壁的折皱减小了管子的流通截面，增大了流体的流动阻力系数，破坏了金属组织的稳定性，容易产生腐蚀现象。因此，大直径薄壁管的折皱高度不得超过实际外径的3%，公称通径65 mm以下的管子折皱应予消除。

3. 截面变为椭圆

管子弯曲时，受弯曲应力的作用，其截面由圆形变为椭圆。管子截面变为椭圆后，减小了流通截面，增大了流体的压力损失。因此，钢管的椭圆度不超过7%，铜管不超过5%。

管子椭圆度：

$$E = \frac{a - b}{D_w} \times 100\%$$

式中　E——管子椭圆度(%)；

a——截面处最大长轴尺寸(mm)；

b——截面处最小短轴尺寸(mm)；

D_w——管子弯曲前的外径(mm)。

对管子截面进行受力分析时，可以发现截面上有四个点在变形前后的位置保持不变。由于这些点的位置不变，可以认为它们基本上没有受到弯曲应力的作用，这四个点就称为"零点"。各零点的纵向延伸线称为"安全线"。由于有缝钢管焊缝处的强度最弱（约占无缝钢管的80％)，安全线上受力最小，因此，在弯制有缝钢管时，应将焊缝置于安全线上，防止管子弯曲时发生裂缝或断裂现象。

4. 缩径现象

管子弯曲时，由于弯曲部分金属材料强度的影响而产生缩径现象。这样，减小了管子的流通截面，增大了管内流体的流动阻力。因此，收缩率(缩径度)不小于95％。

收缩率：

$$S=\frac{a+b}{2D_w}\times100\%$$

式中的 a、b、D_w 同上式。

三、影响管子弯曲变形大小的因素

管子弯曲以后，都要发生上述的四种变形，但变形的大小程度是不同的，管子弯曲变形主要与管子直径 D、弯曲角 α 和弯曲半径 R 有关。

(1)与管子直径 D 成正比。即用相同的弯曲半径、弯同样角度时，大管子的变形大，小管子的变形小。

(2)与弯曲角 α 成正比。即用相同的弯曲半径弯同一根管子时，弯曲角度大的变形大，弯曲角度小的变形也小。

(3)与弯曲半径 R 成反比。即相同管子弯同样角度时，弯曲半径大的变形小，弯曲半径小的变形大。

注：在管系放样中，弯曲角 α 用角度表示，此处用弧度是为了叙述的方便。

● 学习成果测评与总结

一、学习成果评价单

学习成果名称		操作弯管机		完成限时		60分钟			
场地、设备及工量具									
小组人员分工									
任务评价	自我评价	1. 通过本任务学习，我学到的知识点和技能点：_____。 存在问题：_____。 2. 在本次工作和学习的过程中，我的表现可得到： □优 □良 □中 □及格 □不及格							
	小组互评	项目人员	组长	组员1	组员2	组员3	组员4	组员5	组员6
		认真倾听、互助互学							
		合作交流中解决的问题							
		成员参与度							
		备注：请根据组员表现情况评分，优秀5分、良好3分、合格1分、不合格0分。							
	教师评价								

二、自我分析与总结

学生改错：	学生学会的内容：

练习与思考

1. 常用的数控弯管机有哪些？
2. 管子弯曲操作的具体施工步骤有哪些？
3. 船舶管子在弯曲时候会发生哪些变形？变形和哪些因素有关？有什么关系？

学习笔记：

任务2.3 校管工艺

活动1 平台校管法兰

工作任务	平台校管法兰	教学模式	任务驱动
任务描述	利用法兰定规、水平尺、角度尺、重锤等工具，将管子按一定的要求放置于平台上，进行法兰的定位工作。		
学习目标	知识目标	1. 掌握管子校对的工艺方法。 2. 掌握使用法兰定规、角度尺等的方法。	
	能力目标	1. 能够按照正确的校管操作规程定位法兰。 2. 能够掌握平台校管的工艺步骤。 3. 能够掌握法兰画线的工艺方法。	
	素质目标	1. 注重培养学生动手能力，能够展示学习成果，对工作过程进行总结和反思。 2. 注重培养学生质量意识和安全意识及规范操作的能力，与他人进行有效沟通和团结协作的能力。	
设备器材	法兰、法兰定规、水平尺、角度尺、重锤等工具。		
知识充电站			

管子校对的工艺方法

按修船造船的不同形式，画线与校管工作可分为平台校管、靠模校管和现场校管。

平台校管是在主管上装配搭焊式法兰的另一种方法（图2-26）。它是根据管子数值零件图上的法兰螺孔角数据，用在法兰面上画线的方法（图2-27），利用法兰定规、水平尺、角度尺、重锤等工具，将管子按一定的要求放在平台上，进行法兰的定位工作。

(1)平台校管可以适用于任何标准的搭焊圆法兰、任何形状的管子，可以同时制造使用不同标准法兰的管子，能适应按托盘为单位对不同船舶同时加工的生产方式。另外，平台校管利用转动法兰来确保管子与法兰螺孔的相对位置。因法兰较轻，加工时较省力，利用法兰定规做检测工具能保证法兰与管子的垂直度。

图2-26 平台校管法兰

(2)校管的一般要求。

1)管子端部应平齐，毛口应用锉刀去除。

2)管子表面应清洁，焊接部位的氧化层、油污须擦净，并用砂低磨出金属光泽。

3)管子承插入焊接松套法兰、三通、异径接头的尺寸，如果在零件图上注明的应按图施工，在零件图上未注明或无零件图的情况下，对有承插限位的应尽量靠近限位，间隙不大于1 mm，对无承插限位的（如异径接头小端、异径三通），应伸到附件直段部和变径部交界处，伸入的尺寸不小于管子壁厚的5倍。

4)管子和附件之间的间隙应均匀。

图2-27 水平尺

续表

弯管螺孔角转角确定	将带有法兰的管段 P_1、P_2 与相邻管段 P_2、P_3 组成平面 $P_1P_2P_3$，并以此平面为基准面，将平分法兰两相邻螺孔的直线 P_1F 与 P_1P_2 组成平面 P_1P_2F，平面 P_1P_2F 与基准面 $P_1P_2P_3$ 所组成的夹角 ω 即法兰螺孔的转角（图 2-28）。转角方向的（＋）（－）号规定：人朝着法兰面看（图 2-29），从基准面出发，当旋转角度 ω 时，基准面与平面 P_1P_2F 重合，如果以顺时针方向旋转，则 ω 的符号为（＋），逆时针时为（－）。 管子加工-校管	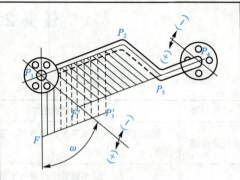 图 2-28 弯管法兰螺孔转角表示 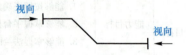 图 2-29 法兰螺孔转角视向规定
直管螺孔角转角确定	通过直管 P_1P_2 任意作一平面 $P_1P_2P_3P_4$，并以此平面作为确定管端两个法兰螺孔转角的公共基准面，把平分 P_1 端法兰两相邻螺孔的直线 P_1F 与 P_1P_2 组成平面 $P_1P_2F'F$，平面 $P_1P_2P_3P_4$ 与 $P_1P_2F'F$ 组成的夹角 ω_1，即 P_1 端法兰螺孔的转角。同样用平分 P_2 端法兰两相邻螺孔的直线与 P_1P_2 组成的平面与基准面之间的夹角 ω_2 即 P_2 端法兰螺孔的转角，如图 2-30 所示。 为了方便起见，公共基准面往往选择其中一个法兰螺孔平分线与直管组成的平面，这样这个法兰螺孔的转角为 0。 转角方向的（＋）（－）号规定与弯管法兰螺孔转角方向（＋）（－）号规定相同。	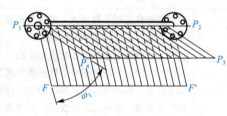 图 2-30 直管法兰螺孔转角表示
任务实施		
法兰定位实施步骤	(1) 切割管子的余量。 1）对于直管，管子在第一次下料时已是无余量切割。 2）对于弯管，由于考虑到前后夹头尺寸可能留有一定的工艺余量，在校法兰前必须切除。 (2) 根据法兰定位的需要，将管子放置于平台上，直管放在平台上的两只元宝铁上，并用水平尺检查管子水平度；弯管的首段（或尾段）和相邻管段同时放在平台上的元宝铁上，元宝铁的数量以三只为宜，并用水平尺检验由这两段管段组成的平面水平度。 (3) 根据零件图上的法兰螺孔转角在法兰密封面上画线。	

法兰定位实施步骤	如图 2-31 所示，转角器上指示的角度与数值零件图上的法兰螺孔转角相同，使角度尺的一边对准两只相邻螺孔的公共切线，用细石笔沿角度尺的另一边在法兰密封面上画出线条。 （4）将法兰套管子，使法兰面与管子端部留有焊接端距。 （5）用重锤检查法兰螺孔转角，使法兰面上画出的线条垂直向下，如图 2-32 所示。 （6）选择一点进行定位焊，第一点定位焊的位置通常选在管子的正上方。 （7）用法兰定规从上下左右两个位置检查法兰和管子的垂直度，如图 2-33 所示。 （8）继续进行定位焊。定位焊的点数以对称四点为宜，定位焊的次序如图 2-34 中的 $A \to B \to C \to D$，大口径管子考虑防止变形和安全，可适当增加定位焊数量。	 图 2-31　转角器  图 2-32　重锤检查法兰螺孔转角  图 2-33　法兰定规检查法兰和管子垂直度
定位焊要求	定位焊的方式以二氧化碳气体保护焊为宜，可减少焊条对法兰的撞击力。 公称通径不同，定位焊接的点数和焊接长度不同，焊接的高度也不一样。具体可以见任务拓展。	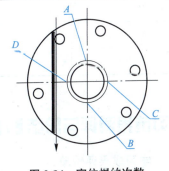 图 2-34　定位焊的次数

任务总结

本任务主要介绍了在平台上装配法兰的工艺方法，主要从法兰螺孔转角的确定、法兰定位焊实施的步骤和定位焊接的要求加以阐述。

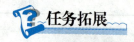**任务拓展**

定位焊要求见表 2-3。

表 2-3　定位焊要求

公称通径	定位焊点数	焊缝长度	焊缝高度
10	4	7	5
15			
20			
25			
32			
40			
50		10	6
65			
80			
100			
125		15	7
150			
200			
250			9
300			
350	8	20	
400			10
450			
500 及以上			

学习成果测评与总结

一、学习成果评价单

学习成果名称	平台校管法兰	完成限时	60分钟
场地、设备及工量具			
小组人员分工			

续表

学习成果名称		平台校管法兰		完成限时			60分钟		
任务评价	自我评价	1. 通过本任务学习，我学到的知识点和技能点：_____。 存在问题：_____。 2. 在本次工作和学习的过程中，我的表现可得到： □优　□良　□中　□及格　□不及格							
	小组互评	项目人员	组长	组员1	组员2	组员3	组员4	组员5	组员6
		认真倾听、互助互学							
		合作交流中解决的问题							
		成员参与度							
		备注：请根据组员表现情况评分，优秀5分、良好3分、合格1分、不合格0分。							
	教师评价								

二、自我分析与总结

学生改错：	学生学会的内容：

练习与思考

1. 如何根据零件图上的法兰螺孔转角在法兰密封面上画线？
2. 如何利用法兰定规检验管子的垂直度？
3. 校管法兰时定位焊有什么具体要求？

活动2 制作与装配支管

工作任务	制作与装配支管		教学模式	任务驱动
任务描述	利用法兰定规、水平尺、角度尺、重锤等工具,将管子按一定的要求放置于平台上,进行制作与装配支管工作。			
学习目标	知识目标	1. 了解支管的制作方法。 2. 了解主管的开孔方法。		
	能力目标	1. 能够按照正确的校管操作规程装配支管。 2. 能够掌握支管的装配步骤。		
	素质目标	1. 注重培养学生动手能力,展示学习成果,对工作过程进行总结和反思。 2. 注重培养学生质量意识和安全意识及规范操作的能力,与他人进行有效沟通和团结协作的能力。		
设备器材	法兰、法兰定规、水平尺、角度尺、重锤等工具。			

知识充电站

管子支管制作介绍	支管制作以直支管使用展开法为例。 支管制作示意如图2-35所示。制作步骤如下: (1)根据主管及支管的规格,制作支管马鞍样板,并在样板上标出周长的四等分线,四等分线应处于样板的最长和最短位置,如图2-35中AA、BB、CC、DD(EE与AA重合)所示。 (2)在管子上用样板画出切割线及圆周四等分线,圆周四等分线段上用冲打上标记,画出切割线时要考虑好支管长度。 (3)切割马鞍,开好坡口,磨去毛刺。 (4)法兰定位。定位时要注意法兰螺孔与支管圆周四等分线的相对位置之间的关系。支管圆周四等分线与法兰孔的关系如图2-35(d)所示(AC平分二螺孔间距)。如有特殊要求时,按说明栏内容及草图装配。法兰定位时还要留有焊接端距及用法兰定规检查法兰与管子的垂直度。	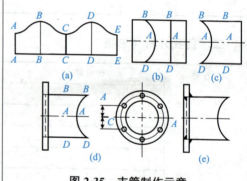 图2-35 支管制作示意

任务实施

支管装配实施步骤	支管装配示意如图2-36所示。其装配步骤如下: (1)根据主管外径及支管内径,制作在支管孔样板,并在样板上画出垂直相交的两根直线,如图2-36(a)中的AC、BD所示。 (2)根据零件图上支管的定位尺寸,在主管画出支管定位的十字中心线,如图2-36(b)中的AA、BB、CC、DD,并用样冲打上标记,然后按样板画出切割线。 (3)按切割线进行主管开孔,用砂轮将孔磨光顺。 (4)根据支管和主管上的样冲标记,进行支管定位,使支管上的四等分线与主管上的十字线对准。在第一点定位焊后,用直尺检查法兰螺孔位置。对于法兰面水平的管子,可用水平尺检查法兰的水平度,如图2-36(d)所示。支管装配如图2-37所示。 (5)继续进行定位焊。与主管垂直,但与水平面成倾斜角的支管,可以采用以下方法确定主管上的开孔位置: 1)利用角度仪,角度仪使用方法,如图2-38所示。

支管装配实施步骤	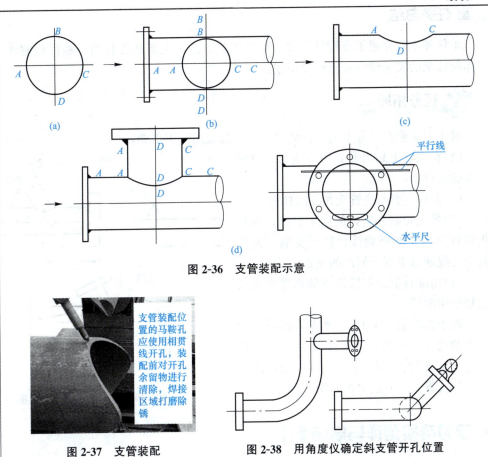

图 2-36 支管装配示意

图 2-37 支管装配　　图 2-38 用角度仪确定斜支管开孔位置

支管装配位置的马鞍孔应使用相贯线开孔，装配前对开孔余留物进行清除，焊接区域打磨除锈

2)利用角度尺，按支管与水平面的倾斜角调整好角度，将角度尺一边水平放置，目测另一边与支管的平行度，图 2-39 所示为用直角尺测量垂直度。

3)以主管水平线或垂直中心线为基准线，计算支管中心线距基准线在主管外圆上的弧长，找出支管与主管相贯线的水平中心线。

在大口径支管装配时，如果因支管椭圆形使支管内壁与主管上孔未能对准时，可以用螺栓将支管向外顶撑。

图 2-39 用直角尺测量垂直度 |

任务总结

本任务主要介绍了支管制作与装配的工艺方法,主要从支管的马鞍样板制作、支管的制作与装配的实施步骤要求加以阐述。

任务拓展

对于斜支管在主管上的开孔划线,一般都采用以下步骤:

(1)在主管上划出支管中心线与主管中心线的交点;

(2)制作支管与主管交角 α 的样板;

(3)将支管制作后,放到主管上,用样板检查交角 α 的准确性,移动支管,使支管中心线通过主管上划出的交点;

(4)用细石笔或划针沿支管内壁在主管上划出切割线。

对于初学者,划线位置容易搞错,图纸上的尺寸指主管、支管中心线交点的尺寸,不是支管中心线与主管外壁交点的尺寸,斜支管划线方法示意如图 2-40 所示。

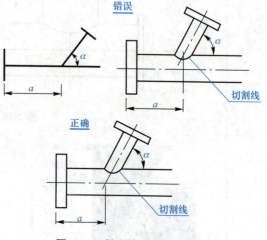

图 2-40 斜支管划线方法示意

学习成果测评与总结

一、学习成果评价单

学习成果名称	制作与装配支管		完成限时		60 分钟			
场地、设备及工量具								
小组人员分工								
任务评价	自我评价	1. 通过本任务学习,我学到的知识点和技能点:_____。 存在问题:_____。 2. 在本次工作和学习的过程中,我的表现可得到: □优 □良 □中 □及格 □不及格						
	小组互评	项目人员	组长	组员1	组员2	组员3	组员4	组员5	组员6
		认真倾听、互助互学							
		合作交流中解决的问题							
		成员参与度							
		备注:请根据组员表现情况评分,优秀5分,良好3分,合格1分,不合格0分。							
	教师评价								

二、自我分析与总结

学生改错：	学生学会的内容：

练习与思考

1. 管子支管制作步骤有哪些？
2. 管子支管装配步骤有哪些？
3. 简述斜支管在主管上的开孔划线工艺步骤。

学习笔记：

任务2.4 焊接打磨管子

工作任务	焊接打磨管子	教学模式	任务驱动
任务描述	在船舶管路系统中,管子承担着机械设备、器具、附件之间的连接任务。由于受到机舱位置限制及船体结构和机械设备形状等的影响,直管不可避免地弯成各种不同的形状才能相互连接。为了保证连接后的工作质量和准确尺寸,应该学会对管子进行焊接打磨操作。		
学习目标	知识目标	1. 掌握管子焊接的工艺方法。 2. 掌握确定打磨的工艺。	
	能力目标	1. 能够掌握管子焊接的工艺步骤。 2. 能够掌握管子打磨的工艺步骤。	
	素质目标	1. 注重培养学生动手能力,能够展示学习成果,对工作过程进行总结和反思。 2. 注重培养学生质量意识和安全意识及规范操作的能力,与他人进行有效沟通和团结协作的能力。	
设备器材	安全帽、防护眼镜、焊接材料及电焊机、砂轮机等工具。		
知识充电站			
焊接作业步骤	焊接作业步骤如图2-41所示。 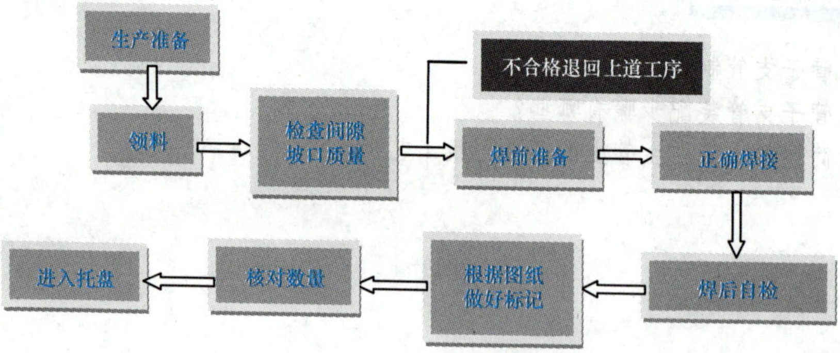 生产准备 → 领料 → 检查间隙坡口质量 → 焊前准备 → 正确焊接 → 焊后自检 → 根据图纸做好标记 → 核对数量 → 进入托盘 (不合格退回上道工序) 图2-41 焊接作业步骤		
焊接过程质量控制要求	1. 焊接材料 (1)焊丝、焊条和焊剂应符合有关标准的规定或经船检部门认可,所有材料应具有制造厂的产品合格证。 (2)焊丝、焊剂应存放于干燥通风的室内,严防焊丝生锈和焊剂受潮。焊丝在使用前盘入焊丝盘时应清除焊丝上的油污、杂质,焊剂在使用前应进行烘干。 (3)焊条在使用前,应根据焊条说明书规定进行烘干。 2. 焊前准备 (1)焊接部位应清洁干净,无油漆、油、锈、氧化皮或其他对焊接质量有害的腐蚀物。 (2)点焊定位的焊渣和多层、多道焊前上道的焊渣都要清除干净。 (3)根据管子材料、管子壁厚和焊缝尺寸要求,选择不同直径焊条和焊接电流,所选用焊接材料的强度应不低于母材强度的下限。 3. 工艺措施 (1)为防止法兰焊接后法兰面过度变形,对于$DN \geqslant 500$的管子,法兰焊接先焊内圆,后焊外圆,每焊四分之一圆周就更换焊接位置。 (2)隔层式套管贯通件,为降低焊缝应力,也采用图2-41所示的焊接作业步骤。		

焊接过程质量控制要求	(3)多层多道焊起点和终点错开50～100 mm。 (4)主机滑油管、主机燃油管、液压油管的对接接头采用氩弧焊封底，在盖面焊时，应控制焊接电流，防止封底焊缝熔化渗入管子内部。 (5)对于二次组立管的第二次焊接，宜安排高技术工人施焊，以取得良好的焊缝成形。
焊接技术要求	1. 法兰 法兰焊接要求见相应的法兰标准(后面任务拓展具体列出)。 2. 对接接头 对接接头焊接的技术要求如图2-42所示。 对于需投油的Ⅲ级管，如主机滑油管、艉管滑油管等，S的允许量同Ⅱ级管。  | 管子级别 | S的允许值 | |---|---| | 内有衬层的Ⅰ级管 | 0～+1 | | 其他Ⅰ级管 | 0～+3 | | Ⅱ级管 | −0.5～+2.5 | | Ⅲ级管 | 无限制 | **图2-42 对接接头焊接的技术要求** 3. 支管和管座 支管内部的焊缝如果成形不良，且有条件在支管内部焊接的，应在支管内部补焊。 4. 套管 (1)$DN \geqslant 40$的套管一端需双面焊，内面焊缝高度无限制。 (2)套管端部焊缝高度要求如图2-43所示。 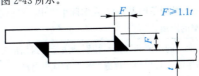 **图2-43 套管端部焊缝高度要求** 5. 贯通件复板 贯通件复板的焊缝高度要求如图2-44所示。  **图2-44 贯通件复板的焊缝高度要求** 6. 特涂管 特涂管焊接，注意避免产生气孔及严重的突起，法兰焊缝隆起部分要充分，法兰内圆焊缝不要形成凹形。支管内部焊缝要光滑，不要有凹陷。

续表

打磨作业步骤	打磨作业步骤如图2-45所示。 生产准备 → 领料 → 管件摆放平稳 → 打磨 → 检查整理 ↔ 不合格退回上道工序 检查整理 ↔ 进入托盘 图2-45 打磨作业步骤
打磨常用工具及其用途	打磨常用工具及其用途见表2-4。 表2-4 打磨常用工具及其用途　　　　　　　　　　　　mm | 工具 | 用途 | |---|---| | 直角气动砂轮机，安装 ϕ125 mm 铍形砂轮 | 磨 $DN \geqslant 15$ 管子外部（法兰外圆焊缝和对接焊缝外部）；磨 $DN \geqslant 125$ 管子法兰圆焊缝内部 | | 直线气动砂轮机，安装 ϕ150 mm 圆柱形砂轮 | 磨 $DN \geqslant 400$ 管子内部对接缝 | | 直线气动砂轮机，安装 ϕ60 mm 圆柱形砂轮 | 磨 $DN65 \sim 350$ 管子内部对接缝 | | 直线气动砂轮机，安装硬质合金旋转锉 | 磨 $DN \leqslant 100$ 管子法兰内圆焊缝；$DN \leqslant 50$ 管子内部对接缝 | | 钢丝刷 | 刷焊缝区飞溅和氧化铁 | | 冷风皮带 | 吹除打磨产生的粉尘 | 砂轮机的用途在一般情况下同表2-4，在实际生产中，只要能使用即可，无明显界限，砂轮机可以通过加装接长杆延伸打磨的距离。
打磨质量要求	(1)去除黏附在法兰面上的熔渣和飞溅，特别是法兰密封面部分。 (2)去除焊接部位的熔渣，对焊瘤和焊缝特别厚的地方打磨，使焊缝外表均匀。 (3)去除焊缝周围的焊接飞溅。 (4)对特涂管，还须满足以下要求： 1)法兰内圆焊缝、支管内部焊缝及主管上支管孔四周磨出 $R > 3$ mm 的圆角。 2)管子表面有凹陷处磨出 $R > 10$ mm 圆角。 3)外表面也需特涂的管子，则外表面焊缝也要打磨光顺，法兰角焊缝磨出 $R > 3$ mm 圆角。 4)打磨后发现气孔，则须补焊，并再打磨。
打磨质量检查	打磨后，用冷风吹净打磨产生的微粒，然后用照明工具检查管子内部是否存在打磨不合格或遗漏的地方，对打磨后发现的焊接缺陷应通知焊工修补，修补后继续打磨。
任务实施	
管子焊接实施步骤	(1)焊前检查管子装配质量，对于明显管子与法兰平面不垂直，以及管子与弯头或异径对接错位的，应退回上道工序。 (2)多层多道焊的焊缝其接头应错开（图2-46），焊缝两侧(内外壁)各 25 mm 范围的表面要清洗干净，不能有油漆、油、锈、氧化皮或其他对焊接质量有害的腐蚀物；定位焊的焊渣和焊接缺陷都要清理干净。 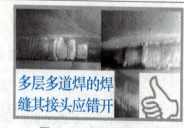 图2-46 多层多道焊缝

续表

管子焊接实施步骤	（3）所使用的焊接材料应符合 WPS 和母材的材质，WPS 必须粘贴在焊接现场以指导施焊。 （4）焊接顺序：管子的焊接，要求对称进行，以减少变形。水平可转动管子的焊接按图 2-47 所示的顺序进行；水平固定管子的焊接按图 2-48 所示的顺序进行。先焊内部角焊缝，再焊外部角焊缝。 （5）除焊接工艺有特殊要求外，每条焊道应一次连接完成。如因故被迫中断，应采取防裂措施。再焊时必须检查，确认无裂纹后方可继续施焊。 （6）不得使用强制冷却措施对管件进行降温，防止管件因温度骤变产生裂纹。焊接时必须注意不得破坏法兰端面。 （7）按照工艺质量要求进行无损探伤和强度试验。	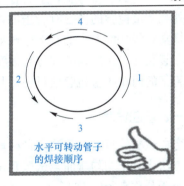 图 2-47 水平可转动管子的焊接顺序 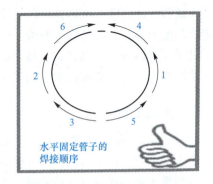 图 2-48 水平固定管子的焊接顺序
管子打磨实施步骤	（1）按砂轮及气动工具说明书，正确安装砂轮，并戴好防护眼镜，如图 2-49 所示。 （2）固定管子，确保打磨时管子不会晃动。 （3）试转砂轮，新换砂轮空转 3 min，非新换砂轮空转 1 分钟。 （4）打磨，当使用铰形砂轮时，砂轮与工件成15°～30°。 （5）控制好砂轮对工件施压力度，注意施压过重会造成砂轮破碎产生事故。 （6）打磨结束后，关闭气源，等砂轮停止旋转后再将砂轮机拆下放专用架子上。	 图 2-49 打磨操作

任务总结

本任务主要介绍了管子焊接和打磨的工艺方法，主要从焊接打磨作业的内容、焊接打磨的技术要求及焊接打磨具体实施步骤加以阐述。

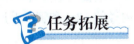

管路质量检验

用于船舶的管材除化学成分和机械性能必须符合国家和各部颁发标准外，根据需要还应做一些必要的质量检验，主要有外观质量检验和内在质量检验两大项。

外观质量检验的内容有管子的内外壁表面是否有裂纹、针孔、气泡、划伤、夹渣、起皮及蜂窝状锈蚀坑等，如有上述现象之一者就应列为不合格的管子不能使用。因为在管子上存在裂纹等上述缺陷的部位其强度就会大大降低，也就意味着管子的使用寿命缩短。

管子的内在质量检验项目有弯曲、扩口、翻边、压扁、氢病(铜管)等试验。

一、弯曲试验

弯曲试验的目的，是测定管材弯曲成规定尺寸和形状的能力，试验可在弯管机上或用人工方法将管子均匀弯曲至试验角度，成形后其弯曲部位任何一部分的外径最小尺寸，都不应小于公称直径的80%。

管子外径在60 mm以下时，须用冷弯方法进行试验，60 mm以上的管子，冷、热弯均可，视试验条件而定。试样长度的确定，以能满足弯曲成按有关技术条件规定的弯曲半径和弯曲角度为准，弯曲角度一般取90°为标准，如图2-50所示。

对于有缝钢管，如果在有关技术条件中没有明确指出管缝的摆放位置，则可任意放置。

试样经弯曲后其检验标准：如果在管壁表面上未发现裂纹即认为合格。

二、扩口试验

扩口试验的目的，是测定管子直径扩大到一定程度时所引起的金属变形的能力。扩口须在冷态下进行，做扩口试验的钢管壁厚不超过8 mm，试样长度$L=1.5D+50$ mm，试管两端应与管子中心线垂直，试验时，先将试管垂直放在平台上(带凸肩试验稳性好)，然后将锥度为1/10的圆锥形芯棒压入试样管内，如图2-51所示。

有关的技术条件都规定了各种管子的扩大值，通常管子壁厚$\delta \leqslant 4$ mm时，扩大值取管子外径的8%~10%，管壁厚$\delta > 4$ mm时，扩大值取管子D的5%~6%。扩大值计算公式：

$$扩大值 = \frac{d_1 - d_0}{D} \times 100\%$$

式中　　d_1——扩大以后的钢管内径，mm；

d_0——钢管原内径，mm；

D——钢管的原外径，mm。

检验标准：除扩大值应符合规定外，钢管扩口后试样也不得出现裂纹则视为合格。

三、翻边试验

翻边试验的目的，是测定管壁反折成规定角度时，管子变形的能力(一般只对D为30~59 mm的管子做这种试验)。

翻边试验可用整根管子进行，也可截取方便试验的任意长的一段管子进行，试验可用圆头的小锤轻轻敲击翻边部分或用锥形心棒进行卷边。同样管子的试验端面与管子中心线垂直。翻边折角α按规定可取90°和60°两种，翻边宽度H值取管子内径的12%和管子壁厚的1.5倍两个值中的最大者，如图2-52所示。

翻边达到各规定值(α、H)后且没有裂纹和裂口，则认为合格。凡是做翻边试验的钢管即可取消扩口试验。

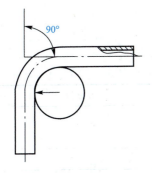 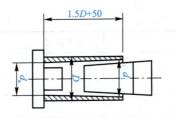 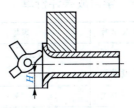

图 2-50　钢管的弯曲试验　　图 2-51　钢管的扩口试验　　图 2-52　钢管的翻边试验

四、压扁试验

对管子进行压扁试验的目的，是测定将管子压扁到一定尺寸时管子变形的能力。

截取一根长度约等于管子外径的管子试样，在冷态下用锤击或压力机将其压扁至管子内壁完全吻合或达到技术条件规定的距离 H 为止，如果此时管子没有发现裂纹则为试验合格，如图 2-53 所示。

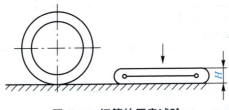

图 2-53　钢管的压扁试验

钢管压扁后的 H 值，按下式计算：

$$H = \frac{(1+\alpha) \cdot \delta}{\alpha} + \frac{\delta}{D} \quad \text{mm}$$

式中　δ——钢管的公称壁厚，mm；
　　　α——单位长度变形系数，合金钢 $\alpha = 0.09$；低碳钢 $\alpha = 0.08$；碳素钢 $\alpha = 0.07$。

对有缝钢管做试验时，管缝应置于压扁的面上。当钢管 $D < 22$ mm 和 $\delta > 10$ mm 时不做压扁试验。

五、铜管的氢病试验

由于工业铜中总是含有氧，它以 Cu_2O 的形式分布在晶粒边界上，Cu_2O 在高温氢气中会发生化学反应：

$$Cu_2O + H_2 \xrightarrow{400\,^\circ\text{C}} H_2O + 2Cu$$

由于铜管材料内含有数量超过 0.01% 的氧时，它与火焰内未经燃烧的氢相结合，使在材料晶格处产生水蒸气，水蒸气膨胀破坏了晶粒间的联系，使铜变脆甚至产生裂缝，人们把铜管的这种现象称为"氢病"。

"氢病"试验就是将铜管放进钢制容器内，不断充进高温氢气并保温 40 min，然后将试样进行压扁试验，检查是否出现脆裂现象，如没有，则证明管子没有"氢病"，即合格品。

学习成果测评与总结

一、学习成果评价单

学习成果名称		焊接打磨管子		完成限时		60分钟		
场地、设备及工量具								
小组人员分工								
任务评价	自我评价	1. 通过本任务学习，我学到的知识点和技能点：＿＿＿＿＿＿＿＿＿＿。 存在问题：＿＿＿＿＿＿＿＿＿＿。 2. 在本次工作和学习的过程中，我的表现可得到： □优　□良　□中　□及格　□不及格						
	小组互评	项目人员	组长	组员1	组员2	组员3	组员4	组员5	组员6
		认真倾听、互助互学							
		合作交流中解决的问题							
		成员参与度							
		备注：请根据组员表现情况评分，优秀5分，良好3分，合格1分，不合格0分。							
	教师评价								

二、自我分析与总结

学生改错：	学生学会的内容：

练习与思考

1. 如何根据工艺要求进行管子焊接的具体操作？
2. 管子打磨的质量要求有哪些？
3. 如何根据工艺要求进行管子打磨的具体操作？

学习笔记：

任务 2.5 打压试验管子

工作任务	打压试验管子	教学模式	任务驱动
任务描述	在船舶管路系统中，管子承担着机械设备、器具、附件之间的连接任务。由于受到机舱位置限制及船体结构和机械设备形状等的影响，直管不可避免地弯成各种不同的形状才能相互连接。为了保证连接后的工作质量和准确尺寸，应该学会对管子进行打压试验操作。		
学习目标	知识目标：1. 掌握管子打压试验的作用。 2. 掌握确定管子打压试验的方法。		
	能力目标：1. 能够掌握管子打压试验的目的。 2. 能够掌握打压试验的工艺步骤。		
	素质目标：1. 注重培养学生动手能力，展示学习成果，对工作过程进行总结和反思。 2. 注重培养学生质量意识和安全意识及规范操作的能力，与他人进行有效沟通和团结协作的能力。		
设备器材	安全帽、专用泵水装置(由水泵、托架、盲板、夹头、冷风皮带等组成)等工具。		
知识充电站			
试验设备用品	(1)专用泵水装置。该装置由水泵、托架、盲板、夹头、冷风皮带等组成。夹头夹紧方式可分为气动和手动两种。其中，气动夹紧方式需有气动换向阀和气缸，适用单件试验。将管子放到托架上，两端用盲板和夹头夹紧，一块盲板上装有进水管，另一块盲板上装有放气阀，进水管向管子内部灌水，此时放气阀打开，等空气全部排出后，关闭放气阀，然后用冷风吹净管子外壁上的水，用检验榔头轻敲焊缝处，观察焊缝有无渗漏。 (2)泵、盲法兰、螺栓、螺母、垫片、压力表、阀、冷风皮带等。 以上设备及用品用于"N"表上的管子试验。		
管子的打压强度试验	管子经过校管和法兰焊接以后，还要进行强度试验。试验目的是对管壁、支管、法兰等连接附件的焊接质量进行检查。强度试验一般用水(液)压试验，由于水是不可压缩的，升压快，而且试验管子稍有泄漏，压力立即下降，因此，检查方便、简洁、安全可靠。 打压试验压力的大小根据管子的技术条件而定，即由工作压力和介质温度决定。		
检查管子的外观质量	打压试验前，先检查管子的外观质量，除去焊渣、毛刺等。用于打压试验的密封垫片的内径必须略大于法兰内径，如果法兰焊缝等若有气孔或砂眼时，压力水就会从管端与法兰缝隙处渗出。若密封垫片内径小于法兰内径，恰好将管端缝隙遮住，再经螺栓拉紧后，缝隙被垫片完全封死，阻断了压力水的渗出，从而不能发现焊缝的缺陷。		

续表		
任务实施		
管子打压试验具体实施步骤	管子打压试验如图 2-54 所示。其具体实施步骤如下： （1）将试验管子的两端法兰用带有密封垫片的盲板夹紧，一端连接水泵，另一端（高端）连接排气阀。启动水泵并打开排气阀，直至水从排气阀溢出后关闭排气阀。此项工作一定要排尽空气，因为空气是比较容易压缩的，管内剩有空气时，加压时压力升高就很慢，而且当试验压力较低时，管子虽有泄漏现象，压力表的下降也很缓慢，不能马上看出压力变化。 （2）利用水泵逐渐地升高压力，升至规定试验压力时立即停泵。 （3）用压缩空气吹除管子表面的水滴，仔细检查支管、法兰及其他连接附件的焊接处有无渗漏现象。同时，检查压力表的读数是否下降。如果压力保持 5 min 不下降，管子、焊缝无渗漏时，则可认为试验合格。试验压力表的要求如图 2-55 所示。 如果发现渗漏，必须泄压后修正。 1）法兰、支管焊接处的渗漏可直接进行补焊。 2）一般用途的低压管子本身有裂缝，应在裂缝处先凿成 60°的三角槽后，再进行焊补。 3）高压管子一律不允许焊补，应换新。 焊补后的管子必须重做打压试验，直至完全合格为止。 为了提高工作效率，可以将不同管系但试验压力相同的管子串联在一起进行打压试验。 水压试验	 图 2-54 管子打压试验  图 2-55 试验压力表的要求

任务总结

本任务主要介绍了管子打压强度试验的内容和质量检查，主要从管子打压试验的试验目的和具体实施步骤加以阐述。

 任务拓展

打压试验技术规程

（1）按规定的试验压力进行打压试验，严禁超压试验，即使是短时间也不允许。

（2）管内压力超过 0.3 MPa 时，禁止再紧固附件或法兰螺栓。

（3）压力表应准确无误，其上限压力应是试验压力的 1.5～2 倍。

（4）试验管子有缺陷的，应很快地降低压力，标出缺陷位置，排空管内存水后进行焊补，严禁带压补焊。

（5）起泵后再缓慢而均匀地升压，不准忽压忽停，也不准有冲击现象。

（6）试验压力超过 2 MPa 时，不准突然泄压，防止产生管子变形。

学习成果测评与总结

一、学习成果评价单

学习成果名称	打压试验管子		完成限时		60分钟			
场地、设备及工量具								
小组人员分工								
任务评价	自我评价	1. 通过本任务学习，我学到的知识点和技能点：_____。 存在问题：_____。 2. 在本次工作和学习的过程中，我的表现可得到： □优　□良　□中　□及格　□不及格						
	小组互评	项目人员	组长	组员1	组员2	组员3	组员4	组员5	组员6
		认真倾听、互助互学							
		合作交流中解决的问题							
		成员参与度							
		备注：请根据组员表现情况评分，优秀5分、良好3分、合格1分、不合格0分。							
	教师评价								

二、自我分析与总结

学生改错：	学生学会的内容：

练习与思考

1. 如何根据工艺要求进行管子打压试验的具体操作？
2. 管子打压强度试验的目的有哪些？
3. 船舶管子在做打压强度试验时具体有哪些工具？

学习笔记：

任务2.6 清洗和表面处理管子

工作任务	清洗和表面处理管子	教学模式	任务驱动
任务描述	在船舶管路系统中,管子承担着机械设备、器具、附件之间的连接任务。由于受到机舱位置限制及船体结构和机械设备形状等的影响,直管不可避免地弯成各种不同的形状才能相互连接。为了保证连接后的工作质量和准确尺寸,应该学会对管子进行表面处理操作。		
学习目标	知识目标	1. 了解管子进行清洗的工艺方法。 2. 了解确定管子表面处理的方法。	
	能力目标	1. 能够掌握管子进行清洗和表面处理的工艺步骤。 2. 能够掌握表面处理后的质量检查。	
	素质目标	1. 注重培养学生动手能力,能够展示学习成果,对工作过程进行总结和反思。 2. 注重培养学生质量意识和安全意识及规范操作的能力,与他人进行有效沟通和团结协作的能力。	
设备器材	待处理管材、有机溶剂、酸、碳酸钠和硅酸钠的混合液、镀锌槽等。		
知识充电站			
试验管子化学清理	打压试验合格后的管子,还要进行清洗工作或表面处理,目的是清除管内杂质或提高管子的抗蚀能力。常用的有压缩空气吹除、酸洗和镀锌等方法。 1. 压缩空气吹除杂质 对清理质量要求不高的管系,一般可用压缩空气来吹除管内的机械杂质。吹除时,在管子四周特别是弯曲处要用手锤仔细敲打,使管内杂质和污秽脱落,便于压缩空气的吹除,对附在管内较牢固的杂质,一定要冲除干净,否则仍有损坏机件的危险。 2. 钢管的化学清洗 对清理质量要求高的管系,如燃油、润滑油、液压、压缩空气、蒸汽、制冷、油舱(柜)上的空气、测量、注入及主机淡水管等,除采用压缩空气吹除外,还要进行化学除锈处理(酸洗)。		
管子的镀锌	锌为浅灰色的金属,其化学性质很活泼,既溶于酸也溶于碱。在干燥的空气中,锌较稳定不易变色(氧化),而在潮湿空气或水中较易氧化,氧化后其表面会生成一层碱性碳酸锌或致密白色氧化物,这种表面生成物具有保护性,能保护内部的锌不进一步氧化。 钢管镀锌后,因为锌的电位比铁低,所以镀锌层对钢管为阳极性镀层,在锌层和钢管之间形成了锌—铁微电池。在水、蒸汽、二氧化碳等介质中,锌逐渐地放出电子而氧化,防止了钢管的氧化,使钢管少受或不受腐蚀,从而延长了钢管的使用寿命。因此,镀锌工艺在船舶管路上广泛使用,采用镀锌处理的管系有海水、淡水、舱底、压载、卫生水、凝水、消防、甲板冲洗等水管及二氧化碳和水舱的空气、测量、注入等管路。 目前,管子常用的镀锌方法有电镀锌和热镀锌两种。它们的前期准备工作相同。管子镀锌前,必须经过除油和酸洗处理,这两步工作非常重要,油类必须除尽,酸洗必须干净,否则将直接影响镀锌的质量。 (1)电镀锌是将经过除油和酸洗后的管子,放入盛满电解液的电镀槽内,槽内放置着高纯度的锌板。管子与直流电源的负极相接,锌板与正极连接,通电一段时间后,管子的表面就被镀上一层镀锌层,其厚度为30~40 μm。 (2)热镀锌是将经过除油、酸洗和烘干后管子浸入熔化的镀锌槽,经过几分钟后,管子表面就被镀上一层锌。热镀锌的镀层较厚,约为70 μm。为了提高镀锌层表面的美观,镀锌槽内还加入适量的铝,这样,镀锌后的管子表面就有了一层光亮银白色光泽。由于热镀锌具有费用低、周期短、镀层厚等优点,已逐步地取代了传统的电镀锌,而大量地被用于钢管等的镀锌工作。 镀锌后的管子,其内外表面镀锌层应光滑,不应有明显的漏镀、过烧、流挂、剥落、起泡、麻点、伤疤等缺陷,敲击时镀锌层不得连续剥落和脱离。		

	续表
镀锌管的质量检查	1. 镀锌管的常见缺陷 (1)管子内部有锌渣； (2)镀锌流挂； (3)法兰密封面特别是凹槽法兰槽内锌层不均匀； (4)锌层损坏或局部未镀到锌。 2. 解决的方法 (1)清扫锌渣； (2)流挂过分严重的予以磨去； (3)法兰密封面上锌层不均匀处予以磨去多余部分，凹槽内锌层不均匀处宜加热后用比凹槽略窄的铲形铁器铲除锌层，然后擦去加热产生的黑烟，均匀地喷上富锌漆和面漆； (4)锌层损坏或局部未镀到锌，如面积很小，可用富锌漆和面漆修补，面积较大的重新镀锌。
酸洗管的质量检查	1. 酸洗管的常见缺陷 (1)酸洗不彻底，铁锈未除尽或酸洗后又重新生锈。 (2)与酸洗过程无关，酸洗后可以更清楚地发现管子的焊接、打磨缺陷，常见的缺陷为焊接咬口、气孔和焊渣、飞溅未除尽等。 2. 解决的方法 (1)对于燃油管、润滑油管、液压油管，大面积生锈须重新酸洗，小面积生锈用打磨或砂纸擦的方法除锈。 (2)焊接咬口和气孔应补焊后重新打磨，焊渣、飞溅应用磨、锉的方法去除，经过打磨的管子都用冷风吹净打磨颗粒。
任务实施	
酸洗工艺具体实施步骤	1. 有机溶剂除油 在酸洗工作之前，必须先对表面沾有油污的管子用有机溶剂进行除油，一般用柴油将管子表面擦洗干净。 2. 化学除油 对表面严重油污的管子除用柴油擦洗外，还要进行化学除油，将清洗后的管子放入氢氧化钠、碳酸钠和硅酸钠的混合液，浸泡60~90 min，温度保持为70 ℃~100 ℃，然后分别用流动的热水和冷水冲洗，冲掉管子表面所沾的混合液。 3. 酸洗 酸洗就是利用强酸将管子表面的铁锈、氧化皮等溶解和剥离掉，目前常用硫酸(相对密度为1.84)200 g/L、盐酸(相对密度为1.19)或混合酸(硫酸和硝酸)，再加少量(1 g/L)缓蚀剂若干组成的酸洗液，温度控制为18 ℃~40 ℃。酸洗时间视管子锈蚀程度、酸洗液浓度和酸洗温度而定。酸洗标准以管子表面的铁锈、氧化皮除尽为止，即当管子表面的铁锈、氧化皮变成附着力很小的粉末状，用抹布稍稍擦拭就很容易掉下来时，酸洗工作就告结束。另外，金属管子酸洗时，除氧化物的溶解外，金属本身也会与酸作用，会产生金属的溶解和氢的析出，这样，酸洗时要防止管子的"过腐蚀"和"氢脆病"的产生。为此酸洗液浓度不宜过浓、温度不宜过高、酸洗时间不宜过长。 4. 中和反应 酸洗后的管子经过压力水冲洗掉表面的黑灰、浮渣、碳化物后，再放入流动的清水中除去残存的酸液。然后放入由亚硝酸钠和碳酸钠组成的碱液中去中和，温度控制为60 ℃~70 ℃，时间为5~15 min。 5. 热水浸泡 中和反应后的管子再放入80 ℃以上的热水中浸泡5~15 min，这样，除去碱液的同时还可以起干燥作用。最后，用压缩空气吹干或让其自然干燥。 6. 清理和油封 用清洁的抹布拭净管子表面的铁锈、氧化皮等杂物，再对酸洗质量进行检验。检验要求：氧化皮等完全除净，钢管的表面呈灰白色，无残存的酸、碱液。如发现有酸、碱存在，则必须重新中和或热水浸泡。 经过酸洗和清理后的管子，还要在其内壁涂防护油，外壁涂防锈底漆，以保证管子的清洁和防止生锈。 最后，用塑料封头或塑料布等密封管子两端，防止杂物进入管内。

任务总结

本任务主要介绍了管子清洗和表面处理工艺,主要从酸洗的具体实施步骤加以阐述。

任务拓展

管子喷油及封口

(1)喷油前检查管子内部是否有油漆,如有应清除;
(2)喷油应从管子两端喷入,确保管子内表面有足够的防锈油;
(3)喷油后,用塑料盖及盲法兰封堵,用盲法兰封堵的,须加装与法兰规定相配的垫片,安装并拧紧螺栓、螺母。螺栓、螺母的数量与法兰孔相同。

学习成果测评与总结

一、学习成果评价单

学习成果名称		清洗和表面处理管子		完成限时		60分钟			
场地、设备及工量具									
小组人员分工									
任务评价	自我评价	1.通过本任务学习,我学到的知识点和技能点:_____。 存在问题:_____。 2.在本次工作和学习的过程中,我的表现可得到: □优 □良 □中 □及格 □不及格							
	小组互评	项目人员	组长	组员1	组员2	组员3	组员4	组员5	组员6
		认真倾听、互助互学							
		合作交流中解决的问题							
		成员参与度							
		备注:请根据组员表现情况评分,优秀5分、良好3分、合格1分、不合格0分。							
	教师评价								

二、自我分析与总结

学生改错：	学生学会的内容：

练习与思考

1. 如何根据工艺要求进行管子酸性的具体操作？
2. 镀锌管的质量缺陷解决方法有哪些？
3. 酸性管的质量缺陷解决方法有哪些？

学习笔记：

任务 2.7　托盘配送管子

工作任务	托盘配送管子		教学模式	任务驱动
任务描述	引进舾装生产设计的概念后，舾装件的采购、生产、安装和管理等必须与生产设计有机地结合，特别是要有一个统一的、全新的工程管理方法，其中起主导作用的是生产设计按区域进行，那么舾装件的采购、生产、安装和管理等也必须按区域进行。应该学会对管子进行托盘管理操作。			
学习目标	知识目标	1. 了解托盘管理的产生。 2. 了解托盘管理的流程。		
	能力目标	1. 能够掌握托盘的划分原则。 2. 能够掌握托盘管理的作用。 3. 能够认知托盘代码。		
	素质目标	1. 注重培养学生动手能力，能够展示学习成果，对工作过程进行总结和反思。 2. 注重培养学生质量意识和安全意识及规范操作的能力，与他人进行有效沟通和团结协作的能力。		
设备器材	管材、托盘等。			
知识充电站				
托盘管理的产生	对外场安装来说，经过一段时间的实施，发现按区域还不能适应整个舾装件生产管理的需要，因为区域有大有小，外场作业又有先有后，安装是分阶段进行的，应该用一个方法将它们统一起来。 从船体的生产管理模式得到启发，即船体的生产管理是以分段作为中间产品来进行管理的，它的设计、采购、制造、计划管理等都是以分段为导向的。舾装也可以像船体一样划分为一个个"舾装分段"，只要将区域再按照某些原则划分为更小的单位，就成了"舾装分段"，即"舾装托盘"。现代化造船厂要抓好舾装件的管理工作必须实施托盘管理系统。正如船体管理系统一样，舾装件的生产、计划、采购、成本管理要以舾装托盘为基础进行管理。			
托盘管理的含义	（1）托盘（图 2-56）。船舶舾装托盘的含义包括两个内容：一是生产设计时编制的托盘管理表及相应的生产管理用表册的最小单位，是现场生产作业的最小单位，也就是内场制造、舾装品的采购、集配中心的集配和外场安装的最小单位。二是托盘是实实在在的。舾装托盘既有托盘管理表，也有由钢结构组成的托盘。它可以根据实际需要制成各种形式。但必须指出，所谓一只托盘，有时可能由几只这样的托盘组成（当盘子内的舾装件较多，一只盘子放不下时）；也可能"菜"没有放在这只盘子里，但属于这只托盘的内容（当考虑到舾装件太大，或易于受损时）；也可能盘子根本就没有"菜"，但是有工作内容，如密封性试验、调试提交等，这种托盘称为虚托盘。 （2）托盘管理。托盘管理就是以托盘为单位进行生产设计、组织生产、进行物资采购及工程进度安排，以致生产成本也可以托盘为单位进行核算的一种科学的生产管理方法。现场生产必须做到一只托盘内的舾装件的安装工作由一个小组、在同一地点、使用同一份图纸、在同一个安装阶段内进行。			
任务实施				
托盘管理的流程	托盘管理的流程如图 2-57 所示。托盘管理作为一个系统工程必然要涉及船厂内各个部门及众多的舾装件配套厂的工作。对船厂内部来说，主要涉及的单位是生产管理部门、设计部门和集配中心。首先，船厂生产管理部门在编制建造方针（方案）和施工要领时要确定每条新建船舶的区域划分、托盘划分、单元划分及船体分段划分和总组的范围、方法等。其次，设计部门根据由船厂领导批准的建造方针和施工要领进行生产设计，主要编制采购、生产、管理所需要的托盘管理表和各种施工用图册。流程图中的托盘管理表仅是举了一部分例子。最后，集配中心要负责整个舾装品的计划管理、内外场安装工作的协调、舾装件的集配及托盘的收发工作等。本任务主要介绍与管子生产设计有关的托盘管理内容。			

托盘管理的流程	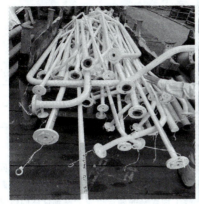

图 2-56 托盘

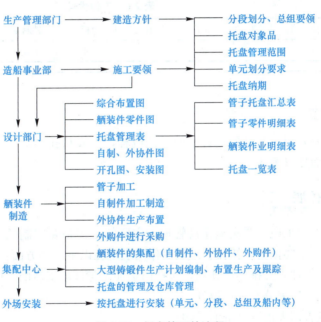

图 2-57 托盘管理的流程 |
| 托盘代码认知 | 每一个现代化的造船厂都有一套编码系统，其作用是使用计算机进行工厂的生产管理、成本管理、物资管理、设计管理等。所以，托盘管理的编码应成为工厂整个编码系统的一部分，使计算机能根据舾装编码进行舾装件的生产管理和成本管理等。因此，托盘管理的舾装编码应符合工厂编码系统的标准，为整个计算机系统接受，这样的编码系统才有效。对托盘来说，其舾装编码即托盘代码。每只托盘都有一个托盘代码与之相对应。下面是一种较为实用的托盘代码的编码方法。
1. 托盘代码的组成
托盘代码的组成如图 2-58 所示。其由八位数组成，第一位与第二位之间有一个连字号，有时第一位及连字号可以省略。

图 2-58 托盘代码的组成 |

续表

托盘代码认知	2. 专业代号 专业代号是总区分代码，应根据工厂的组织体制和设计体制来划分专业。为贯彻按区域组织生产的造船模式，专业的设置也是按区域划分的，表2-5所示为按这种原则划分的专业及它们的代号。 表2-5 专业代号 | 专业	机装	甲装	居装	电装	船体	涂装 | |---|---|---|---|---|---|---| | 代号 | B | D | A | F | H | P | 3. 工种代号 工种代号为大区分代码。每一个专业由各种工种组成，它们可能各不相同，也会出现不同专业同工种的情况。如机装包括管子、机械、薄板、铁舾装等专业；居装包括管子、铁舾装、冷藏、空调、木作舾装等专业；而电装这个专业所含的工种就只有电工。故工种代号的确定也应考虑到这样的情况，特别是通用性。常用的工种代号见表2-6。 表2-6 工种代号 | 工种	管子工	钳工	电工	薄板工	铁舾工	木舾工	涂装工 | |---|---|---|---|---|---|---|---| | 代号 | 1 | 2 | 3 | 4 | 5 | 6 | 7 |

任务总结

本任务主要介绍了托盘配送管子的工艺流程，主要从托盘的产生、托盘的管理和托盘代码认知等方面加以阐述。

任务拓展

对于设计部门来说，要实施托盘管理，主要的工作是要编制托盘管理表，它是现场按托盘组织生产的主要依据。托盘管理表的作用表现在以下几个方面：

（1）按托盘管理表安排生产计划，包括内场加工与外场安装的进度计划；
（2）按托盘管理表分类进行设计；
（3）按托盘管理表进行物资的采购；
（4）按托盘管理表的内容进行舾装件的集配；
（5）现场生产工人按托盘管理表进行施工；
（6）按托盘进行成本核算。

学习成果测评与总结

一、学习成果评价单

学习成果名称	托盘配送管子	完成限时	60分钟
场地、设备及工量具			
小组人员分工			

续表

学习成果名称		托盘配送管子		完成限时			60分钟			
任务评价	自我评价	1. 通过本任务学习，我学到的知识点和技能点：_____。 存在问题：_____。 2. 在本次工作和学习的过程中，我的表现可得到： 　　□优　　□良　　□中　　□及格　　□不及格								
	小组互评	项目人员	组长	组员1	组员2	组员3	组员4	组员5	组员6	
		认真倾听、互助互学								
		合作交流中解决的问题								
		成员参与度								
		备注：请根据组员表现情况评分，优秀5分、良好3分、合格1分、不合格0分。								
	教师评价									

二、自我分析与总结

学生改错：	学生学会的内容：

练习与思考

1. 托盘管理的含义是什么？

2. 托盘管理的代码是如何组成的？
3. 托盘管理表的作用有哪些？

学习笔记：

模块 3　自制船舶管系常用附件

模块描述

通舱管件用于管子穿过船体的甲板、平台、隔舱壁等处的连接，以保证它们的水密和气密的要求。管子支架（马脚）的用途就是将管路固定在舱底、舱壁或舱顶的船体结构上，用来承受管路的重量，防止管路下垂和船舶在摇摆颠簸及振动时，损坏管路或附件等。管子相交时，会形成马鞍口，常用的马鞍口有直马鞍和斜马鞍两种。

模块分析

在管路系统中，有圆形的和矩形的管道，还有一些弯管接头、三通管接头等各类配件，这些管子和配件多由薄钢板制成。在根据工程图纸进行施工时，要加工这些管子和配件，就须先进行放样。也就是根据管子和所配备元件的视图及尺寸，求出它们各部分表面的实际大小，画出它们各表面摊平在一个平面上的展开图。然后，按图下料，再进行弯制、拼接而成所需的管子及配件。

将管配件的表面真实形状和大小依次摊平在一个平面上，这种平面图形称为立体表面的展开图，简称为展开图或放样图。

模块目标

一、知识目标

1. 掌握通舱管件制作和安装方法。
2. 掌握座板制作和安装方法。
3. 掌握管子支架的制作方法。
4. 掌握管子马鞍制作方法。
5. 掌握虾壳管的制作方法。

二、能力目标

1. 能够掌握通舱管件制作和安装方法。
2. 能够掌握座板制作和安装方法。
3. 能够掌握管子支架的制作方法。
4. 能够掌握管子马鞍制作方法。
5. 能够掌握虾壳管的制作方法。

三、素养目标

在实际操作过程中，要培养实践动手能力，要注重培养质量意识、安全意识、节能环保意识和规范操作等职业素养。

任务 3.1　制作通舱管件、座板

活动 1　制作通舱管件

工作任务		制作通舱管件	教学模式	任务驱动
任务描述		掌握通舱管件制作和安装方法、能够按要求制作管子通舱管件。		
学习目标	知识目标	1. 了解通舱管件的作用。 2. 熟悉制作通舱管件的工艺步骤。		
	能力目标	1. 能够掌握通舱管件的分类。 2. 能够掌握制作通舱管件的工艺步骤。		
	素质目标	1. 注重培养学生动手能力，能够展示学习成果，对工作过程进行总结和反思。 2. 注重培养学生质量意识和安全意识及规范操作的能力，与他人进行有效沟通和团结协作的能力。		
设备器材		个人防护用品、电焊机、管子材料、复板、法兰、V形铁等工具。		

知识充电站

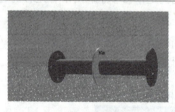

图 3-1　通舱管件

通舱管件(图 3-1)用于管子穿过船体的甲板、平台、隔舱壁等处的连接，以保证它们的水密和气密的要求。

(1) 钢法兰连接通舱管件。通舱管件大多采用钢法兰连接，适用公称压力低于 1.6 MPa 和工作温度低于 300 ℃ 的海水、淡水、油类、空气、蒸汽等管路。其结构形式有直通式和直角式两种，如图 3-2 所示。根据管系的需要可以做成双联式或多联式。

(2) 直通式通舱管件由法兰、钢管和复板组成，如图 3-2(a) 所示。钢管的材料与管系的管子材料相同，法兰一般采用搭焊钢法兰，复板的材料和厚度应与开孔处的船体钢结构构件的材料、厚度相同。

(a)

(b)

图 3-2　钢法兰连接通舱管件
(a) 直通式；(b) 直角式

复板内圆直径比管子外径大 1～2 mm，外圆直径比相应法兰外径大 80 mm。直通式通舱管件的长度已标准化：$DN20$～50 mm 的标准长度为 180 mm；$DN65$～150 mm 的标准长度为 210 mm。标准长度是指两法兰端面间的距离。根据管路的实际需要，标准长度允许加长，加长值一律为 100 mm。

通舱管件

续表

螺纹连接通舱管件	当管子的公称通径较小时，一般用螺纹连接通舱管件来代替上述的法兰连接通舱管件。螺纹连接通舱管件一般采用碳素钢或铅黄铜制作。其结构形式如图3-3所示。 碳素钢螺纹连接通舱管件适用海水、淡水、油类、压缩空气和温度低于400 ℃的蒸汽管路。公称通径为6～25 mm时，适用公称压力低于10 MPa的管路；公称通径为32 mm时，适用公称压力低于4 MPa的管路。铅黄铜管只用于海水、淡水管路。	 图3-3　螺纹连接通舱管件
任务实施		
制作直通法兰连接通舱管件实施步骤	（1）制作一个公称压力为1.6 MPa、公称通径为65 mm、标准长度为210 mm的直通式法兰连接钢法兰通舱管件。其制作工艺步骤如下： 1）截取一段长200 mm、外径$\phi76\times4$的10号无缝钢管，配两只公称通径为65 mm、公称压力为1.6 MPa的搭焊钢法兰，再取一块厚为10 mm、外径为100 mm、内径为78 mm的复板，其材料为普通碳素钢A3。 2）用两块V形铁将管子放好，再用水平尺检验其水平度，然后分别套入复板、法兰。 3）点焊左端法兰。此项工作一定要保证法兰端面与管子轴线垂直并保持法兰端距5 mm，采用"三点固定焊"固定法兰。 4）用三点固定焊固定右端法兰，同样保持5 mm端距，此时，既要保证法兰端面与管子轴线垂直，又要保证两端法兰螺孔在一条直线上，同时，还要保证总长度为210 mm。 5）固定复板，要使复板的左面至左端法兰密封面的长度为100 mm，并保证其平面与管子轴线垂直（保证复板平面与法兰平面互相平行）。活络复板可不进行此项工作。 （2）直角式通舱管件。直角式通舱管件如图3-2(b)所示。其钢管是一根直角弯，其制作工艺步骤基本同直通式。制作关键：保证两个法兰端面互相垂直；复板平面与一个法兰端面平行而与另一个法兰端面垂直。 通舱管件安装时，甲板、平台或隔舱壁上的开孔直径应比法兰外径大2 mm左右，定位焊接时，复板中心和开孔圆心要保持同心。制作好的通舱管件如图3-4所示。	 图3-4　制作好的通舱管件

任务总结

本任务主要介绍了通舱管件的作用和制作的工艺方法，主要从直通式法兰连接钢法兰通舱管件的制作步骤加以阐述。

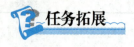

任务拓展

管系预装甲板穿舱件安装

（1）按图纸分别摆放到位，检查管的处理方式（同一舱室处理方式应相同，油舱、淡水舱禁止布设镀锌管），制作是否存在错误。

（2）按节点形式点焊，点焊时注意管子的朝向、直线度和高度一致。注意有特殊处理要求，如一端油漆，另一端涂油的通舱件，需要注意方向符合。

（3）通向甲板或室外的通舱件，注意其安装应竖直，对安装节点不明确的穿舱件，应向技术人员澄清后施工，不得盲目安装。

（4）水密舱壁的通舱件，必须有腹板或保护套管，其舱室壁板不允许留有孔洞，如有发现，则需即时反馈技术人员处理。

（5）对现场调节的穿舱件腹板（图3-5），其修割应逐步进行，防止因间隙过大造成损失。

（6）穿舱件的安装应在确认其安装正确后，方可施焊，防止因局部缺陷造成返工。

图 3-5 穿舱件安装

● 学习成果测评与总结

一、学习成果评价单

学习成果名称		制作通舱管件		限时		60分钟		
场地、设备及工量具								
小组人员分工								
任务评价	自我评价	1.通过本任务学习，我学到的知识点和技能点：_____。 存在问题：_____。 2.在本次工作和学习的过程中，我的表现可得到： □优 □良 □中 □及格 □不及格						
	小组互评	项目人员	组长	组员1	组员2	组员3	组员4	组员5	组员6
		认真倾听、互助互学							
		合作交流中解决的问题							
		成员参与度							
		备注：请根据组员表现情况评分，优秀5分、良好3分、合格1分、不合格0分。							
	教师评价								

二、自我分析与总结

学生改错:	学生学会的内容:

练习与思考

1. 通舱管件的作用有哪些？
2. 直通式法兰连接钢法兰通舱管件的制作步骤有哪些？
3. 什么场合可以用螺纹连接通舱管件来代替法兰连接通舱管件？

活动 2 制作座板

工作任务	制作座板		教学模式	任务驱动
任务描述	掌握座板件制作和安装方法，能够按要求制作座板。			
学习目标	知识目标	1. 了解认识座板的作用。 2. 了解制作座板的工艺步骤。		
	能力目标	1. 能够掌握座板的分类。 2. 能够掌握制作座板的工艺步骤。		
	素质目标	1. 注重培养学生动手能力，能够展示学习成果，对工作过程进行总结和反思。 2. 注重培养学生质量意识和安全意识及规范操作的能力，与他人进行有效沟通和团结协作的能力。		
设备器材	个人防护用品、管子材料、法兰、V形铁、攻丝机等工具。			

知识充电站

<table>
<tr><td rowspan="2">座板的作用和分类</td><td colspan="2">

座板是用来固定管路附件、阀件或管子法兰的连接附件。其常用形式有法兰连接座板和内螺纹座板两种。

1. 法兰连接座板

法兰连接座板有单面座板和双面座板两种。

(1) 法兰焊接单面座板。法兰焊接单面座板主要安装于舱、柜的顶部、侧壁和底部，作为该舱、柜的进出口，单面座板上可直接安装阀件、附件或管子。

法兰焊接单面座板适用海水、淡水、油类、空气和 300 ℃ 以下的蒸汽管路，其常用的公称通径为 15～150 mm，公称压力≤1.6 MPa。单面座板的外形与相应的搭焊钢法兰相似，具体的结构形式如图 3-6 所示。

法兰焊接单面座板的各部分尺寸见表 3-1 (见任务拓展)。

</td><td>

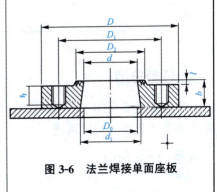

图 3-6 法兰焊接单面座板

</td></tr>
</table>

座板的作用和分类	(2) 法兰焊接双面座板。双面座板与单面座板相比，多了一个凸肩和双面安装双头螺栓。凸肩外径比相应法兰外径大 10～20 mm，凸肩厚度为 6～12 mm。其适用范围及其他结构尺寸基本与单面座板相同。 法兰焊接双面座板如图 3-7 所示。其制造和安装方法基本同单面座板，但在画螺孔位置时，必须使座板的上、下螺孔位置互相错开，千万不可重叠；甲板或舱壁上的开孔直径比座板直径大 2～3 mm。 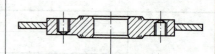 图 3-7　法兰焊接双面座板 2. 内螺纹座板 内螺纹座板实质上就是一段内螺纹接头直接焊接在舱、柜壁上，作为外螺纹的阀件、附件和管子的连接之用。内螺纹座板如图 3-8 所示。 内螺纹座板的常用规格为 M27×1.5～M56×2 或 $G\frac{3''}{8}$～$G\frac{1''}{2}$，适用于公称压力低于 0.8 MPa、工作温度低于 170 ℃的蒸汽管路及公称压力低于 1.6 MPa、工作温度低于 200 ℃的其他不可燃介质的管路。  图 3-8　内螺纹座板
任务实施	
法兰焊接单面座板制作安装工艺步骤	(1) 先选择一块合适的坯料，按要求削好其外径 $D(\phi135\text{ mm})$ 和厚度 $b(23\text{ mm})$，然后按内径 $a(\phi58\text{ mm})$ 和 $a_1(\phi64\text{ mm})$ 穿孔，最后按密封面外径 $D_2(\phi84\text{ mm})$ 的尺寸车削密封面，在密封面上车出 2～3 道密封槽（法兰线）。 (2) 在车削好的坯料上画出 6 个螺孔（先以 $\phi103\text{ mm}$ 画圆，再在圆周上截取六等分）的位置，按螺孔规格（M14 mm）确定钻孔直径（$\phi12\text{ mm}$），再按螺孔深度 $h(16\text{ mm})$ 的要求进行钻孔，钻孔时一定要保持垂直。 (3) 按攻丝的操作工艺要求和步骤进行攻丝工作，此时特别要注意防止丝锥折断。 (4) 按螺栓的直径和长度选择双头螺栓。安装双头螺栓时，应先在"短头"上涂厚白漆，然后用"纳子"或"双螺母"将其旋紧在单面座板上。安装后的双头螺栓要与座板平面垂直，如果不直可以将螺母套在螺栓上用手锤敲直，为了防止敲击时折断，双头螺栓安装前先要进行退火处理。 (5) 在舱、柜上安装单面座板时，首先确定开孔中心的位置，然后将座板中心对准开孔中心，采用三点固定焊固定该座板，待座板的内、外圆与舱壁焊妥后，再在舱壁上开孔（此项工作也可以先开孔、后焊接）。如果在单面座板上直接安装阀件或附件时，单面座板在定位、焊接前，就要先考虑阀件附件的开启方向和开关的方便。
法兰焊接双面座板	法兰焊接双面座板一般用于管路穿过甲板、舱柜时，座板的两面分别连接阀件、附件或管子。

 任务总结

本任务主要介绍了座板的作用和分类及其制作的工艺方法，主要从法兰焊接单面座板制作安装工艺步骤加以阐述。

任务拓展

法兰焊接单面座板的各部分尺寸见表 3-1。

表 3-1　法兰焊接单面座板的各部分尺寸

公称通径	D	D_1	D_2	内径		螺孔			b	D_0
				d	d_1	d_2	h	数量		
15	85	60	40	20	26	M12	14	4	20	15
20	95	68	48	26	32	M12	14	4	20	20
25	105	73	56	31	37	M12	14	4	20	25
32	115	83	64	39	45	M14	18	6	23	32
40	125	93	74	46	52	M14	18	6	23	40
50	135	103	84	58	64	M14	18	6	23	50
65	155	123	104	72	78	M14	18	6	23	65
80	170	138	118	91	97	M14	18	8	23	80
100	190	158	138	110	116	M14	18	8	23	100
125	215	183	164	135	141	M14	18	10	23	125
150	240	208	190	161	167	M14	18	12	23	150
200	295	264	247	222	228	M14	18	12	23	210
250	365	327	306	276	282	M16	20	14	25	260
300	430	386	360	328	334	M20	24	14	31	310

学习成果测评与总结

一、学习成果评价单

学习成果名称	制作座板		完成限时		60分钟		
场地、设备及工量具							
小组人员分工							
任务评价	自我评价	1. 通过本任务学习,我学到的知识点和技能点:_____。 存在问题:_____。 2. 在本次工作和学习的过程中,我的表现可得到: □优　□良　□中　□及格　□不及格					
	小组互评	项目人员	组长	组员1	组员2	组员3	组员4	组员5	组员6
		认真倾听、互助互学							
		合作交流中解决的问题							
		成员参与度							
		备注:请根据组员表现情况评分,优秀5分、良好3分、合格1分、不合格0分。							
	教师评价								

二、自我分析与总结

学生改错：	学生学会的内容：

练习与思考

1. 座板的作用有哪些？
2. 法兰焊接单面座板主要安装于哪些场所？
3. 法兰焊接单面座板制作安装工艺步骤有哪些？

学习笔记：

任务 3.2 制作焊接管子支架

工作任务	制作焊接管子支架	教学模式	任务驱动
任务描述	掌握管子支架的制作方法,能够按要求制作管子支架。		
学习目标	知识目标	1. 了解管子支架的作用。 2. 了解管子支架的分类。 3. 了解管子支架的制作工艺。	
	能力目标	1. 能够掌握管子支架的分类。 2. 能够掌握管子支架的制作工艺步骤。	
	素质目标	1. 注重培养学生动手能力,能够展示学习成果,对工作过程进行总结和反思。 2. 注重培养学生质量意识和安全意识及规范操作的能力,与他人进行有效沟通和团结协作的能力。	
设备器材	个人防护用品、电焊机、管子材料、覆板、法兰、V形铁等工具。		
知识充电站			

支架的作用和分类	1. 管子支架的作用 一是使管子得到正确的定位;二是负担管子本身的重量;三是防止因机械振动、船体变形或温度变化造成管子的损坏。管路布置的同时就应考虑支架的设置位置、方法、形式和大小等。管子支架如图3-9所示。 2. 支架的种类 支架的种类较多,但船舶上经常使用的支架有轻型支架、普通型支架、特种型支架。	 图 3-9 管子支架
认知夹马支架	夹马支架是目前常用的一种管子支架,由支架、螺栓、夹环和螺母组成。支架和夹环的内径相同,略小于管子的外径,当螺栓旋紧后,管子就被紧紧地夹持在支架上,然后将支架焊接在船体结构上,这样,管子(管路)就固定在船体构件上了。根据管路的分布状态,夹马支架的安装形式一般有支撑式、悬挂式和壁挂式三种,如图3-10所示。 夹马支架已标准化,其规格称呼同相应管子的公称通径。连接螺栓直径应与支架螺孔相配,其长度则要求螺栓旋紧后露出1~2牙。夹马支架的高度有一定的标准,但在安装时可根据实际需要进行接长或截短。 夹马支架在实际使用时,允许用角钢、管子或扁钢焊在夹环背部的中央,与另一只夹环组成"独脚支架"。由角钢或管子组成的独脚支架可用于任何方向的安装,而属钢支架只适用管路的垂直吊装。 对于间距较小的多根平行管子,可先截去夹马支架的一只"脚",中间用夹环连接起来,最后一只夹环再焊上原来截下的脚组成多联支架,多联支架的夹环也是用单只夹环拼接而成的。此项工作必须要保证支架和夹环的平整和螺孔的对中。		

续表

认知夹马支架	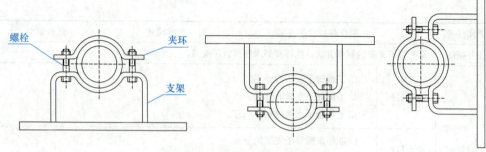 图3-10 夹马支架及安装形式 夹马支架的安装应注意以下几点： (1)管子支架必须严格按规定的装焊部位进行装焊，不能随心所欲地到处装焊。 (2)管子支架的间距(数量)和布置形式，以管路在安装和工作状态下，不出现明显变形和振动为原则。支架间距可参照表3-2。 表3-2 支架间距 | 公称通径 | 钢管/mm | 铜管/mm | 公称通径 | 钢管/mm | 铜管/mm | 公称通径 | 钢管/mm | 铜管/mm | |---|---|---|---|---|---|---|---|---| | 15 | 800 | 800 | 50 | 2 200 | 1 900 | 150 | 3 900 | 3 300 | | 20 | 1 000 | 1 000 | 65 | 2 600 | 2 100 | 200 | 4 500 | 3 800 | | 25 | 1 400 | 1 200 | 80 | 2 900 | 2 400 | 250 | 5 000 | 4 300 | | 32 | 1 700 | 1 500 | 100 | 3 200 | 2 700 | 300 | 5 500 | 4 700 | | 40 | 2 000 | 1 700 | 125 | 3 600 | 3 000 | 350 | 6 000 | 5 000 | (3)管子支架应采用包角双面焊，以防止因振动而脱焊。 (4)管子与支架间视情况不同，可加装衬垫，目的是防振、减少热传导、改善硬摩擦和防止接触腐蚀等。一般管路不用衬垫，振动特别大的低温管路用橡皮衬垫；高温管路用石棉布或高温石棉橡胶板衬垫。低温或冷热多变的空调冷却管路采用硬木衬垫。铜及铜合金等软金属用青铅衬垫，连接螺栓也不宜旋得过紧。易受海水侵蚀的油船甲板输油管路等也采用青铅衬垫。 (5)用于露天甲板、水舱、水柜及冷藏库等处的支架和连接螺栓均需镀锌处理。 (6)振动剧烈及舱、柜内的支架连接螺栓均采用双螺母紧固。
U形支架	U形支架由夹环、支承角钢和螺母组成，如图3-11所示。夹环实际上就是一根弯成U形的双头螺栓、支承角钢为热轧等边角钢，材料为普通碳素钢A3。 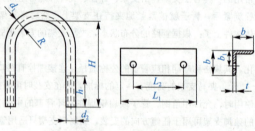 图3-11 U形支架 U形支架的U形螺栓和支承角钢的各部尺寸见表3-3。

续表

表 3-3 U形螺栓和支承角钢的各部尺寸   mm

公称直径	管子外径	U形螺栓											
		d_1	d_2	R	H	h	展开长度	b	b_1	t	l_1	l_2	d_3
15	22	10	M10	12	43	35	115	40	22	5	80	37	12
20	27	10	M10	15	48	35	128	40	22	5	85	43	12
25	32	10	M10	18	53	35	142	40	22	5	90	49	12
32	38	10	M10	21	59	35	157	40	22	5	100	56	12
40	48	10	M10	26	69	35	183	40	22	5	110	66	12
50	60	12	M12	32	87	40	229	50	30	6	125	80	14
65	76	12	M12	40	103	40	270	50	30	6	145	97	14
80	89	12	M12	46	116	40	303	50	30	6	155	108	14
100	114	16	M16	59	150	53	392	63	35	8	200	140	19
125	133	16	M16	69	169	53	441	63	35	8	220	160	19
150	159	16	M16	82	195	53	508	63	35	8	245	186	19
200	219	18	M18	113	260	58	677	75	40	10	325	253	24
250	273	18	M18	140	314	58	816	75	40	10	385	310	24
300	325	20	M20	166	370	63	960	90	50	10	445	364	28

注：l_1 可根据具体需要选取。

U形支架

任务实施

U形支架制作工艺步骤

(1)选用一根 φ10×157 mm 的普通碳素钢 A3 棒料，其两端用滚丝机轧制或车床车削出 M10×35 mm 的螺纹，如图 3-12 所示。

(2)将两端带有螺纹的棒料按弯曲半径 R(21 mm)冲压或弯曲成 U 形螺栓。

(3)取一根长 190 mm、宽 40 mm×4 mm 的热轧等边角钢，在角钢上按 L_1(56 mm)和 b_1(22 mm)的尺寸画出其钻孔中心，然后钻出两只 φ12 的通孔。

(4)螺母直接选用 M10 的普通六角螺母，常用的紧固形式如图 3-13 所示。图 3-13(a)所示适用一般管路的紧固；图 3-13(b)所示适用油舱蒸汽加热(温差较大)管路的紧固；图 3-13(c)所示适用舱、柜内或振动较大管路的紧固。

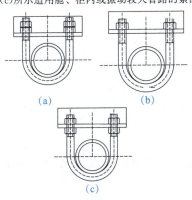

图 3-13 U形支架紧固形式

支架自由边倒角、钻孔的快口倒圆

图 3-12 制作支架

任务总结

本任务主要介绍了管子支架的作用和分类工艺方法，主要对 U 形支架制作工艺步骤加以阐述。

任务拓展

多联支架

船舶柴油机的注油管或气动系统的传令管等，一般都采用小直径的紫铜管或不锈钢管，而且总是将多根管子平行地组成一束，此时，都使用多联支架，其结构如图 3-14 所示。

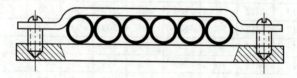

图 3-14　多联支架

多联支架由夹环、衬板和半圆头螺钉组成。由于此种支架承受的管子重量较轻，夹环一般用厚度为 1.5～2 mm 的黄铜皮（H62）制作，其长度和宽度视管子的直径和数量而定。首、尾两端的弯曲半径略小于管子外径，两端螺孔直径为 $\phi 8$ mm、$\phi 10$ mm。衬板可以用 20 mm×4 mm 或其他相应规格的扁钢制作，根据实际需要，衬板也可做成类似夹马支架的"双脚"支架；衬板上还需攻相应的 M6 或 M8 螺孔。螺钉采用 M6 或 M8 的半圆头螺钉。

管子支架在船上的安装位置

管子支架的装焊部位非常重要，它既要保证支架能有效地发挥作用，又不能破坏船体结构和机电设备。因此，一定要掌握船上哪些部位允许装焊支架，哪些部位禁止装焊支架。

管子支架的布置原则：管子支架应尽量装焊在就近的纵桁、横梁、肋骨、肘板或扶强材等船体加强构件及其背面。

1. 通常装焊部位

(1) 主、辅机底座的构架。

(2) 花钢板格栅。

(3) 路台支架。

(4) 舱、柜壁。

(5) 其他可供装焊的部位。

2. 不宜装焊部位

(1) 船体强力甲板。

(2) 船体主要构件的焊缝（甲板与外板、肋骨与外板、甲板与舱壁、甲板与甲板骨架、舱壁与扶强材）周围 50 mm 范围内。

(3) 通风管道。

(4) 经过镀锌或特殊涂装后的箱、柜壁。

3. 禁止装焊部位

(1)船体外板。

(2)强力甲板焊缝周围 50 mm 范围内。

(3)强力甲板与外板的连接焊缝周围 100 mm 范围内。

(4)各类机电设备的本体。

(5)管子的外表面。

● 学习成果测评与总结

一、学习成果评价单

学习成果名称		制作焊接管子支架		完成限时		60分钟		
场地、设备及工量具								
小组人员分工								
任务评价	自我评价	1.通过本任务学习，我学到的知识点和技能点：_____。 存在问题：_____。 2.在本次工作和学习的过程中，我的表现可得到： □优　□良　□中　□及格　□不及格						
	小组互评	项目人员	组长	组员1	组员2	组员3	组员4	组员5	组员6
		认真倾听、互助互学							
		合作交流中解决的问题							
		成员参与度							
		备注：请根据组员表现情况评分，优秀5分、良好3分、合格1分、不合格0分。							
	教师评价								

二、自我分析与总结

学生改错：	学生学会的内容：

练习与思考

1. 船舶常用的管子支架的作用有哪些?
2. 船舶常用的管子支架的分类有哪些?
3. U形管子支架制作工艺步骤有哪些?

学习笔记：

任务 3.3 制作马鞍和虾壳管

活动 1 制作等径直角三通

工作任务		制作等径直角三通	教学模式	任务驱动
任务描述		掌握直角三通放样展开图的绘制和制作方法,能够按要求制作管子直角三通。		
学习目标	知识目标	1. 熟悉认识直马鞍放样图的展开。 2. 了解制作直马鞍的工艺步骤。		
	能力目标	1. 能够掌握直马鞍放样图的展开方法。 2. 能够掌握制作直马鞍的工艺步骤。		
	素质目标	1. 注重培养学生动手能力,展示学习成果,对工作过程进行总结和反思。 2. 注重培养学生质量意识和安全意识及规范操作的能力,与他人进行有效沟通和团结协作的能力。		
设备器材		个人防护用品、电焊机、管子材料、直角尺、气割工具、V 形铁等工具。		
知识充电站				
等径直角三通展开图	常用的马鞍有直马鞍和斜马鞍两种。 1. 直马鞍 直马鞍有同径直马鞍和异径直马鞍之分,三通管俗称马鞍三通,同径直角三通管也称同径正三通,其展开作图步骤如下: (1)按已知尺寸画出主视图和断面图,由于两管直径相等,其结合线为两管边线交点与轴线交点的连线,可直接画出。 (2)6 等分管 I 断面半圆周,等分点为 1、2、3、4、3、2、1。由等分点引下垂线,得与结合线 1′—4′—1′ 的交点。 (3)三通放样展开图(图 3-15)画管 I 展开图。在 CD 延长线上取 1—1 等于管 I 断面圆周长度,并 12 等分。由各等分点向下引垂线,与由结合线各点向右所引的水平线相交,将各对应交点连成曲线,即得所求管 I 展开图。 (4)画管 II 展开图。在主视图正下方画一长方形,使其长度等于管断面周长,宽等于主视图 AB。在 B′B″线上取 4—4 等于断面 1/2 圆周。6 等分 4—4,等分点为 4、3、2、1、2、3、4,由各等分点向左引水平线,与由主视图结合线各点向下所引的垂线相交,将各对应交点连成曲线,即管 II 开孔实形。A′B′B″A″即所求管 II 展开图。 2. 斜马鞍 具体内容见任务拓展。	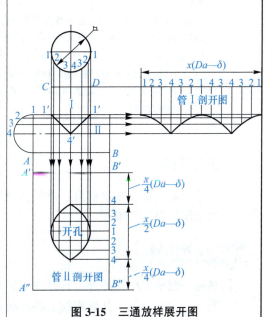 图 3-15 三通放样展开图		

续表

	任务实施
制作直角三通步骤	按照放样展开图画线，如果按此切割线垂直管壁切割后，由于管子壁厚的影响，支管内壁则要与母管相"碰"，因此，兼顾支管内、外壁均能与母管吻合，实际切割线应从最高点逐渐向最低点上移，最高点为零，最低点一般取$(2\sim3)\delta$(壁厚)。 (1)下料切割。图3-16(a)所示为支管正视半展开图，图3-16(b)所示为支管左视半展开图。图中上面的曲线是实际切割线，下面是理论切割线。 (2)支管切割。切割支管时，一定要按实际切割线切割，各点(特别是最高点和最低点)位置不要偏离，要做到前后对称、线条光滑。如果要使支管与母管吻合得更好，切割时可有意识向管子内壁斜割，其规格是最低点(最斜)逐渐向最高点减小，至最高点由外壁垂直。切割后进行清理、修正工作。 (3)母管定位、开孔在平台上用两块V形铁将母管放平，保证轴线与平台平面平行。过母管两端表面最高点画一条直线，根据要求在直线上定出开孔中心点，用角尺保证支管垂直平台平面后，求出母管上的相贯线。然后，在相贯线内(扣去管子壁厚)画出相似的开孔圆弧线。沿开孔圆弧线切割开孔时，要始终保持与管壁垂直，切割后做好清洁工作。母管定位、开孔如图3-17所示。 (4)马鞍点焊成形。按上述画线方法将马鞍定位后，用"点焊"使马鞍成形，此时要保证马鞍的垂直度。 (5)点焊法兰按要求进行管端法兰的点焊固定，此项工作要保证法兰螺孔位置的正确、管子与法兰平面的垂直和保持法兰的端距。	 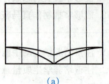 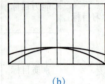 (a) (b) **图3-16** 支管半展开图 (a)支管正视半展开图；(b)支管左视半展开图 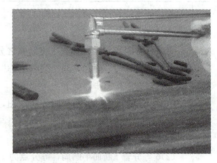 **图3-17** 母管定位、开孔

任务总结

本任务主要介绍了等径直角三通放样展开图的绘制和等径直角三通的制作，主要从直角三通的制作步骤加以阐述。

任务拓展

斜马鞍一般常采用同径管，其制作工艺步骤基本同直马鞍，只是支管切割线(正视)不对称，最高点也不相同。其切割线上各点的长度尺寸如下：

$$r = r \cdot \arctan\frac{\beta}{2}$$

$$r' = r \cdot \tan\frac{\beta}{2}$$

式中　　r——右侧最高点距离(mm)；
　　　　β——斜马鞍倾角(度)；
　　　　r'——左侧最高点距离(mm)。

其余 1/3 的等分线长度分别为 $0.87r'$、$0.5r'$、0、$0.5r$、$0.87r$。其正视半展开图如图 3-18 所示。

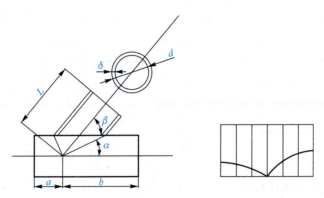

图 3-18　斜马鞍及正视半展开图

● 学习成果测评与总结

一、学习成果评价单

学习成果名称		制作等径直角三通		完成限时		60 分钟		
场地、设备及工量具								
小组人员分工								
任务评价	自我评价	1. 通过本任务学习，我学到的知识点和技能点：_____。 存在问题：_____。 2. 在本次工作和学习的过程中，我的表现可得到： □优　□良　□中　□及格　□不及格						
	小组互评	项目人员	组长	组员 1	组员 2	组员 3	组员 4	组员 5	组员 6
		认真倾听、互助互学							
		合作交流中解决的问题							
		成员参与度							
		备注：请根据组员表现情况评分，优秀 5 分、良好 3 分、合格 1 分、不合格 0 分。							
	教师评价								

二、自我分析与总结

学生改错：	学生学会的内容：

练习与思考

1. 直角三通应用在哪些场所？
2. 等径直角三通的制作步骤有哪些？
3. 等径直角三通放样展开图如何绘制？

活动2 制作虾壳管

工作任务	制作虾壳管		教学模式	任务驱动
任务描述	掌握虾壳管展开图的绘制和制作方法、能够按要求制作虾壳管。			
学习目标	知识目标	1. 熟悉认识虾壳管放样图的展开。 2. 熟悉制作虾壳管的工艺步骤。		
	能力目标	1. 能够掌握虾壳管放样图的展开方法。 2. 能够掌握制作虾壳管的工艺步骤。		
	素质目标	1. 注重培养学生动手能力，能够展示学习成果，对工作过程进行总结和反思。 2. 注重培养学生质量意识和安全意识及规范操作的能力，与他人进行有效沟通和团结协作的能力。		
设备器材	个人防护用品、电焊机、管子材料、直角尺、气割工具、V形铁等工具。			
知识充电站				

虾壳管的认知	当管子弯头的口径较大、弯曲半径较小时，一般采用"虾壳管"连接形式，如船舶发电机排气管、锅炉排气管等管路。还有些管子由于压力低、温度低、管壁薄，转弯时的弯曲半径又比较小，也常采用虾壳弯。 图3-19所示为五节直角虾壳管。由图可见，虾壳管弯头一般由首、尾两节单斜截圆管和若干节双斜截（中间节）圆管组成。中间节越多，弯头曲线越光滑，但工作量也越大，在实际生产中，一般30°弯头取首、尾两节，45°弯头取三节（首、尾和一节中间节），60°弯头取四节，90°取五节，即可符合管路的要求。 从图3-19中可知，首、尾节的斜截角与中间节两侧的斜截角相等。其计算公式如下：	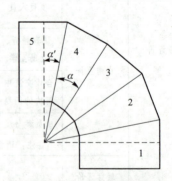 **图3-19 五节直角虾壳管**

虾壳管的认知	$$\alpha' = \frac{\alpha}{2+2n}$$ 式中　α'——虾壳管直管段斜截角(°)； 　　　α'——虾壳管弯曲角(°)； 　　　n——虾壳管中间节节数。	
	任务实施	
虾壳管的直管段倒角制作方法	首、尾节管段由直管段和半截管段组成，中间节是双斜截管段。中间节的外侧节距A、中心节距B和内侧节距C的计算公式如下： $$A = 2\left(R + \frac{D}{2}\right)\tan\alpha'$$ $$B = 2R\tan\alpha'$$ $$C = 2\left(R - \frac{D}{2}\right)\tan\alpha'$$ 式中　R——虾壳管弯曲半径(mm)； 　　　D——管子外径(mm)； 　　　α'——虾壳管直管段斜截角(°)。 首、尾节单斜管段部分尺寸等于相应中间节的一半。	
五节直角虾壳弯的制作工艺步骤	(1)根据上述公式计算斜截角α'、外侧节距A、中心节距B和内侧节距C。 (2)计算直管下料长度。直管理论下料长度为首、尾节直管部分长度加4倍中心节距长度之和，即$2a+4B$(参看图3-19)。考虑到直管的切割损耗，直管下料长度要放些切割余量，切割余量一般为$3\times(n+1)$mm，n为中间节节数。 (3)画表面基准线和取切割点。在下料圆直管两端取十字中线点，然后在管子表面上画出十字基准线A—A'、B—B'、C—C'和D—D'。用$a+\frac{1}{2}A$，$a+\frac{1}{2}B$，$a+\frac{1}{2}C$依次在基准线上取首节各切割点1、2、3、4，再以A、B、C取第一中间节的切割点5、6、7、8，以后继续取点，直至取出尾节的各切割点。由于切割损耗，各条（共4条）切割线的两边均要放1.5 mm的切割余量。 (4)画切割线。利用划线盘进行管子表面切割线的画线工作。划线盘像一只平面法兰形圆盘，圆盘内径应大于管子外径，套进管子后能做径向摆动，摆动度数应满足画斜截线的需要，即划线盘的径向摆动度数应大于12°或15°。为使画线时能有适宜的平面基准，故要求划线盘内外径之差大于或等于20 mm，厚度一般为5~8 mm。划线盘上还焊有定位螺钉。划线盘套进圆管后，转动划线盘，使其平面对准基准线上所取的1、2、3、4各切割点，旋紧定位螺钉，用石笔字画出斜截切割线，如图3-20所示。 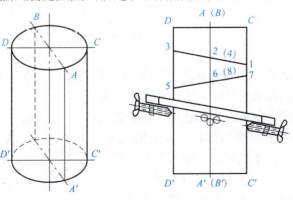 图3-20　虾壳弯的参数画线	

续表

| 五节直角虾壳弯的制作工艺步骤 | （5）管节切割。由于取点画线时，已在两节之间留有 3 mm 的切割余量，因此，采用机械切割或氧—乙炔气割时，必须接线切割，不可发生切口挠曲或偏离切割曲线，切口两边均应平整成形。
（6）开坡口、清理切口。为了保证焊接质量，凡管壁厚度超过 5 mm 的管子对接时，均应开 60°的 V 形坡口，因此，各单只管节的斜截面上均需预先开出 30°斜角。最后对坡口、切口的割渣、氧化皮等进行清理工作。
（7）拼装和焊接成形。虾壳管的拼装工作是虾壳成形的关键工作，拼装必须在平整的平台上进行。拼装关键是各节的各特殊点必须相应对齐，即 1—5、2—6、3—7、4—8 对齐后，再用点焊法固定，直至整个虾壳成形。由于金属的热胀冷缩特性，虾壳弯焊接成形后，必定会发生内弧收缩量大于外径收缩量，而造成弯头的弯曲角 α 大于要求角度，为此，在拼装 90°虾壳弯时，有意识地适当减小 2°左右，即拼装弯曲角为 88°，以便焊接时的收缩变形得到补偿，从而使焊接成形后的角度符合要求。 |

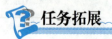 任务总结

本任务主要介绍了虾壳管的分类及其制作的工艺方法，主要从五节直角虾壳弯的制作工艺步骤加以阐述。

任务拓展

为了求出圆风管或配件展开图上的曲线，可把圆风管的圆周长分成若干个等分点，这样在画管配件的展开图时就可利用这些等分点，在展开图上求得相应的位置，再把各点依次连成光滑的曲线，即成展开图。

求圆风管周长的常用方法是计算法，因为任何一个圆的周长与它的直径之比总是一个固定值，即圆周率为 3.141 6（符号为 π），因此，圆风管外径周长 $C=$ 圆周率 $\pi\times$ 管径 D，如图 3-21 所示。

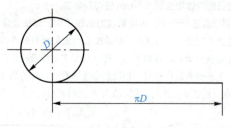

图 3-21　圆管周长

由于管子断面是个圆，分成若干个等分点后再依次连接，得到的是个正 n 多边形，因为正 n 多边形的极限就是圆，所以在圆周上分的等分越多，每两个等分点之间连接而成的弦长就越近似于这段弦所对应的弧长。一般情况下，将圆周分成八等分、十二等分或十六等分甚至更多等分。图 3-22 所示是将圆周分成十二等分。为了便于确定圆周上各等分点在直线上的相应位置，可在圆及其展开的直线的各等分点上编上标号。

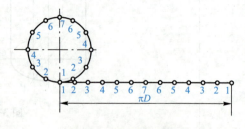

图 3-22　十二等分圆周

• 学习成果测评与总结

一、学习成果评价单

学习成果名称		制作虾壳管		完成限时		60分钟				
场地、设备及工量具										
小组人员分工										
任务评价	自我评价	1. 通过本任务学习，我学到的知识点和技能点：_____。 存在问题：_____。 2. 在本次工作和学习的过程中，我的表现可得到： □优　□良　□中　□及格　□不及格								
	小组互评	项目人员	组长	组员1	组员2	组员3	组员4	组员5	组员6	
		认真倾听、互助互学								
		合作交流中解决的问题								
		成员参与度								
		备注：请根据组员表现情况评分，优秀5分、良好3分、合格1分、不合格0分。								
	教师评价									

二、自我分析与总结

学生改错：	学生学会的内容：

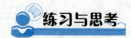 **练习与思考**

1. 虾壳管应用在哪些场所?
2. 五节直角虾壳弯的制作工艺步骤有哪些?
3. 请思考如何将圆十二等分。

学习笔记:

模块 4　船舶管系常用附件的选用与安装

模块描述

船舶管路中有各种附件：连接附件、常用阀件、滤器、检查和测量附件、热交换器、管路常用密封材料。船舶常用的连接附件有法兰连接、螺纹连接、夹布胶管连接、焊缝连接、通舱管件和座板连接和膨胀接头等。常用的阀件有截止阀、止回阀、截止止回阀、闸阀、碟阀、阀箱、旋塞、减压阀和安全阀等。根据工作介质的不同，滤器可分为海水滤器、油滤器和气(汽)体滤器等。为了检查和测量系统中的机械和设备的压力、温度、液位等，必须设置各种检查和测量附件，其中常用的有压力表、温度计、液位指示器和液流观察器等。管路的密封材料很重要，它直接关系到管系的安全使用。因此，应根据管路内介质的压力和温度等正确选用各种不同的密封材料。

模块分析

船舶常用的连接附件用于各种管道的连接。为了控制管路中工作介质的流量和流动方向，在管路中装置各种控制阀件。滤器的作用是过滤掉工作介质中的杂质，以保证系统中的机械和设备等正常工作。为了检查和测量系统中的机械和设备的压力、温度、液位等，必须设置各种检查和测量附件，通过本模块的学习，能够了解和掌握船舶管系常用附件的选用与安装。

模块目标

一、知识目标
1. 熟悉常用连接附件的选用方法。
2. 熟悉常用阀件的选用方法。
3. 熟悉滤器的选用方法。
4. 熟悉检查和测量附件的选用方法。
5. 熟悉管路常用密封材料的选用方法。

二、能力目标
1. 能够掌握常用连接附件的安装方法。
2. 能够掌握常用阀件的安装方法。
3. 能够掌握检查和测量附件的安装方法。
4. 能够掌握滤器的安装方法。
5. 能够掌握管路常用密封材料的安装方法。

三、素养目标
在实际操作过程中，要培养实践动手能力，要注重培养质量意识、安全意识、节能环保意识和规范操作等职业素养。

```
安装常用的连接附件 ──┐         ┌── 安装检查测量附件
                    安装船舶管系常用附件
安装常用的阀件 ──────┘         └── 其他常用附件的选用
```

任务 4.1　安装常用的连接附件

活动 1　选用和安装法兰

工作任务	选用和安装法兰	教学模式	任务驱动
任务描述	掌握船舶管路常用连接附件——法兰的选用和安装方法，能够按要求安装法兰。			
学习目标	知识目标	1. 了解认识法兰的结构。 2. 熟悉法兰连接螺栓的选用。		
	能力目标	1. 能够掌握法兰的分类。 2. 能够掌握法兰安装的工艺步骤。		
	素质目标	1. 注重培养学生动手能力，能够展示学习成果，对工作过程进行总结和反思。 2. 注重培养学生质量意识和安全意识及规范操作的能力，与他人进行有效沟通和团结协作的能力。		
设备器材	个人防护用品、法兰、活络扳手、垫片、连接管路等。			
知识充电站				
法兰的形式	法兰连接是目前船舶管路连接的最主要的形式。其优点是结合强度高、拆装方便、适用范围广，几乎可适用一切管路的连接。法兰连接的材料和结构形式很多，目前最常用的法兰连接有搭焊钢法兰、对焊钢法兰和扁圆形焊接钢法兰三种形式。			
搭焊钢法兰	图 4-1 所示为船用搭焊钢法兰。这种法兰的特点是制造简单、结合可靠，但不能承受较高的压力，适用于公称压力 $PN \leqslant 1.6$ MPa（16 kgf/cm^2）和工作温度 $t \leqslant 300$ ℃的管路。它的公称通径 DN 为 20～500 mm。搭焊钢法兰的制作材料为 A3。法兰选用时，要注意公称通径与适用公称压力（0.6 MPa、1.0 MPa、1.6 MPa）之间的相互配合关系，因为相同的公称通径与不同的公称压力配合时，法兰的规格尺寸可能相同，也可能不同。 (1) 公称通径 $DN=20\sim50$ mm，无论其公称压力 $PN=0.6$ MPa、1.0 MPa 或 1.6 MPa 时，都是同一种规格尺寸。 (2) 公称通径 $DN=65\sim150$ mm，公称压力 $PN=0.6$ MPa、1.0 MPa 时为一种规格尺寸；公称压力 $PN=1.6$ MPa 时为另一种规格尺寸。 (3) 公称通径 $DN=175\sim500$ mm，则有三种规格尺寸：公称压力 $PN=0.6$ MPa 时为第一种；$PN=1.0$ MPa 时为第二种；$PN=1.6$ MPa 时为第三种。	 图 4-1　搭焊钢法兰		

续表

对焊钢法兰	船用对焊钢法兰的材料用 A3（$PN=2.5$ MPa）或 A4（$PN=4.0$ MPa、6.4 MPa）制造，也允许用铸钢浇铸毛坯，并经锻造和热处理后制成。 船用对焊钢法兰有两种结构形式。图 4-2(a)所示为一般的铸钢对焊法兰，其密封面采用三角密封槽(法兰线)形式，适用公称压力 $PN \leqslant 2.5$ MPa(25 kgf/cm²)和工作温度 $t \leqslant 400$ ℃的管路。其公称通径为 $DN=20 \sim 400$ mm。图 4-2(b)所示为有凸肩的铸钢对焊法兰，其密封面采用具有定心和密封作用的凹凸密封形式，所以能承受更高的压力。根据公称压力的不同，分为两级：公称压力 $PN=4.0$ MPa，公称通径 $DN=20 \sim 350$ mm；公称压力 $PN=6.4$ MPa，公称通径 $DN=20 \sim 300$ mm。它们的工作温度 $t \leqslant 400$ ℃。对焊钢法兰主要用于蒸汽、压缩空气、液压等高压、高温管路上。	  图 4-2　对焊钢法兰 (a)—一般铸钢对焊法兰； (b)有凸肩的铸钢对焊法兰
扁圆形焊接钢法兰	图 4-3 所示为船用扁圆形焊接钢法兰。其制造材料为 A3。这种法兰的形状为扁圆形，由于只使用两个螺栓连接，法兰接合面的四周受力是不均匀的；同时采用三角密封槽的密封形式，因此这种法兰只适用公称压力 $PN \leqslant 0.6$ MPa 和工作温度 $t \leqslant 200$ ℃的管路上，它的公称通径 $DN=15 \sim 65$ mm。 扁圆形焊接钢法兰除用于有海水腐蚀等场合外，一般都采用单面焊接，其余要求基本与搭焊钢法兰相同。	 图 4-3　扁圆形焊接钢法兰
法兰标准标记	船用法兰是标准产品。$PN=16$ kgf/cm²，$DN=50$ mm 的船用搭焊钢法兰，其标记方式写成：法兰 16 050 GB 2506—2005。其中，前两位数字 16 代表公称压力 $PN=16$ kgf/cm²。后三位数字 050 则代表公称通径 $DN=50$ mm。 这里要注意：标记中的公称压力是用公制压力单位，它与国际单位的换算一般取 1 kgf/cm²≈0.1 MPa，这样，法兰 40 100 GB/T 9124.1—2019 就表示了公称压力 $PN=4.0$ MPa，公称通径 $DN=100$ mm 的船用对焊钢法兰。	
	任务实施	
法兰连接螺栓的选用	船用法兰的连接螺栓一般都使用了精度普通的粗牙螺纹。螺栓和螺母的材料为优质碳素钢，为了避免由于旋紧后而使螺栓损伤，螺栓用钢的硬度要大于螺母用钢的硬度，如螺栓用 20 号钢，螺母则用 15 号钢。 以船用搭焊钢法兰为例，介绍连接螺栓的选用。连接螺栓除螺栓材料为 20 号钢和螺母材料为 15 号钢外，主要考虑螺栓的直径 M 和长度 l。螺栓的直径 M 应比法兰螺孔直径 d 小 1～2 mm。螺栓的长度 l 应为法兰旋紧后露出螺母 2～3 牙，即 $$l = 2b + H + \delta + (1 \sim 2)t$$ 式中　l——螺栓长度(mm)； 　　　b——法兰厚度(mm)； 　　　H——螺母厚度(mm)； 　　　δ——垫片厚度(mm)，其中，石棉橡胶 $\delta=2$，夹布橡皮 $\delta=3$； 　　　t——螺距(mm)。	

法兰连接螺栓的选用	由于螺栓的长度已标准化，计算出的理论长度 l 应转化成标准长度 L，螺栓的标准长度有 20 mm、25 mm、30 mm、35 mm、40 mm、45 mm、50 mm、55 mm、60 mm、65 mm、70 mm、75 mm、80 mm、90 mm、100 mm、110 mm、120 mm、130 mm、140 mm、150 mm、160 mm、180 mm、200 mm、220 mm、240 mm、260 mm、280 mm、300 mm 等。 常用连接螺栓的螺距 t 和螺母厚度 H 见表 4-1。 **表 4-1　常用连接螺栓的螺距 t 和螺母厚度 H** | M | 6 | 8 | 10 | 12 | 14 | 16 | 18 | 20 | 22 | 24 | |---|---|---|---|---|---|---|---|---|---|---| | t | 1 | 1.25 | 1.5 | 1.75 | 2 | 2 | 2.5 | 2.5 | 2.5 | 3 | | H | 5 | 6 | 8 | 10 | 11 | 13 | 14 | 16 | 18 | 19 | 案例：一对法兰使用石棉橡胶垫片连接时，应选用的连接螺栓的规格如何？ 已知法兰厚度 $b=18$ mm，螺孔直径 $d=17$ mm，$\delta=2$ mm。求 M 和 l。 解：$M=d-(1\sim2)=17-(1\sim2)=15\sim16$ M 取 16。 M16 的 $t=2$，$H=13$。 $l=2b+H+\delta+(1\sim2)t=2\times18+13+2+(1\sim2)\times2=53\sim55$。 l 取 55。 所取螺栓的规格为 M16×55。
法兰的焊接与安装	法兰的焊接与安装（图 4-4）注意事项如下： (1)管子切割面与管子中心线要保持垂直，切口要修整光顺，及时去除割渣、毛刺和氧化物。 (2)对于搭焊钢法兰和扁圆形焊接钢法兰要保持端距 $h=4\sim6$ mm，管子与法兰点焊时要保持管子中心线与法兰端面垂直，不垂直度小于 30°；用于对焊钢法兰连接的管子，其管口应做 60°坡口，管子与法兰点焊时要保持同心度在 1 mm 之内。 (3)根据管内介质的工况和管子的公称通径，合理选用垫片的材料和规格，特别要注意防止"大法兰小垫片"的情况出现。 (4)正确选用连接螺栓的直径和长度，用"十字交叉法"旋紧螺栓，螺栓长度以旋紧后露出 2~3 牙为宜。  图 4-4　安装法兰

任务总结

本任务主要介绍了法兰选用和安装的工艺方法，主要从法兰结构形式、法兰连接螺栓的选用、法兰标准的标记和法兰的安装步骤加以阐述。

任务拓展

法兰的选用

选用法兰时，还要特别注意法兰内径与管子外径的配合，由于法兰标准上所标的管子外径与法兰内径 D_W 一般均为适用的管子外径，实际法兰内径在法兰施工图上标明。因而当管子外径与标准中的 D_W 不一致时，法兰的内径必须做相应的修改。本系列标准所适用的管子外径与目前民用船舶上使用的管子外径系列有很大的不同，特别要注意。

管子与法兰搭焊时，要求管子中心线与法兰端面保持垂直，偏差不得大于 30′。搭焊钢法兰均采用双面焊接，管子端面插入法兰的位置应距离法兰面 4～11 mm，按标准进行选择。

本标准法兰的密封面上都有 2～3 道三角形的环形槽（法兰线），其作用是当一对法兰连接时，法兰间的垫片就被压入槽内，从而提高了法兰的密封性。连接螺栓旋紧时，要按"十字交叉法"顺序进行，以便垫片各处受力均匀，保证其密封性。固紧后的螺栓露出螺母的长度应为 0～0.5 螺栓直径，最好为 3 牙。

● 学习成果测评与总结

一、学习成果评价单

学习成果名称		选用和安装法兰		完成限时		60分钟		
场地、设备及工量具								
小组人员分工								
任务评价	自我评价	1. 通过本任务学习，我学到的知识点和技能点：_____。 存在问题：_____。 2. 在本次工作和学习的过程中，我的表现可得到： □优　□良　□中　□及格　□不及格						
	小组互评	项目人员	组长	组员1	组员2	组员3	组员4	组员5	组员6
		认真倾听、互助互学							
		合作交流中解决的问题							
		成员参与度							
		备注：请根据组员表现情况评分，优秀5分、良好3分、合格1分、不合格0分。							
	教师评价								

二、自我分析与总结

学生改错：	学生学会的内容：

练习与思考

1. 船舶管路的连接附件都有哪些？
2. 法兰的焊接与安装注意事项有哪些？
3. 法兰连接螺栓的长度是如何选定的？

活动2　安装其他连接附件

工作任务	安装其他连接附件	教学模式	任务驱动
任务描述	掌握船舶管路其他常用连接附件的选用和安装,能够按要求安装其他连接附件。		
学习目标	知识目标	1. 了解认识其他连接附件的结构。 2. 熟悉螺栓连接、夹布胶管连接和焊缝连接、膨胀接头。	
	能力目标	1. 能够掌握螺栓连接、夹布胶管连接安装的工艺步骤。 2. 能够掌握焊缝连接、膨胀接头安装的工艺步骤。	
	素质目标	1. 注重培养学生动手能力,能够展示学习成果,对工作过程进行总结和反思。 2. 注重培养学生质量意识、安全意识及规范操作的能力,与他人进行有效沟通和团结协作的能力。	
设备器材	个人防护用品、法兰、活络扳手、垫片、连接管路等。		

<table>
<tr><td colspan="2" align="center">知识充电站</td></tr>
<tr><td>螺纹连接</td><td>当管子与管子及管子与机械、设备、附件之间是利用螺纹进行连接时,这种连接方式称为螺纹连接。螺纹连接主要有管子螺纹接头、卡套接头和由壬接头三种形式。螺纹连接方式的优点是拆装方便,占用空间位置小,布置紧凑。</td></tr>
<tr><td>管子螺纹接头</td><td>

管子螺纹接头有平肩螺纹接头和锥面螺纹接头两种。

(1)平肩螺纹接头。常用的平肩螺纹接头有中间接头和旋入接头两种。

图4-5(a)所示为中间接头,用于管路中两段管子的连接,也可以直接焊接在总管上作为开支管。

图4-5(b)所示为旋入接头,用于管子与机械设备、附件间的连接。

平肩螺纹接头的材料采用普通碳素钢,外套螺母用普通碳素钢或锰黄铜,外垫圈用石棉橡胶板,内垫圈用紫铜或塑料等。平肩螺纹接头适用于公称压力小于1.6 MPa的海水、淡水、油、空气和温度≤250 ℃的蒸汽管路上,它的公称通径为6~32 mm。

旋入接头1与机械设备或附件的螺纹接座连接,为了保证接头与接座的密封,中间必须垫以外垫圈。外套螺母2起到连接作用,管子用气焊方式与平肩接头3进行对焊或套焊。

(2)锥面螺纹接头。锥面螺纹接头的结构形式基本上与平肩螺纹接头相同,其主要区别就是接头间的接触面不是平面而是一个锥面(图4-6)。外套螺母将两个锥面(接头常用圆锥面)紧密接触而保证其密封性能,从而达到不用垫圈的目的。

锥面螺纹接头按其用途划分,可分为旋入接头、中间接头和支管接头三种。接头材料用35号优质碳素钢制造,公称通径为4~25 mm,公称压力为4 MPa,全部采用公制细牙螺纹(M14×1.5~M39×2)连接,主要用于船用柴油机高压燃油管路上。

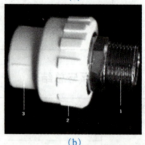

图4-5　平肩螺纹接头

(a)中间接头;(b)旋入接头

1—旋入接头;2—外套螺母;3—平肩接头

其他连接附件

图4-6　锥面螺纹接头

</td></tr>
</table>

续表

卡套接头	卡套接头是一种先进的管路连接件，属于非焊接式管件。卡套接头的优点是连接牢靠，密封性能好，外形美观，管路安装时不需焊接，可用于防火、防爆的施工场所。 图4-7所示为卡套接头结构，由接头1、卡套2和螺母3组成。 卡套接头按其用途划分，可分为以下两大类： （1）气动、信号用卡套接头。此类卡套接头主要用于气源、信号管路。接头、卡套和螺母的材料均采用黄铜（H62）制造。 （2）测量、液压传动用卡套接头。此类卡套接头主要用于仪表测量、液压传动管路。 卡套接头常用形式有旋入接头、中间（直通或直角）接头、三通接头及压力表接头等。	 图4-7 卡套接头结构 1—接头；2—卡套；3—螺母
由壬接头	当管路中介质的工作压力小于0.6 MPa、工作温度低于100 ℃的情况下，可采用由壬接头连接。由壬接头的结构如图4-8所示。 由壬接头采用马口铁锻制而成，镀锌的由壬接头称为白铁由任，不镀锌的叫作黑铁由壬，一般常用白铁由壬。由壬接头与管子（镀锌钢管）都是采用圆柱形管螺纹连接，其常用规格为"$G\frac{1}{2}$～G2"，广泛用于各种日用冷、热水管路上。为了保证接头的密封应做到：接头间要加装垫片；管子与接头连接时，管子端部的管螺纹上要顺时针缠绕聚四氟乙烯生料带。	 图4-8 由壬接头
夹布胶管连接	夹布胶管连接一般用于管子的公称通径小于80 mm和公称压力小于0.6 MPa的油、水管路上。 图4-9（a）所示为夹布胶管连接装置。该装置由夹布胶管、管箍组成。 夹布胶管由橡胶和织物材料制成，胶管的内层为橡胶胎，外层为橡胶套，中间敷设2～5层由棉织物制成的衬布，衬布的层数根据管内介质的工作压力而定。 船用胶管接头一般直接使用连接钢管，为了加强连接的密封性，连接钢管的端部可焊一圈直径为1.2～2 mm的金属丝或车制一道环形槽。连接钢管与胶管是用特制的管箍夹紧的。 夹布胶管连接用于水温低于100 ℃的水管路上，如用于油管路时，油温必须低于80 ℃，同时采用耐油橡胶。 夹布胶管连接的优点：结构简单，安装方便，连接后有一定的弹性，可隔离机械振动对管系的影响；管子膨胀或船体变形而引起管子弯曲时，接头有一定的补偿作用；由于接头的重量较轻，可以减轻管路的重量。但是，夹布胶管连接的缺点：使用寿命较短（6～18个月），重复使用容易发生泄漏现象；耐热、耐压性能差，只能用于低温、低压的管路上。 夹布胶管连接主要用于发电机冷却水的进、出口管路和离心式分油机的进、出水管路，以及废气蜗轮增压器的润滑、冷却管路上。	 (a)  (b) 图4-9 夹布胶管、卡箍 (a)夹布胶管；(b)卡箍

膨胀接头	由于管路固接在船体结构上,当船体变形或管路受热膨胀(特别是蒸汽管路)时,管子就会产生很大的内应力,以至破坏法兰等的紧密性而造成管路泄漏,严重时甚至会造成管子弯曲或破裂。如果在管路中设置膨胀接头就可以解决这些问题。 1. 弯管式膨胀接头 图4-10所示为常用的两种弯管式膨胀接头,它们都是用无缝钢管弯制而成的。图4-10(a)适用高温蒸汽管路;图4-10(b)适用温度较低的管路。 弯管式膨胀接头的优点是补偿能力大,易于加工,使用方便,不需照顾;缺点是占地较大,对工质的阻力也大,接头材料容易产生疲劳。 弯管式膨胀接头的中间弯曲部分是用来承受管子因受热而引起的伸长,从而降低了热应力,因此,管子支架(马脚)只能安装在接头的两端,严禁装在接头的中间。 2. 波形膨胀接头 波形膨胀接头的常用材料有不锈钢、紫铜和胶质三种,它们的结构形式如图4-11所示。 图4-11(a)所示为不锈钢波形膨胀接头。它是用厚度为2 mm的不锈钢钢板先冲压成半波形,然后焊接而成。基本形式有两种,即波形管内部焊有一端固定(也有中间固定)的光管和波形管内无夹管。前者既防止了柴油机排出废气的压力损失,又适应了管路的热胀冷缩,适用采用脉冲增压的柴油机排气管路;后者则适用采用等压增压的柴油机排气管路。 紫铜波形膨胀接头制作方法同上,一般都不设光管,主要用于船舶发电机(柴油机)的排气管路。图4-11(b)所示为胶质波形膨胀接头。胶质波形膨胀接头是整体热压而成的,根据需要可制成单节式或多节式。胶质波形膨胀接头主要用于管路较长的压载水或舱底水管路。 波形膨胀接头的优点是结构紧凑,不需检修。其缺点是承压能力小,只适用低压管路;补偿能力小,适用大直径的管路;制造工艺较复杂(不锈钢、紫铜);波形管受到的交变应力较大,使用寿命较短。	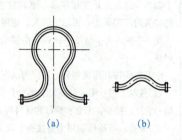 图4-10 弯管式膨胀接头  (a)  (b) 图4-11 波形膨胀接头
焊缝连接	对一些不需要拆卸的管子可以采用焊接的方法连接,如图4-12所示。常用的焊缝连接有对接焊、套接焊和搭接焊三种。 (1)对接焊,如图4-12(a)所示。对接焊根据对接管子的壁厚分为两种情况,即当壁厚$\delta \leqslant 3$ mm时,直接用直管对接的方式,管子间隙为$0 \sim 2$ mm,只允许采用气焊或气体保护焊的熔丝焊接法;当壁厚3 mm$< \delta \leqslant 16$ mm时,管口要做60°的坡口,管子间隙为$0 \sim 3$ mm,对各类油管路必须先用氩弧焊封底后,再用电弧焊、气焊或气体保护焊焊接。对接焊的同心度要求$\leqslant 1$ mm。 (2)套接焊,如图4-12(b)所示。采用套接焊时,套管材料应与连接管子同质,套管的位置应居中,套入长度$\geqslant 5\delta$(δ为连接管子壁厚),套管厚度$\geqslant 1.25\delta$,套管内径比连接管子外径大$2 \sim 3$ mm,连接管子间隙$\leqslant 3$ mm。	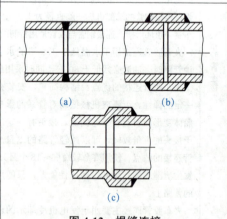 图4-12 焊缝连接 (a)对接焊;(b)套接焊;(c)搭接焊

续表

焊缝连接	(3)搭接焊，如图 4-12(c)所示。采用搭接焊前，应先对连接管子进行扩口处理。扩口后的内径应比插入管子外径大 2~3 mm，插入长度为 15~20 mm，扩口边缘不得产生裂缝。搭接焊时要求基本同心。	
任务实施		
管子螺纹接头使用	管子螺纹接头使用注意事项如下： (1)凡是平肩接头必须加装合适的内垫圈，锥(球)面接头则不必用内垫圈。 (2)管子与接头用气焊焊接时，必须先将接头拆开后单独焊接，否则会发生接头"咬死"而拆不开接头的现象。 (3)旋入接头的旋入螺纹必须与接座螺纹相配合，接头与接座间必须加装外垫圈。	
卡套接头安装要求	卡套接头(图 4-13)能否保证良好的工作性能，与安装方法是否正确有极大的关系。在施工安装时必须达到下列要求： (1)管子表面不得有拉痕、凹陷、裂纹、锈蚀等缺陷存在。 (2)连接钢管的外径偏差不超过±0.3 mm 时，方可得到满意的连接效果。 (3)管子切割面应保证与轴线垂直，并不能有毛刺、脏物，用于高压连接的钢管事先最好用细砂纸打磨管子插入部分的外表面。 (4)外套螺母、卡套在管子上的位置方向要正确，管子应顶紧在接头的止推面上。 (5)拧紧螺母时，用力要均匀，拧紧后可松下螺母，观察卡套是否咬进管子表面，正式安装时，仍需用力拧紧。	 图 4-13　卡套接头

任务总结

本任务主要介绍了船舶管路其他常用连接附件的选用和安装，主要从螺纹连接、夹布胶管连接、膨胀接头和焊接的选用和安装步骤加以阐述。

任务拓展

焊缝连接

施焊前应清除焊件焊接部位的氧化皮、铁锈、潮气、油污、油漆、熔渣及其他可能影响焊接质量的污物，并检查焊缝间隙和坡口等是否符合要求。为了保证焊接质量，各种焊缝应尽可能采用俯焊位置。施焊结束后应立即清除焊渣与飞溅物，检查焊缝的外表质量，即焊缝表面应光滑清洁，不得有裂纹、焊瘤、气孔及未填满的弧坑或凹陷存在。管子内壁产生溶滴与塌陷应予以修补。

钢管的焊缝连接一般采用对接焊或套接焊的形式。紫铜管则采用搭接焊或套接焊，而不宜采用对接焊。这是因为对接焊的强度较低；同时，由于对接焊而在管子内壁形成的焊渣无法清除，而一般紫铜管大量用于仪表管路及冷藏管路，这些管路对管子的清洁要求又特别高，所以，紫铜管不宜采用对接焊形式。

焊缝连接主要用于油舱内的蒸汽加热管、测量管、船舷空气管、冷藏管及修船时的管子调换。

● 学习成果测评与总结

一、学习成果评价单

学习成果名称		安装其他连接附件		限时		60分钟		
场地、设备及工量具								
小组人员分工								
任务评价	自我评价	1. 通过本任务学习，我学到的知识点和技能点：_____。 存在问题：_____。 2. 在本次工作和学习的过程中，我的表现可得到： □优　□良　□中　□及格　□不及格						
	小组互评	项目人员	组长	组员1	组员2	组员3	组员4	组员5	组员6
		认真倾听、互助互学							
		合作交流中解决的问题							
		成员参与度							
		备注：请根据组员表现情况评分，优秀5分，良好3分，合格1分，不合格0分。							
	教师评价								

二、自我分析与总结

学生改错：	学生学会的内容：

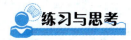 **练习与思考**

1. 管子螺纹接头使用注意事项有哪些？
2. 卡套接头安装要求有哪些？
3. 钢管的焊缝连接一般采用什么焊接形式？紫铜管采用什么形式？

学习笔记：

任务4.2　安装常用的阀件

工作任务	安装常用的阀件	教学模式	任务驱动
任务描述	掌握船舶管路常用阀件的选用和安装方法，能够按要求安装常用阀件。		
学习目标	知识目标	1. 了解常用阀件的结构。 2. 熟悉常用阀件的选用。	
	能力目标	1. 能够掌握常用阀件的标记方法。 2. 能够掌握常用阀件的安装注意事项。	
	素质目标	1. 注重培养学生动手能力，能够展示学习成果，对工作过程进行总结和反思。 2. 注重培养学生质量意识和安全意识及规范操作的能力，与他人进行有效沟通和团结协作的能力。	
设备器材	个人防护用品、截止阀、止回阀、截止止回阀、闸阀、碟阀、阀箱、减压阀和安全阀、活络扳手、垫片等。		
知识充电站			
常用阀件	为了控制管路中工作介质的流量和流动方向，在管路中装置各种控制阀件。常用的阀件有截止阀、止回阀、截止止回阀、闸阀、碟阀、阀箱、减压阀和安全阀等。		
截止阀	截止阀是最常用的一种阀件，其用途是截止或接通管路中的介质。 截止阀根据它的进出口中心线的相对位置，分为直通型（A型）和直角型（B型）两种形式（图4-14）。直通型截止阀的进出口中心线在一条直线上，直角型截止阀的进出口中心线呈直角布置。逆时针转动手轮，阀杆带动阀盘离开阀座，此时截止阀呈打开状况，介质从图示方向进入和流出截止阀，管路呈流通状况；反之，关闭管路。 截止阀有法兰式、外螺纹式和内螺纹式三种连接形式。截止阀材料有铸铁、铸钢、锻钢和铸铜四种。截止阀标记方法，如 $DN50$，$PN25$（单位为 kgf/cm^2）的 A 型（直通型）法兰铸钢截止阀记作：截止阀 A25050 GB/T 584—2008。 其他阀件的标记方法基本同截止阀。	图4-14　法兰铸铁截止阀 (a)直通型；(b)直角型	
止回阀	止回阀又称单向阀，它只允许工作介质从一个方向通过而能阻止其逆向回流。 **1. 升降式止回阀** 升降式止回阀是最常用的一种止回阀，它也有直通型（A型）和直角型（B型）两种形式。如图4-15所示，升降式止回阀主要由阀体、阀座、阀盘和阀盖组成。当工作介质按图示方向进入阀盘的下部时，如果工作介质作用于阀盘下部的作用力大于阀盘上部的作用力，阀盘就被抬起而离开阀座，此时，止回阀的通道就打开了，工作介质从止回阀的出口流出。当工作介质逆向流动时，工质的作用力就作用在阀盘的上方，再加上阀盘本身重量的作用，阀盘就紧紧地压在阀座上，阻止了工质的逆流。	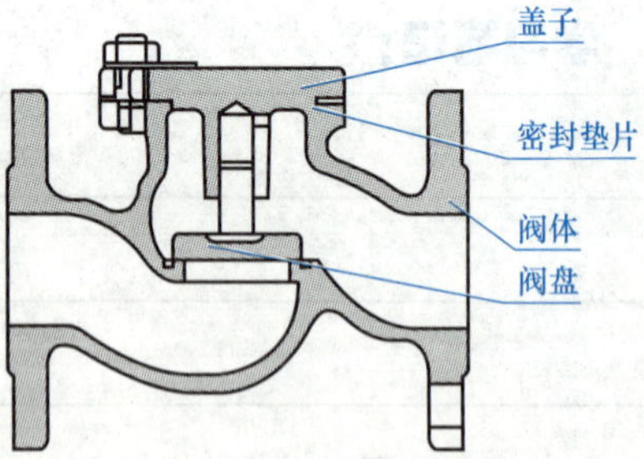 图4-15　直通型升降式止回阀结构	

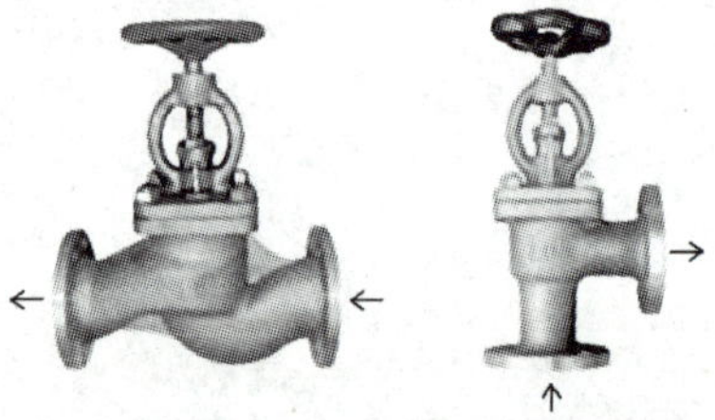

止回阀	升降式止回阀有法兰式、内螺纹式和外螺纹式三种连接形式。内螺纹式适用低压、小管径管路；外螺纹式则适用高压、小管径管路。 2. 防浪阀 　　防浪阀也是一种止回阀，它也有直通型和直角型两种结构形式，如图 4-16 所示。防浪阀由阀体、阀盘和转动轴组成，当介质从图示方向进入阀门时，阀盘就顺着转动轴摆动，阀就开启；反之，阀盘就紧压在阀座上，阻止了介质的逆向回流。防浪阀一般是整体浇铸而成的，其进出口均为法兰连接形式，一般采用标准搭焊钢法兰，其常用规格为公称通径 $DN65 \sim DN150$。但进出口口径不一样，出口口径大于进口口径，一般比进口口径大一档。	 图 4-16　直角型防浪阀
截止止回阀	截止止回阀是具有截止和止回（阻止工质逆向回流）双重作用的阀件。它的阀体、阀盖等与截止阀一样，与截止阀不同的是阀盘和阀杆的结构。由于截止止回阀的阀杆只是松插在阀盘的导孔中央，因此当手轮顺时针旋转阀杆下降时，阀杆能顶住阀盘并强迫阀盘下降而紧紧地压在阀座上，此时起截止作用；而当手轮逆时针旋转阀杆上升时，阀盘并不随之提起，只有在介质作用于阀盘下面的作用力大于阀盘上面的作用力时，阀盘才能抬起（抬起高度则按阀杆上升的高度而定），介质回流时，阀盘则下降而自动关闭阀门，此时起止回作用。 　　截止止回阀也有直通型（A 型）和直角型（B 型）两种形式，如图 4-17 所示。材料有铸铁、铸钢（法兰式）和青铜（外螺纹式）等，它们的适用范围基本同相应的截止阀。 　　规格相同的截止止回阀和截止阀的外形是一样的，区别它们只要将两只阀的阀杆升到最高处，然后分别提起来摇一摇（也可将手伸到阀盘下部去托阀盘），如果有响声的就是截止止回阀，没有响声的就是截止阀。这是由于截止止回阀的阀杆是松插在阀盘导孔中央，阀杆上升的不能带动阀盘一起上升，摇动时就发出阀盘撞击阀座的响声；而截止阀的阀杆与阀盘是固接在一起的，阀杆上升也带动阀盘一起上升，所以摇动时就不会发出响声。另外，为了便于区别，截止止回阀的阀杆顶部涂有黄色油漆，而截止阀则不涂油漆。	 (a)  (b) 图 4-17　截止止回阀 (a)直通型；(b)直角型
闸阀	1. 法兰铸钢闸阀 　　图 4-18 所示为法兰铸钢闸阀，属于阀杆固定式（是指阀开关后的阀杆高度位置不变）闸阀，其主要由阀盖、阀杆、阀体、阀芯和方螺母组成。转动手轮时，由于阀杆中部止动凸肩的限制，阀杆只能转动而不能上下运动，与阀杆下部啮合的方螺母由于受到阀芯的限制，能随着阀杆的转动而上下运动，从而带动阀芯上下运动而形成闸阀的开关，阀的开启高度由指示装置反映出来。	 图 4-18　法兰铸钢闸阀

闸阀	2. 阀杆上升式闸阀 　　阀杆上升式闸阀与阀杆固定式闸阀的区别在于阀杆上部的螺纹与阀盖上的螺纹啮合，下部没有螺纹而直接与楔形阀芯连接，中间也没有止动凸肩（与截止阀相似）。转动手轮时，阀杆一边转动一边直接带动阀芯上下运动而形成闸阀的开关，阀的开启高度直接从阀杆上反映出来。 　　闸阀与截止阀比较有以下的优点：流通截面大，介质的流动阻力小；不分进出口，介质可从任何一侧通过；结构长度短，因而法兰间装配长度也短；开关比较省力。但是闸阀也有以下缺点：阀芯和阀座间的密封面制造复杂，由于经常摩擦容易磨损，从而会影响和丧失密封能力，因此不能承受较高的压力。 闸阀、安全阀	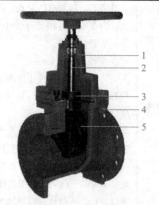 图 4-18　法兰铸钢闸阀（续） 1—阀盖；2—阀杆；3—方螺母； 4—阀体；5—阀芯
蝶阀	碟阀是由碟形的阀盘及竖立的径向阀杆来控制阀的开关，阀盘绕阀杆转动。其工作示意如图 4-19 所示。 　　转动手柄（轮），阀杆就带动阀盘一起转动，当阀盘与介质的流动方向垂直时，阀就呈关闭状态；当阀盘与介质流向成某一角度或平行时，阀就呈开启状态。通过改变阀盘与介质流向的相对角度就可以调节阀的流量。根据上述的结构特点，可见碟阀是不分进出口的，可用于双向流动的管路。阀盘的径向外缘内镶有密封圈，从而保证了阀的密封。 　　由于碟阀的开关是直接由转动阀杆来控制的，因此很容易做到自动控制，常用的控制方式有气动（压缩空气）和电动两种。为了能方便地了解阀的开闭状况，碟阀的上部装有角度指示器。	 图 4-19　蝶阀
阀箱	为了便于集中控制、管理方便和节省阀件，可以将两个或两个以上的阀件（截止阀或截止止回阀）组合为一体的联箱，这种联箱统称为阀箱。 　　阀箱有单排和双排之分，根据需要可制成双联式或多联式。阀箱一般用铸铁整体铸成，也可以用"组合阀"连接而成。阀箱按用途可分为吸入阀箱、排出阀箱和调驳阀箱三种。 　　1. 吸入阀箱 　　吸入阀箱都是下部开而上部分连通的单排阀箱，其联数则根据需要而定。吸入阀箱能将液体分别从每一个阀门的下部吸入阀箱，然后由上部的公共排出室排出，如图 4-20 所示。 　　2. 排出阀箱 　　排出阀箱都是上部开而下部分连通的单排阀箱，其联数也是根据需要而定。液体从排出阀箱下部的公共吸入室进入阀箱，然后由上部控制的阀将它们分别排出，如图 4-21 所示。 　　排出阀箱的特点是下部分公共吸入，上部分分别排出。根据这个特点，凡需要集中管理、操纵的系统如机舱供水、燃油输送等管路均可使用。如将排出阀箱下部分公共吸入口与供水系统的排出总管连通以后，就可以通过阀箱上部的阀将水分别送到各个用水处。	 图 4-20　吸入阀箱  图 4-21　排出阀箱

续表

减压阀	减压阀是用来降低蒸汽、压缩空气等管路中的压力，以适应低压系统应用的装置。 船舶常用的减压阀有蒸汽减压阀和压缩空气减压阀两种。 1. 蒸汽减压阀 图 4-22 所示为蒸汽减压阀。主阀下部有一根被压缩的主阀弹簧，主阀上部的阀杆与活塞相连，活塞上下移动就带动主阀升降，从而形成减压阀的开启或关闭。只要进入减压阀的高压蒸汽的压力保持不变，主阀的开度也将维持不变，减压后蒸汽压力也保持不变。 蒸汽减压阀有微量的压力自动调节作用。 2. 压缩空气减压阀 图 4-23 所示为压缩空气减压阀。顺时针转动调节螺栓，弹簧座迫使弹簧压缩，薄膜片下凸使阀盘下降，这样在阀盘与阀座之间保持一定的间隙。当高压压缩空气从通道进入减压阀后，通过阀盘与阀座之间的空隙，压缩空气被节流而减压，减压空气从通道口引出。	 图 4-22　蒸汽减压阀  图 4-23　压缩空气减压阀
安全阀	安全阀用于锅炉、压力容器等设备及船舶管路上。当这些设备、管路内介质的工作压力超过规定数值时，它可以自动排除过剩的压力，使介质的工作压力保持在规定范围内。船舶所用的安全阀一般都为内弹簧式。 当设备或管路内压缩空气的压力超过安全阀的开启压力（大于弹簧张力）时，阀座就被推开，压缩空气就从通道外泄，设备或管路内压力立即降低，起到了安全保护作用。 压缩空气安全阀的开启压力由弹簧的张力决定，开启压力一般为 1.1 倍工作压力。 图 4-24 所示为法兰铸铁安全阀。它的工作原理和压缩空气安全阀一样，常用的公称通径为 25～80 mm，适用公称压力小于 1.6 MPa 的海水、淡水和温度 $t\leqslant 225$ ℃的蒸汽管路。	 图 4-24　法兰铸铁安全阀
	任务实施	
截止阀的使用和安装	截止阀的使用和安装注意事项如下： (1)根据工作介质的工况(压力、温度)选用合适的截止阀。 (2)截止阀手轮顺时针旋转为关，逆时针旋转为开，可安装于任何位置上。 (3)截止阀阀件上的箭头方向必须与工作介质的流通方向一致。若箭头标志不清，则一律以"低进高出"的原则确定阀的流通方向。 直通截止阀如图 4-25 所示。 (4)选用正确的连接形式和垫片。连接法兰的材料和结构形式都应与截止阀法兰相同，即外螺纹锻钢截止阀采用公制细牙螺纹 M22×1.5～M56×2；内螺纹铸铜截止阀都是管螺纹"G $\frac{3}{8}$～G2"，管子绞牙后直接与截止阀连接。	 图 4-25　直通截止阀

续表

升降式止回阀的使用和安装	升降式止回阀(图4-26)的使用和安装注意事项如下： (1)根据工作介质的工况(压力、温度)选用合适的止回阀。 (2)升降式止回阀只能安装在横(水平)管上面不能安装在直(垂直)管上，如要垂直安装，不垂直度应小于15°，以保证阀盘的短杆能在阀盖的导筒内自由地升降。 (3)阀体上的箭头方向必须与工作介质的流通方向一致，标志不清时一律按"低进高出"的原则安装。 (4)正确选用的连接形式和垫片。	 图4-26 升降式止回阀
截止止回阀的使用和安装	截止止回阀(图4-27)的使用和安装注意事项如下： (1)根据工作介质的工况(压力、温度)正确选用截止止回阀。 (2)手轮顺时针旋转为关，逆时针旋转为开(相当于止回阀)。 (3)直通式只能安装在横管上面不能安装在直管上，安装时阀杆要保持垂直(不垂直度小于15°)，同时要按箭头方向或"低进高出"原则确定进出口方向 (4)选用正确的连接形式和垫片。	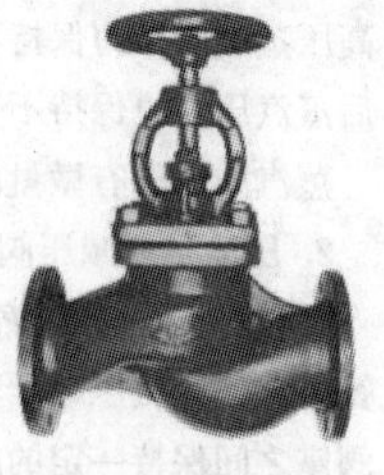 图4-27 截止止回阀
闸阀的使用和安装	闸阀(图4-28)的使用和安装注意事项如下： (1)根据工作介质的工况(压力和温度)选用合适的闸阀。 (2)安装阀杆上升式闸阀时，要留出足够的高度空间。 (3)可用于双向流动的管路，安装时不考虑阀的进出口，同时可安装于任何位置。 (4)选用正确的连接形式。 闸阀内螺纹均为管螺纹，直接与管子管端的管螺纹连接，旋紧时要注意防止闸阀接口断裂。	 图4-28 阀杆固定式闸阀
减压阀的调节和安装	蒸汽减压阀如图4-29所示。减压阀的调节和安装注意事项如下： (1)顺时针旋转手轮(调节螺栓)，减压蒸汽(压缩空气)压力升高；逆时针旋转手轮(调节螺栓)，减压蒸汽(压缩空气)压力降低(图2-29中的下调节螺栓的调节作用刚好相反)。 (2)减压阀应按箭头方向垂直安装于水平管路上。	 图4-29 蒸汽减压阀
安全阀的安装	安全阀(图4-30)的安装注意事项如下： (1)弹簧式安全阀必须直立安装。 (2)安全阀出口应无阻力或避免产生压力(留压)的现象。 (3)安全阀用于蒸汽或淡水管路时，要用支管将排出的蒸汽或淡水引回原处，支管管径不小于安全阀的出口通径。 (4)出口无接管的安全阀安装时，其出口不得对准过道、机械设备或仪表等，防止发生人身或设备事故。	 图4-30 安全阀

任务总结

本任务主要介绍了船舶管路系统中常用的阀门选用和安装注意事项,主要从截止阀、止回阀、截止止回阀、闸阀、蝶阀、阀箱、减压阀、安全阀的安装加以阐述。

任务拓展

闸阀的适用范围

闸阀常用的材料有铸铁、铸钢和青铜等,它们的适用范围见表4-2。

表 4-2 闸阀的适用范围

名称	公称压力/MPa	公称通径/mm	适用介质
内螺纹青铜闸阀	1.0	25～65	海水、淡水、油和 $t \leqslant 120\ ℃$ 的蒸汽
	1.0	25～100	淡水、$t \leqslant 120\ ℃$ 的蒸汽
法兰铸铁闸阀	0.6	50～150	海水、淡水和滑油
	0.4	200～300	
法兰铸钢闸阀	1.0	50～100	海水、淡水、燃油和滑油
	0.6	125～150	
	0.4	200～300	
油轮铸钢闸阀	1.0	200～350	各种石油产品

学习成果测评与总结

一、学习成果评价单

学习成果的名称		安装常用的阀件		完成限时		60分钟			
场地、设备及工量具									
小组人员分工									
任务评价	自我评价	1.通过本任务学习,我学到的知识点和技能点:_____。 存在问题:_____。 2.在本次工作和学习的过程中,我的表现可得到: □优 □良 □中 □及格 □不及格							
	小组互评	项目人员	组长	组员1	组员2	组员3	组员4	组员5	组员6
		认真倾听、互助互学							
		合作交流中解决的问题							
		成员参与度							
		备注:请根据组员表现情况评分,优秀5分、良好3分、合格1分、不合格0分。							
	教师评价								

二、自我分析与总结

学生改错：	学生学会的内容：

练习与思考

1. 船舶管路中截止阀的安装注意事项有哪些？
2. 规格相同的截止阀和截止止回阀如何加以区别？
3. 船舶管路中止回阀的安装注意事项有哪些？
4. 船舶管路中安全阀的安装注意事项有哪些？

学习笔记：

任务 4.3　安装检查测量附件

工作任务	安装检查测量附件	教学模式	任务驱动
任务描述	掌握船舶管路常用检查测量附件——压力表、温度计、液位计的选用和安装方法，能够按要求安装压力表。		
学习目标	知识目标	1. 了解认识压力表、温度计、液位计的结构。 2. 熟悉压力表、温度计、液位计的选用。	
	能力目标	1. 能够掌握压力表、温度计、液位计的分类。 2. 能够掌握压力表、温度计、液位计的安装注意事项。	
	素质目标	1. 注重培养学生动手能力，能够展示学习成果，对工作过程进行总结和反思。 2. 注重培养学生质量意识和安全意识及规范操作的能力，与他人进行有效沟通和团结协作的能力。	
设备器材	个人防护用品、压力表、温度计、液位计、活络扳手、连接管路等。		

知识充电站

压力表

压力表用来测量系统中的容器或管路内的液体（气体）压力。常用的压力表为弹簧管式压力表。

图 4-31 所示为弹簧管式压力表的结构。被测液体经传压管从接头进入压力表的扁圆形弹簧管内，由于弹簧管内壁的内侧受压面积小于内壁外侧受压面积，所以弹簧管内壁的外侧所受到的作用力比内侧大，使弹簧管有伸直（张开）的趋势。弹簧管伸直，通过传动杆带动扇形齿轮旋转，扇形齿轮又通过固定在指针上的小齿轮（与扇形齿轮啮合）带动指针顺时针偏转。显然，流体的压力越高，指针偏转的角度也越大，这样可以直接从表盘上读出压力的读数。游丝的用途是排除因机械间隙而引起的误差和帮助指针复位。

常用压力表的规格为 1 bar、1.6 bar、2.5 bar、4 bar、6 bar、10 bar、16 bar、25 bar、40 bar、60 bar、100 bar、250 bar、400 bar、600 bar。压力表选用时，其上限压力为 1.5～2 倍的工作压力。如某管路的工作压力为 3.2 bar，应选用 6 bar 的压力表。

船用弹簧管式压力表的外壳最好采用密封式，使之能防止海水腐蚀。刻度盘标度和指针宜涂以永久性发光剂，便于夜间工作。

真空表用来测量密封的容器和管路中流体的真空值。它的结构同压力表，不同的是弹簧管因收缩而带动指针逆时针偏转。船用真空表的规格为 −0.1～0 MPa，主要用于测量负压。

压力真空表既可以测量流体的压力，也可以测量其真空值。指针顺时针偏转指示压力值，指针逆时针偏转则指示真空值。压力真空表的规格从 −1～0.06 MPa 到 −1～2.5 MPa。

图 4-31　弹簧管式压力表的结构
1—弹簧管；2—指针；3—传动杆；
4—齿轮；5—心轴；6—刻度盘；
7—接头

压力表

续表

温度计	温度计用来测量介质的温度。常用的温度计有玻璃水银温度计和压力式指示温度计两种。 1. 玻璃水银温度计 图 4-32 所示为两种常用的玻璃水银温度计。温度计的下部是感温泡，里面贮有水银，感温泡与上部封闭的毛细管连接，毛细管后面插有温度标尺。外壳为金属防护罩，感温部分由螺纹与测量点连接。温度计的工作原理：当感温泡插入被测介质中受到被测介质温度作用时，感温泡中的水银开始膨胀（或收缩）并沿着毛细管上升（或下降），在温度计的标尺上直接显示出温度的数值。 玻璃水银温度计常用的有直通式和直角式两种，它的测量范围为 $-30\ ℃\sim500\ ℃$，常用的规格有 $-30\ ℃\sim50\ ℃$、$0\ ℃\sim100\ ℃$ 和 $0\ ℃\sim500\ ℃$ 三种。连接螺纹为公制 $M27\times2$ 和英制 $\frac{3}{4}''$、$\frac{1}{2}''$ 三种，应优先选用 $M27\times2$。 玻璃水银温度计的结构简单、价格较低、安装方便和读数正确，但不能将温度读数传到远处。 2. 压力式指示温度计 图 4-33 所示为压力式指示温度计，由表头、毛细管和温泡等组成。表头的结构和工作原理与弹簧管式压力表一样，温泡和表头用毛细管接通，构成一个密封的系统。温泡、毛细管和表头中的弹簧管内充满了工作物质，工作物质采用氯甲烷、乙醚、丙酮等有机液体或氮气。温泡插入被测介质后，当被测介质温度变化时，温泡内工作物质就产生相应的饱和蒸汽压力或氮气压力，此压力经毛细管传给表头的弹簧管，促使温度计的指针偏转，这样就可以直接从刻度盘上显示出温度数值。活动螺母可以调节温泡的插入长度。	 图 4-32　玻璃水银温度计 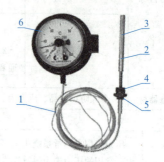 图 4-33　压力式指示温度计 1—毛细管；2—温泡；3—工作物质； 4—连接螺母；5—活动螺母；6—表头
液位计	液位计常安装于锅炉、液体箱柜、茶桶及其他容器上，用以指示该容器内液体的液位，便于随时观察其工作状态。 1. 玻璃板式液位计 图 4-34 所示为玻璃板式液位计，由通汽（气）阀、玻璃板、金属框架、通水阀和放渣螺塞组成。上下连通阀分别与容器的汽（气）、水空间连接，构成 U 形连通器，这样容器内的液位就和液位计的液位保持相同的高度。玻璃板与汽（气）水接触的一面刻有纵向锯齿槽，在灯光的照射下，由于光的折射作用，能呈现出明显的水位线。玻璃板与金属框架用压板夹紧，为了防止玻璃板破裂，应按顺序交叉地分 3～4 次夹紧玻璃板。上下连接阀中还装有钢球，当玻璃板因意外事故破裂时，钢球在容器内压力作用下能自动关闭连通阀，防止容器内的液体继续外流。  液位计	 图 4-34　玻璃板式液位计

· 172 ·

续表

液位计	玻璃板式液位计的规格是按连通阀的中心距长度而定,分为 500 mm,800 mm,1 100 mm,1 400 mm 等。由于玻璃板式液位计的长度是确定的,在容器上安装时必须按选定的液位计长度进行开孔。 玻璃板式液位计适用压力较高的锅炉及大型油舱(柜)。 2. 玻璃管式液位计 图 4-35 所示为玻璃管式液位计装置示意。这种液位计主要由直角旋塞、T 形三通旋塞和玻璃管组成。液位表利用两只接头(或法兰座板)与液柜连通起来,组成 U 形连通器,直角旋塞只可用于连通,三通旋塞既可用于连通也可用于泄放。 液位计旋塞接头有外螺纹式和法兰式两种,外螺纹规格通常为管螺纹 G$\frac{1}{2}$″和 G$\frac{3}{4}$″,法兰公称通径为 20 mm。	 图 4-35 玻璃管式液位计 1—法兰接头;2—直角旋塞;3—玻璃管; 4—法兰接头;5—T 形三通旋塞
	任务实施	
压力表的安装	压力表的安装注意事项如下: (1)压力表应垂直安装在设备、容器或管路附近振动较小和便于观察的位置。 (2)压力表前的传压管(紫铜管)应绕成环形圈,使安装和使用时有伸缩和挠曲的余地;同时,利用其中的凝水造成水封,防止高温蒸汽等直接冲入压力表而影响读数的正确性。 (3)压力表与传压管之间要安装直通或三通旋塞,可供校表和洗弯头之用。 (4)重要用途的压力表,应用红线在表盘上标明工作压力。 图 4-36 所示为安装压力表的操作。	 图 4-36 安装压力表的操作
压力式指示温度计的安装	压力式指示温度计(图 4-37)最大优点就是可以将温度读数传到远处,传递的距离由毛细管长度决定。 压力式指示温度计安装时应注意以下几点: (1)温度计的毛细管应引直,每相隔 500 mm 应用轧头固定,毛细管最小弯曲半径不小于 50 mm。 (2)温泡应全部插入被测介质,以减少因导热引起的误差;若温泡斜插于管子上时,温泡头部应对着介质的流动方向并接近底部,倾斜角大于 30°,使液流有较大的扰动,提高其传热系数。 (3)对于充满液体的压力式指示温度计,安装时温泡与指示部分(表头)应在同一水平面上,以减少由于液体静压引起的误差。	 图 4-37 压力式指示温度计

续表

液位计的安装	安装玻璃管式液位计(图 4-38)时要特别小心，玻璃管长度要适中，管口要平整不歪斜，管口两端与上下旋塞之间要留有一定的间隙，填料要安装均匀，旋紧螺母时要防止过紧或单边受力而损坏玻璃管。玻璃管安装好后应加装镀锌薄钢板制作的防护罩壳。玻璃管式液位计适用低压锅炉、茶桶及小型液体箱柜。液位计应安装在便于观察、不易碰撞和照明条件较好的地方。	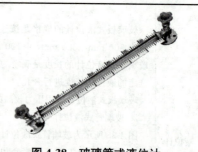 图 4-38 玻璃管式液位计

 任务总结

本任务主要介绍了压力表、温度计、液位计选用和安装的工艺方法，主要从压力表、压力式指示温度计、液位计的结构形式、选用和安装注意事项等方面加以阐述。

任务拓展

温度计的测量范围

压力式指示温度计的温泡和毛细管用紫铜制作，毛细管的外部包以紫铜丝编织而成的保护层。温泡长度有 150 mm、200 mm 和 300 mm 三种，其最大插入深度分别为 250 mm、300 mm 和 400 mm。毛细管长度为 5～20 m。连接螺纹有 M33×2 和 M27×2 两种。压力式指示温度计温度测量范围随工作介质种类的不同而异，具体测量范围见表 4-3。

表 4-3 压力式指示温度计测量范围

WTZ-280			WTQ-280		
测量范围/℃	工作介质	公称压力/MPa	测量范围/℃	工作介质	公称压力/MPa
0～50	氯甲烷	1.6	−60～40	氮气	1.6
−20～60			0～200		
0～100			0～250		0.4
20～120					
60～160	乙醚	6.4	0～300		
100～200	丙酮		0～400		

学习成果测评与总结

一、学习成果评价单

学习成果名称	安装检查测量附件	完成限时	60分钟
场地、设备及工量具			

续表

学习成果名称	安装检查测量附件		完成限时		60分钟			
小组人员分工								
任务评价	自我评价	1. 通过本任务学习，我学到的知识点和技能点：_____。 存在问题：_____。 2. 在本次工作和学习的过程中，我的表现可得到： □优　□良　□中　□及格　□不及格						
	小组互评	项目人员	组长	组员1	组员2	组员3	组员4	组员5	组员6
		认真倾听、互助互学							
		合作交流中解决的问题							
		成员参与度							
		备注：请根据组员表现情况评分，优秀5分，良好3分，合格1分，不合格0分。							
	教师评价								

二、自我分析与总结

学生改错：	学生学会的内容：

1. 压力表的安装注意事项有哪些？

2. 温度计的安装注意事项有哪些?
3. 液位计的安装注意事项有哪些?

学习笔记:

任务 4.4　其他常用附件的选用

工作任务	其他常用附件的选用	教学模式	任务驱动
任务描述	掌握船舶管路其他常用附件的选用方法，主要从滤器和密封材料的选用方面加以阐述。		
学习目标	知识目标：1. 熟悉认识滤器的结构和选用。 2. 熟悉船舶管路常用垫片的选用。		
	能力目标：1. 能够掌握滤器的结构和选用。 2. 能够掌握滤器的安装注意点。 3. 能够掌握常用垫片的选用方式，会正确选择垫片。		
	素质目标：1. 注重培养学生动手能力，能够展示学习成果，对工作过程进行总结和反思。 2. 注重培养学生质量意识和安全意识及规范操作的能力，与他人进行有效沟通和团结协作的能力。		
设备器材	个人防护用品、滤器、垫片、扳手、连接管路等。		

知识充电站

选择滤器

滤器的作用是过滤掉工作介质中的杂质，以保证系统中的机械和设备等正常工作。根据工作介质的不同，滤器可分为海水滤器、油滤器和气(汽)体滤器等。

1. 海水滤器

海水滤器也称为泥箱，主要用于泵的吸入管路，以防止海水中的杂物等进入泵内。

图 4-39(a)所示为常用的一种海水滤器。其主要由箱体、箱盖和滤板组成。箱体和箱盖用铸铁铸造而成，滤板是一块镀锌钢板，形状有圆弧板和平板两种，滤板上的滤孔直径为 8~10 mm，其流通面积为管路截面面积的 1.5~2 倍。海水从滤器的右方进入，经滤板过滤后，清洁的海水就从左方流出滤器。海水中的污物都积聚在滤器底部，使用一段时间后，可打开箱盖清理污物。

图 4-39(b)所示为海水滤器的另一种形式。它的用途与图 4-39(a)相同，只是其滤板改为有底的滤筒，滤筒可采用钻孔或锡焊铜丝网的形式，过滤后的污物积聚于筒内，清理时只要取出滤筒即可。

海水滤器必须按箭头方向直立安装于便于清理和检查之处。

2. 油滤器

油滤器(图 4-40)主要用来过滤燃油和润滑油中的机械杂质，以保证燃油系统和润滑油系统的供油质量。

油滤器的具体结构和使用见相应的燃油系统和供油系统。

3. 气(汽)体滤器

气(汽)体滤器的作用是过滤掉压缩空气和蒸汽管路中的泥渣、铁锈或其他杂质，防止堵塞减压阀、温度自动调节阀、凝水阻汽器等自动阀件，保证它们正常工作。

图 4-39　海水滤器

图 4-40　油滤器

选择滤器	图 4-41 所示为压缩空气滤器结构示意。其由本体、滤筒和螺塞三部分组成。随着压缩空气进入，经过滤筒过滤，压缩空气中的杂质被滤网挡住，过滤后的压缩空气从左端流出。滤筒的滤网采用 80 目的铜丝网卷焊而成，也可用黄铜皮钻孔(孔的直径为 0.5~1 mm)后卷焊。螺塞可供检查和清理滤网之用，压缩空气滤器不仅能过滤杂质，而且有分离水分的作用。 图 4-42 所示为蒸汽滤器结构示意。其工作原理和压缩空气滤器相同。当蒸汽滤器的公称通径大于 50 mm 时，为了清洗方便，常在滤器盖板上加装放泄旋塞，使滤器在不拆卸的情况下能清理滤网中的杂质。 气(汽)体滤器应按箭头方向直立安装于水平管路上。	 图 4-41　压缩空气滤器  图 4-42　蒸汽滤器 1—本体；2—滤筒；3—盖板
任务实施		
垫片分类	垫片按其用途可分为两大类：一类是用于管路连接的起密封作用的密封垫片，它的功能是防止工作介质漏泄，保证管路的正常工作；另一类是管路与支架(吊架)之间的衬垫片，其功能是防止管子与支架的接触腐蚀及支架对管子的摩擦损伤，降低管子与支架之间的热传导，减少热损耗，降低声波的传递。	
选择管路常用密封材料	1. 橡胶垫片 船舶管路常用的橡胶垫片有中等硬度及中等弹性的纯橡胶和不含毒质的中等弹性的白橡胶两种。其厚度均为 3 mm。 (1)纯橡胶。纯橡胶的颜色为黑色，大都采用耐油橡胶制作。其适用公称压力为 0.6 MPa 和工作温度为 -30 ℃~60 ℃的海水、淡水(饮用水除外)、空气、燃油和润滑油管路。由于易于老化，目前在船舶中应用不多。 (2)特殊的复合橡胶。 1)丁腈橡胶(NBR)。该橡胶的全称为腈基丁二烯橡胶。其适用于压载水、海水、冷却水、舱底水、污水、甲板排水、低压空气(≤1 MPa)、日用淡水、电缆管和制作液压系统的 O 形圈。 2)无毒硅橡胶。专用于饮水和日用热水管系。 3)氟橡胶。该密封垫片价格较高，管路中使用不多，主要用于油管路阀件的密封材料。 橡胶垫片绝不能用于蒸汽、高温水管路、热油管路等，以防止橡胶垫片受热后发生熔化或黏结现象。 橡胶垫片如图 4-43 所示。	 图 4-43　橡胶垫片

选择管路常用密封材料	2. 紫铜垫片 紫铜制作的垫片能承受很高的压力并可以直接与高温物体接触，常用于高压压缩空气、液压管路和柴油机高温、高压部件之间的连接垫片。紫铜垫片（图4-44）常用的形式有环形和齿形两种。环形垫片的厚度为1~3 mm；齿形垫片的厚度一般为2 mm，普通接头的单面齿数为3，高压接头的单面齿数为3~6。 有时，为了节省紫铜材料，可以在高压石棉橡胶板的表面包覆一层紫铜皮（0.5~1 mm），这种复合垫片通常安装于柴油机排气管路上。 紫铜垫片使用前一定要经过"退火"处理。 3. 无石棉垫片 无石棉垫片（图4-45）的种类也不少，如玻璃纤维增强垫片、芳纶纤维垫片等。其适用除以上已经涉及的系统外的所有系统，还可用于空气、燃油和润滑油管路。 4. 不锈钢石墨缠绕垫片 不锈钢石墨缠绕垫片（图4-46）由薄不锈钢带和石墨间隔缠绕而成。不锈钢带的作用是增加垫片的强度，石墨能耐高温。因而，它适用主辅机排气和蒸汽等高温管路。 5. 聚四氟乙烯密封带 聚四氟乙烯密封带（图4-47）也称为聚四氟乙烯生料带，简称生料带。其是一种锥管螺纹接头的密封材料，基本上已经取代以往常用的麻丝厚白漆。生料带用于公称压力为0.6 MPa和温度小于260 ℃的各种海水、淡水、空气、燃油和润滑油管路上。但在船舶上管螺纹接头使用的范围很有限，陆上建筑行业使用得十分广泛。 聚四氟乙烯密封带必须按顺时针方向缠绕在管接头的外螺纹上。 6. 红粉厚白漆混合填料 在船舶管路安装中，船舷阀件（通海阀、舷旁排出阀等）的安装不同于一般管路的安装，此类阀件与船舷安装好以后，一般不需拆卸，并要求有长期良好的水密性，因此，其密封材料采用帆布加红粉厚白漆混合填料（图4-48）。制作工艺过程简述如下：首先按船舷上的单面座板的规格（主要是外径、内径、双头螺栓中心圆直径和数量等），用帆布制作垫片，再在其两面涂上用红丹粉和厚白漆搅拌而成的混合填料，然后将涂满填料的帆布一层一层地叠上，一般叠5~7层，最后用螺母将船舷阀件固定在单面座板上。	 图4-44 紫铜垫片  图4-45 无石棉垫片  图4-46 不锈钢石墨缠绕垫片  图4-47 聚四氟乙烯密封带 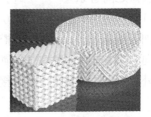 图4-48 红粉厚白漆混合填料

任务总结

本任务主要介绍了滤器选用和安装方法及常用密封材料的选用,主要从滤器的使用、橡胶垫片、紫铜垫片、无石棉垫片、不锈钢石墨缠绕垫片、聚四氟乙烯密封带、红粉厚白漆混合填料等密封材料的选用方面加以阐述。

任务拓展

一、垫片的选用

1. 材料

垫片材料选用的原则如下:

(1)高温管垫片的材料采用不锈钢石墨,如主辅机排气、蒸汽管系等,对于温度低一些的凝水管、锅炉给水管系,可用无石棉纤维,但为密封性可靠,也采用不锈钢石墨。

(2)油管垫片的材料采用无石棉纤维,无石棉纤维能防火,但不够致密,对于需冲洗的系统,为防止无石棉纤维有成分析出,可改用聚四氟乙烯。

(3)橡胶垫片具有密封性好的优点,但强度较差,适用于低压水系统,因此,水系统垫片的材料除消防管因规范要求使用无石棉纤维外,其余使用氯丁橡胶。

(4)饮水系统及相关的日用热水、淡水系统垫片的材料采用无毒硅橡胶。

(5)油轮的货油及相关系统垫片的材料,因口径较大,压力较高,又需致密,因此,选用密封性较好、耐压较高的衬有不锈钢片的膨胀聚四氟乙烯。

(6)$PN \geqslant 1.6$ MPa 的压缩空气系统垫片的材料也应采用致密垫片,由于通径并不大,可采用聚四氟乙烯,而不必使用膨胀聚四氟乙烯。

2. 规格

垫片的规格须与法兰通径、压力相符,不能在大通径法兰内安装小通径垫片,也不能在压力极高的法兰内安装压力极低的垫片。

垫片内外径表示,如图 4-49 所示。

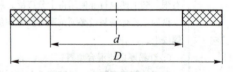

图 4-49 垫片内外径表示

二、金属垫片

金属垫片就是由金属材质铸成的垫片。它主要用于高温高压管系,如废热锅炉、循环气预热器之间管系。

(1)金属环形垫片(图 4-50)。金属环形垫片是用金属材料加工成截面为八角形或椭圆形的实体金属垫片,具有径向自紧密封作用。故金属环形垫片是靠与法兰梯槽的内外侧面(主要是外侧面)接触,并通过压紧而形成密封的。

(2)金属齿形垫片(图 4-51)。其齿形为密纹同心圆,密封性能好,硬度小于法兰密封面的硬度,厚度为 3~5 mm,

图 4-50 金属环形垫片

主要用于高温高压部位使用。缺点是在每次更换垫片时，都要对两法兰密封面进行加工，因而费时费力。另外，垫片使用后容易在法兰密封面上留下压痕，故一般用于较少拆卸的部位。

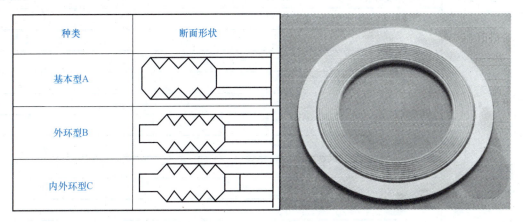

图 4-51 金属齿形垫片

● 学习成果测评与总结

一、学习成果评价单

学习成果名称		其他常用附件的选用		完成限时		60分钟			
场地、设备及工量具									
小组人员分工									
任务评价	自我评价	1. 通过本任务学习，我学到的知识点和技能点：_____。 存在问题：_____。 2. 在本次工作和学习的过程中，我的表现可得到： □优　□良　□中　□及格　□不及格							
	小组互评	项目人员	组长	组员1	组员2	组员3	组员4	组员5	组员6
		认真倾听、互助互学							
		合作交流中解决的问题							
		成员参与度							
		备注：请根据组员表现情况评分，优秀5分、良好3分、合格1分、不合格0分。							
	教师评价								

二、自我分析与总结

学生改错：	学生学会的内容：

练习与思考

1. 常用的滤器有哪些？
2. 常用的垫片有哪些？其各自的功能是什么？
3. 紫铜垫片在选用中需要注意哪些问题？

学习笔记：

模块 5　安装船舶管路系统

模块描述

实施管系放样工艺后，管系的安装方法主要有单个管系安装法（现场安装法）、单元组装法和分段预装法三种。从仓库领取制好的管子时，必须检查它们的交货印记和文件，防止出现差错。管路安装前，一定要检查里面是否有杂物并用压缩空气吹净。安装时，一般按先附件后管子，先总管后支管的顺序，先用螺栓临时安装好全部管子后，检查与设定路线是否相符，然后进行必要的校正工作，最后旋紧全部螺栓。

模块分析

本模块从船舶管系安装的方法和步骤、单元组装、分段预装、合拢管与特种管子安装等几个方面进行总结及研究，以任务驱动模式进行各种类型管子安装的方法和工艺讲解。掌握了该方面技术，可规范地进行管系的安装工作，确保管系施工的质量，使船舶建造更加规范化和正规化。

模块目标

一、知识目标
1. 熟悉船舶管系安装的几种方式。
2. 熟悉船舶单个管系安装的方法和工艺过程。
3. 熟悉船舶管系单元组装的方法和工艺过程。
4. 熟悉船舶管系分段预装的方法和工艺过程。
5. 熟悉合拢管的安装方法和工艺过程。
6. 熟悉特种管子的安装方法和工艺过程。

二、能力目标
1. 能够进行管系安装过程中的开孔、支架安装焊接、贯穿件的安装和焊接等操作。
2. 能够进行船舶单个管系安装、单元组装和分段预装。
3. 能够进行合拢管的制作与安装。
4. 能够进行不锈钢管、铜镍合金管、铝黄铜管、玻璃钢管等特种管子的安装。

三、素养目标
1. 规范操作、安全操作、环保意识。
2. 培养爱岗敬业、实事求是、团结协作的优秀品质。
3. 培养分析问题、解决实际问题的能力。
4. 培养创新意识及获取新知识、新技能的能力。

任务 5.1　安装管系

活动 1　安装船舶管系的方法和一般步骤

工作任务	安装船舶管系的方法和一般步骤		教学模式	任务驱动
任务描述	学习船舶管系安装对象物品、常见的安装方式和单个管系安装法，然后按照管系安装一般步骤的工艺要求，根据施工图表，领取安装对象品，找出管子安装基准，依次进行开孔、支架定位焊接、管系安装和质量检查等一系列的施工。			
学习目标	知识目标	1. 了解船舶管系安装的几种方式。 2. 熟悉船舶单个管系安装的方法和工艺。		
	能力目标	1. 能够规范进行管系安装过程中的连接件安装、开孔、支架安装焊接、贯穿件的安装和焊接等操作。 2. 能够进行船舶单个管系的安装。		
	素质目标	1. 注重培养学生动手能力，能够展示学习成果，对工作过程进行总结和反思。 2. 注重培养学生质量意识、安全意识、环保意识及规范操作的能力，与他人进行有效沟通和团结协作的能力。		
设备器材	个人防护用品、扳手、榔头、锉刀、凿子、卷尺、直尺、线坠、粉线袋、风磨轮、割刀、电焊龙头等工具和砂纸、石笔、电焊条、富锌底漆等用品。			
知识充电站				
管系安装对象物品	管系安装对象物品如下： （1）管子，包括预先制作好的管子、自制的管子、多芯管、仪表管等。 （2）附件，包括阀件、滤器、膨胀接头、吸入口、落水口、盲法兰、压力表等。图 5-1 所示为船舶管系附件安装实例。 （3）支架。 （4）卫生设备等。		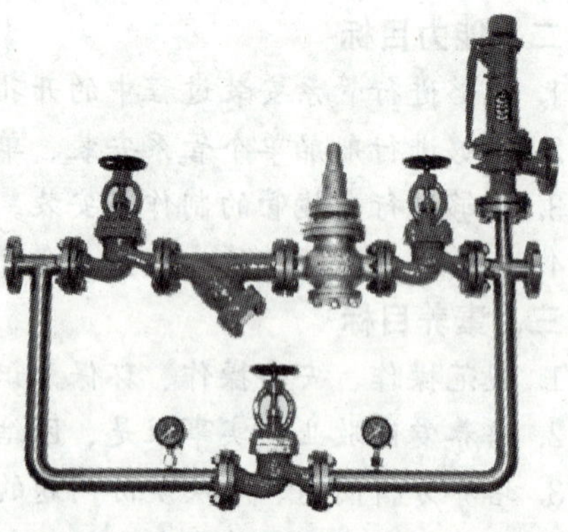 图 5-1　船舶管系附件安装实例	

续表

管系安装方式	管系安装方式如下： (1)单元组装(图 5-2)； (2)分段部装(图 5-3)； (3)分段反转舾装； (4)分段正转舾装； (5)盆舾装； (6)总组反转舾装； (7)总组正转舾装； (8)露天装； (9)船内装。	 图 5-2 机舱底部单元组装  图 5-3 分段部装
单个管系安装法	单个管系安装法是船舶下水之后，在机械设备安装完毕，根据管系安装图逐个管系逐根安装管子的一种方法。其基本的安装方法是按距甲板(平台)、肋骨、船中或船体相关结构的尺寸，确定管子的位置进行安装，安装好的管子不能处于受力状态。管端法兰的连接应同心。舷侧接管在船上安装时，应在肘板装配后整体热浸锌。镀锌管件在船上焊接后，镀锌层破损处应涂富锌漆。 该方法只能在现场进行，工作效率比较低；特别在管系密集程度高的机舱中，全面开展安装工作，加上其他工种的同时施工，不免带来相互干扰和不安全；安装甲板下方和舱壁上的管子还需要相当的辅助工作(如脚手架、起重机等)。舱口盖围板单管安装如图 5-4 所示。	 图 5-4 舱口盖围板单管安装
任务实施		
管系安装一般步骤	(1)领出安装需要的管系安装图、开孔图、零件图、支架图、托盘管理表、合拢管水压验收表等生产设计资料。 (2)按托盘管理表领取管子、支架、管夹、阀件、管附件、支架复板、螺栓、螺母和垫片。 (3)与管子安装有关的机械设备、基座，与轮机方面人员联系领出。 (4)带好必备工具和用品。 (5)拆开管子、阀件封口，检查内部质量，去除未磨尽的飞溅、焊渣。对镀锌层缺陷予以修补，喷富锌底漆和面漆。对液压、主机滑油等清洁度要求高的系统，由质管员认可。 (6)需现场开孔时，按开孔图在分段上画出开孔线。对于主甲板、内底板、外板、油水舱柜上的管孔经技术员校对认可。 (7)开孔并打磨。	

(8) 按安装图中的管子安装尺寸，在船体板上用粉线弹出或用石笔画出安装尺寸线，并在相应的支架上画出管子中心线，根据安装尺寸线，借助于线坠，定出支架位置。对于多联支架，以支架中安装最大管子的中心线为准，示意如图 5-5 所示。对于安装多只形状、尺寸相同的支架，可先按图 5-5 定位两端的支架，再以两端支架上最大管子的中心线为基准，用粉线拉出中间支架安装线，然后按此安装线将中间的支架定位，示意如图 5-6 所示。

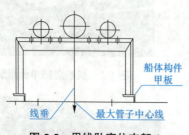

图 5-5　用线坠定位支架 1

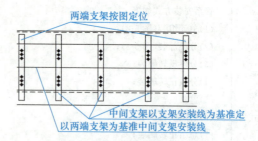

图 5-6　用线坠定位支架 2

(9) 支架定位焊接，其余支架待管子安装后再焊接。船体贯穿开孔与支架焊接如图 5-7 所示。

图 5-7　船体贯穿开孔与支架焊接

(10) 贯通件安装并焊接。对于类似落水管之类管子，主管上有多个支管，而且支管与贯通件相接，则只能先定位一件贯通件。套管贯穿安装及焊接样式如图 5-8 所示。

图 5-8　套管贯穿安装及焊接样式

(11) 管子安装。安装应根据管路布置情况，研究确定安装管子的先后顺序，其原则是先找到便于安装作业顺利进行的基准，按先大后小、先下后上、先里后外、先主管后支管、先支管多后支管少的方法进行安装，还要考虑管子安装后是否会影响作业人员的进出和后续管子的安装、管子制作误差的影响等，合理的次序视具体情况而定。

(12) 支架焊接。焊接前，对支架下方的设备用三防布遮盖。对艉轴管内巴氏合金衬套，须用三防布加铁皮遮盖。

(13) 校托盘内部调整管(与调整管相连的管子均为托盘内已安装的管子)，并将调整管制造、安装结束。

(14) 按托盘管理表带运管子，带运位置应安全、可靠，尽量不影响下道工作，如打磨、除砂、涂装等，且带运位置与实际安装位置之间无间隔的结构，最好带运在要连接的管子上。带运参考方法如图 5-9 所示。

续表

管系安装一般步骤	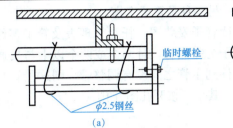 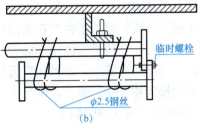 图 5-9　用线坠定位支架 (15)对影响分段涂装的吸口、测量管端头等安装完成后拆下,带运或取出保管。 (16)管子端部封口。末端管子安装时不应拆除封口,并检查封口的情况。如有问题,按下列要求检查和处理:对于液压管、主机滑油管、特涂管的法兰,用钢质盲法兰加装垫片,用螺栓螺母紧固,其他系统用塑料盖加胶带、薄钢板加胶带等方式封口;对于非冲砂的分段,也可用塑料胶带粘贴;对设备、不锈钢膨胀接头等用三防面包复,艉轴壳内的润滑油管接口须用钢板点焊封住。 (17)对于用套管连接的焊缝(包括在管子加工车间焊接的焊缝)用胶带粘贴,避免喷上油漆。 (18)对伸出分段边界,会影响吊运、搭载的管子进行移位或拆下带运。 (19)自检互检安装质量。 (20)回收多余物品,清场垃圾。
管系安装检查	(1)螺栓应有强度等级的钢印。 (2)管子与船体、舾装件之间的间距不小于 10 mm,对于有绝缘的管子,间距应从绝缘层外算起。 (3)阀件手轮与管子、船体及其他舾装件之间间距不小于 20 mm。 (4)法兰之间无明显裂面,法兰紧固螺栓螺母应拧紧,$DN \geqslant 250$ mm 的管子,法兰紧固后,对称点间距相差不大于 1 mm。 (5)吸口、测量管末端距离舱底尺寸与设计要求偏差不大于 5 mm。 (6)吸口下的防冲击复板位置应包含整个吸口范围。 (7)镀锌、涂塑外表缺陷应修补。 (8)同一管路中无镀锌管和涂漆管混装及不同油漆颜色的管子混装的现象。 (9)U 形管夹单螺母、双螺母安装正确,并拧紧。 (10)修割过的支架及无法兰端管子应打磨光洁。

任务总结

本任务介绍了船舶管系安装的方法和一般步骤,主要从管系安装对象品、常见安装方式、单个管系安装法及安装检查的一般步骤和工艺要点等方面加以阐述。

任务拓展

船舶管系安装的开孔

在船体结构上开孔有两种方式。第一种是由管子设计部门提供管孔位置和大小给船体部门,在船体加工资料中已包含管孔切割信息,在船体加工阶段将管孔开好;第二种是由管子设计部门绘制开孔图,发管子安装部门,由安装部门按设计所提供的开孔图现场开孔。现场开孔可分为画线、开孔、打磨三个步骤。其具体操作方法如下。

1. 画线

画线的依据有两种：一种是开孔图；另一种是管子实物。

采用何种画线依据，需在开孔前阅读管子安装图、托盘管理表及管子零件图。管孔上通常安装贯通件，凡与贯通件相接的管子为完成管，且两个或两个以上与贯通件相接的完成管都汇集到同一主管上，如果从贯通件到主管之间没有调整管，则这些管孔只能预先开一个，其余按实物开孔。除上述情况外，其余可按开孔图开孔。

(1) 按开孔图画线步骤如下：

1) 认清船体分段的艏艉、左右、上下、正反方向，方法为看分段标识或通过技术部门看船体分段工作图。

2) 根据开孔图上管孔距离船体构件尺寸及构件基准面找出管孔中心线在船体上相应位置。对于正态制造的分段，因构架在反面，需从分段边缘找出构架位置移植到甲板正面，同一分段只要移植纵向、横向各一构件，就可以此为基准，找出管孔位置。

3) 画出管孔中心线和圆周线，在就近的船体上写上开孔直径，用洋冲在圆心及圆周线上打印。

(2) 按管子实物画线。如图 5-10 所示，由一根总管上分出多个支管，支管上连接的管子穿过甲板，由于管子制作有积累误差，事先将管孔全部开好后有些管子不能安装，因此采用按实物画线的方法。图中的管子，四个管孔可以全部等总管安装后再根据各支管管路尺寸确定开孔位置，也可以先开一个孔，以这个孔为基准，安装一路支管和总管，再开其余三个孔。由于管子制作不可避免地存在误差，实际开孔的位置与开孔图上的位置会有偏差，但偏差不能太大，也不能影响系统的使用效果或产生另外的安装问题。

图 5-10 按管子实物画线示意

2. 开孔

画出的线条经有关人员校对确认无误后，进行开孔。开孔工作应由持上岗证书的焊工进行，开孔的工具尽可能使用带圆规的割炬。

3. 打磨

(1) 打磨范围。打磨范围为甲板上下平面贯通件复板覆盖的范围再向外延伸 20 mm（一般为管孔向外延伸 70 mm）和孔的圆柱体，如图 5-11 所示。

(2) 质量要求。

1) 甲板上下平面无熔渣。

2) 孔的圆柱体粗糙度，如图 5-12 所示。粗糙度 Ra 的范围见表 5-1。

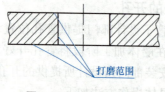

图 5-11 开孔打磨范围

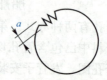

图 5-12 孔的圆柱体粗糙度

表 5-1 粗糙度 Ra 的范围　　　　　　　　　　　　　　　　　　　　　mm

部位	标准范围	允许极限
上甲板、外板和隔舱	≤0.4	0.8
其余	≤0.8	1.5

(3) 打磨工具。打磨工具及其用途见表 5-2。

表 5-2 打磨工具及其用途

打磨工具	用途
直角气动砂轮机，安装 $\phi125$ mm 钹形砂轮	磨甲板上下平面及直径大于 145 mm 的孔的圆柱体
直线气动砂轮机，安装 $\phi60$ mm 圆柱形砂轮	磨直径为 76～145 mm 的孔的圆柱体
直线气动砂轮机，安装硬质合金旋转锉	磨直径小于 76 mm 的孔的圆柱体

4. 特殊部位的处理

(1) 风暴舱区域的套管贯通件开孔。风暴舱区域套管贯通件的开孔要求如图 5-13 所示。

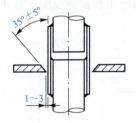

图 5-13 风暴舱区域套管贯通件的开孔要求

(2) 隔层式套管贯通件开孔。油轮货油舱舱壁下部采用墩座形式时，贯通件需穿过二层结构，为避免管孔过大影响结构强度，将贯通件设计成隔层式套管形式。隔层式套管贯通件的开孔分三个阶段进行，如图 5-14 所示。

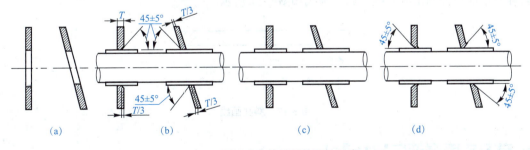

图 5-14 隔层式套管贯通件开孔示意

第一个阶段：按设计图纸开孔，不开坡口。通常，此孔在船体下料时由数控切割机开好，如图 5-14(a) 所示。

第二个阶段：先放上隔层式套管贯通件，然后选择船体隔舱板的某一侧开坡口，坡口位置通常选择在操作较困难的一侧，如图 5-14(b) 所示。

第三个阶段：先在已开好坡口的一侧进行焊接，如图 5-14(c) 所示，然后在另一侧开坡口，坡口的深度应见到反面的焊缝为止（俗称出白清根），如图 5-14(d) 所示。开坡口的方法通常采用碳刨,也可采用气割。

(3)舷旁短管(包括海底门上的短管)开孔。舷旁短管开孔除图纸上注明坡口要求外,其余坡口要求如图 5-15 所示。舷旁短管开孔步骤如下:

首先按图纸要求开好管孔,并在外板内侧开坡口,留根尺寸为外板厚度的 1/2,如图 5-15(a)所示。然后装上舷旁短管,在外板内侧坡口处焊接,如图 5-15(b)所示。最后在外板外侧开坡口,坡口应见到反面的焊缝为止,如图 5-15(c)所示。外板内侧开坡口的方法通常用气割,外侧通常用碳刨。

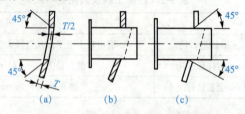

图 5-15　一般舷旁短管开孔示意

(4)主甲板落水管开孔。主甲板落水管在分段反向时开孔不开坡口,上船台后,按图 5-16 所示的要求开坡口,方法为碳刨。

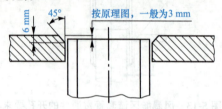

图 5-16　主甲板落水管开孔坡口

(5)斜孔。分段反转状态下,斜孔画线时,以与贯通件复板接触的甲板面为基准面,找出孔中心在基准面的位置,然后根据倾斜角度、甲板厚度,将开孔中心移动到基准面反面,再在基准面反面画出开孔线。斜孔画线如图 5-17 所示。

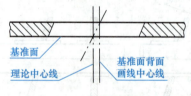

图 5-17　斜孔画线

• 学习成果测评与总结

一、学习成果评价单

学习成果名称	安装船舶管系的方法和一般步骤	完成限时	120 分钟
场地、设备及工量具			
小组人员分工			

续表

学习成果名称	安装船舶管系的方法和一般步骤		完成限时		120分钟				
任务评价	自我评价	1. 通过本任务学习，我学到的知识点和技能点：_____。 存在问题：_____。 2. 在本次工作和学习的过程中，我的表现可得到： □优　□良　□中　□及格　□不及格							
	小组互评	项目人员	组长	组员1	组员2	组员3	组员4	组员5	组员6
		认真倾听、互助互学							
		合作交流中解决的问题							
		成员参与度							
		备注：请根据组员表现情况评分，优秀5分、良好3分、合格1分、不合格0分。							
	教师评价								

二、自我分析与总结

学生改错：	学生学会的内容：

练习与思考

1. 管系安装的对象品有哪些？
2. 管系安装的方式有哪几种？
3. 简述船舶单个管系安装的方法和工艺过程。

活动 2　单元组装

工作任务	单元组装	教学模式	任务驱动
任务描述	在车间内或平台上，按照单元预装图将在船上位置靠近的舾装件如设备、基座、管子、阀件、附件等组装形成单元，然后用起重设备将组装好的单元吊上分段、总组或船上的安装位置，再将单元与船体固定。		
学习目标	知识目标	1. 了解船舶管系单元组装的方法、形式及要求。 2. 了解船舶管系单元的步骤。	
	能力目标	能够按照工艺要求进行管系的单元组装。	
	素质目标	1. 注重培养学生动手能力，展示学习成果，对工作过程进行总结和反思。 2. 注重培养学生质量意识和安全意识及规范操作的能力，与他人进行有效沟通和团结协作的能力。	
设备器材	个人防护用品、扳手、榔头、锉刀、凿子、卷尺、直尺、线坠、粉线袋、风磨轮、割刀、电焊龙头等工具和砂纸、石笔、电焊条、富锌底漆等用品。		

知识充电站

单元组装法

单元组装法也可以称为内场安装法，适用机械设备和管系密集程度高的舱室，如图 5-18 所示。按照机械设备和管系划分成若干个独立的单元，或者按舱室内的布置划成若干块，进行单元组装设计，绘制单元安装图。按单元或块在内场将有关的机械设备、阀件、管路、电气设备和仪表安装在一个支架或底座上，经过检验和油漆，运往现场拼装合拢。

该方法摒弃了造船工业中传统的管系安装方法，将原来大量现场安装工作移动到内场进行，有效缩短了造船周期，提升了效率。

图 5-18　管系单元内场组装

单元组装形式

(1) 功能性单元：大多数由设备厂提供，根据船舶布置要求，将设备主体和附属设备及有关管系、附件组合在一起，构成单元整体。图 5-19 所示为某船压载水管系单元。

(2) 设备单元：以若干台泵或其他设备的公共基座作为单元主体，或以设备本身作为单元主体，围绕单元主体将设备、阀件、附件、管子、管支架、花钢板、花钢板支架等组合成一体。图 5-20 所示为分油机单元。其是由分油机为主体，输油泵、管路、控制仪表等附件组成单元。

图 5-19　某船压载水管系单元

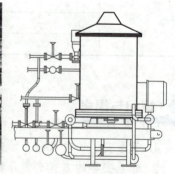

图 5-20　分油机单元

单元组装形式	(3)箱柜单元：以箱柜作为单元主体，将基座、设备、管子、阀件、附件、管支架等组合成一体。如蒸汽热井单元，它是由凝水柜、凝水冷却器、锅炉给水泵及阀组、疏水阀组等组成的。 (4)管系单元：以管子作为单元主体进行成排成束的集中组合，它包括阀件、附件、管支架、花钢板及其支架等。图5-21所示为管系单元。 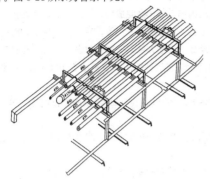 图5-21 管系单元 (5)阀组单元：以阀作为单元主体进行组合，包括管子及其支架等，如压缩空气减压阀组、泡沫消防比例混合器阀组等。 (6)交通装置单元：以花钢板、格栅、梯子为单元主体进行组合，根据具体情况还可以装上管子、阀件及其他舾装件，如油船甲板上的步桥、LPG液化石油气液罐上的液货步桥等。 (7)雷达桅单元：由雷达天线、测向天线、信号灯、航行灯、气笛、雾笛、电缆及支架、贯穿件等组成。 (8)烟囱单元：在烟囱本体完成以后，进行烟囱内的排烟管、消声器及其他舾装件的安装，并可完成绝缘工作，然后吊到船上安装。
单元组装条件及要求	1. 单元组装施工场地的选择 (1)机舱区域性单元是由数个单元件组成的，要考虑单元组装施工的方便和制造、安装、吊运质量，一般应选择合适的组装平台，平台应大于单元框架外形几何尺寸1 m左右。 (2)单元组装场地的选择应考虑单元施工、拆装、吊运的可行性、安全性、方便性。 2. 单元框架制造 (1)单元框架的下料、装配应以图纸为依据。 (2)在组装平台上根据框架外形几何尺寸1∶1放样画线，并检查其符合性，再根据平台实样进行单元框架组装。 (3)由数个单元体组成的区域性单元组装，还应根据图纸在平台上画出船中心线及单元所在船体位置的结构肋位线及肋位号。 (4)单元框架、支架部件装焊。 (5)装焊质量要求如下： 1)框架组装后，其装配尺寸应满足图纸要求。 2)框架应焊接牢固，所有焊缝为连续焊，平面应打磨平整，不得有凸凹现象。对接缝错边量允差$S \leqslant 2$ mm。 3)框架应平整，平面度应不大于2 mm/m²。 3. 单元设备及铁舾件安装要求 (1)单元框架装焊交验完毕，设备及铁舾件应根据相关图纸要求在单元框架内定位（设计的图纸应考虑设备及铁舾件在单元内安装的方便，一般要求设备基座与单元框架组合在一起，或者是设备基座面板直接固定在框架平面上）。 (2)单元内的油、水箱柜等铁舾件，也同样按相关图纸要求定位，其箱柜固定支座的设置应考虑单元整体进舱后支座施焊方便。 (3)单元内所有与设备的连接管为调整管（试装管），其安装时机应在单元内管系全部安装完成后再进行。

续表

单元组装条件及要求	4. 单元管系及附件安装要求 (1)管子安装。 1)单元内管子预装的两种形式：第一种是在单元框架组装完工后，管子全部在单元框架上完成试装工作，将试装好的管子全部拆除单元框架，按试装好的管子进行内场加工流程处理后，再到单元框架上进行正式安装；第二种是单元内管子根据管子零件图加工要求内场全部预制完成后，直接到单元框架上进行安装。 2)单元管子的安装，一般由下而上按层次，先密集、后分散，先主管、后支管的顺序安装。 3)单元内管子设备的连接管应考虑设备安装、操作、维修方便，一般考虑设备周围通道为 500 mm 左右。 4)单元内管子应考虑拆装、维修方便，相邻两路管子连接件距离一般不小于 100 mm，水平有效间距不小于 20 mm，并置于便于拆卸的地方。 5)单元内管系一般只考虑同一安装阶段的工作内容。如有试装或取样阶段的工作内容，单元内一定要考虑试装或取样阶段的现场作业空间。 6)机舱区域性单元体之间的管子连接件，应考虑单元吊装的拆装方便，尽可能采用法兰连接。 (2)阀件及附件安装。 1)单元内的阀门手轮应避开单元框架的平面搁架，并应考虑操作方便。 2)单元内的油、水滤器应设置固定托架，并应考虑滤器清渣时拆装方便。 (3)管子吊架安装。 1)单元内管子吊架的敷设原则参见《管支架形式选用与敷设要领》。 2)单元内管子吊架的设置应考虑管子和附件拆装方便。 3)单元内成束式排管应选用排管吊架。 4)单元内管子凡通向单元外的接口管段上，一定要设置管子吊架，并确保管子、框架吊运的安全性。
	任务实施
单元组装步骤	(1)同任务 5.1 活动 1 中管系安装一般步骤(1)～(5)。 (2)在平台上画出代表船体肋骨和距舯尺寸的线条，当单元的支架不是安装于同一平面(同一甲板、同一舱壁)时，需制作胎架。 (3)基座定位。对于组装的设备，则基座连同设备一起定位。 (4)大型支架定位。 (5)管子、附件安装，穿插其他支架安装，并对安装于基座上的支架进行焊接。 (6)同管系安装一般步骤(16)。 (7)根据吊装需要对基座、支架进行加强，必要时安装吊环。对于设备管子单元，吊点常设置于基座或设备带的吊环上。对于纯管子单元，吊点常设置于组合支架或大口径管子上。对于面积较大的单元，可使用吊排吊运，如图 5-22 所示。如因单元太大吊装困难，可将单元拆开成几个小单元。单元拆开时，应考虑拆开后的各小单元仍具有刚性主体，并视具体情况对小单元进行加强和增加临时支架；小单元吊运时，应视安装位置考虑好吊运次序，对影响吊运就位的局部管子可事先拆下带运。  图 5-22 吊排吊运管系单元

单元组装步骤	(8)到分段、总组或船上单元安装位置画出基座和主要支架位置。 (9)吊上单元，对准基座和主要支架位置就位。 (10)拆去吊装用的加强和吊环。 其他阶段的组装步骤，与管系安装一般步骤基本相同，这里不再赘述。

任务总结

本任务主要介绍了船舶管系的单元组装，主要从单元组装的形式、条件、安装步骤和工艺处理等方面加以详细阐述。

任务拓展

管系单元组装实例识读

图 5-23 所示为某船机舱底部管系第三单元。

1. 单元的范围

以角钢组成的格栅所显示出的该单元的范围是从 13# +50～25# 肋位，位于机舱底部的左侧。由于船体线型尾部"瘦"，该单元在 13# +50 处的总宽度为 1 350，而在 25# 肋位处总宽度为 2 400。格栅靠近船舷部分呈锯齿形，其余三条轮廓线都呈平齐型。格栅的上平面呈水平位置，它的上面是要铺设花钢板的。

2. 管子安装基准

纵向基准以肋位为准。格栅的横向构件都与肋位保持一致，每档肋距为 550 mm。横向基准以格栅的距舯 950 处的纵向构件为准。高度基准是以该格栅的上平面为准。由于该船的内底板仅设置在船舯部分，且不呈水平位置，故管子安装高度只能以呈水平位置的花钢板（格栅的上平面）为准。图 5-23 中所标的 H−154 即表示管子中心线在花钢板以下 154 mm。

3. 单元中的机械设备

单元中共有三台泵：第一台为润滑油泵，它的型号为 2CY−5/3.3−1。它位于 13# ～14# 肋位之间。其定位尺寸：泵的中心线位于 13# +380 处，进出口中心位于左舷距舯 1 400 处。泵的底脚用螺栓固定于格栅上平面的基座上，基座平面与花钢板高度保持一致。第二台为燃油泵，它位于 14# ～16# 肋位，其型号与润滑油泵相同。它的安装位置：泵中心线位于左舷距舯 2 150 处，进出口中心位于 13# +1 600 处。底脚也用螺栓与格栅上平面的基座紧固。第三台为淡水泵，它位于 24# ～25#，它的型号是 65CWL−11。其中心线是左舷距舯 3 100，它的进口正好与 25# 肋位平齐。底脚与格栅上的基座用螺栓紧固。

（1）润滑油泵的功能是当主机自带的润滑油泵发生故障时，可起到备用的功能。它可将主机油底壳内的润滑油输送到润滑油冷却器，经冷却后的润滑油（在温度调节器的作用下，温度被控制在一定范围内）由于泵的压力作用，再被输送到主机的各个需要润滑的部位，如此循环往复。当润滑油使用到一定程度被污染时，润滑油泵可将主机油底壳内的润滑油驳出甲板。它还可将船上润滑油储存柜中清洁的润滑油输送补充到润滑油循环系统中，以保证主机正常运转。

（2）燃油泵的功能是将船上各个油舱中的燃油输送到日用油箱（船上设置主机、辅机及锅炉日用油箱各一只),为动力装置源源不断地提供能源。它还可以依靠调驳阀箱(图 5-23 中为六联调驳阀箱)的作用,将一个或几个油舱内的燃油抽吸出来,输送到另外几个燃油舱内,从而使各个油舱内的燃油装载量处于平衡状态。当油舱底部燃油中含有水分及杂质时,燃油泵还可将其驳出甲板。当然,清洁的燃油也可驳出甲板,供应给其他船只。

(3)图 5-23 所示的淡水泵是为全船日常生活用水服务的。它将淡水舱内的淡水输送到淡水压力柜,淡水靠压力柜的压力作用,被输送到全船各用水设备,如厨房洗菜池、浴室淋浴器及面盆等。

4. 单元中的管路附件

附件明细表列出了本单元中所用到的管路附件。

(1)双排六联截止阀箱一台,件号为 R/12。它是铸铁件,图号为 V526.25-SC2-00。该船的 6 个油舱的燃油抽出和驳进都要经过这台双排六联截止阀箱。根据实际接管判断,近舷侧的一排 6 个手轮控制着燃油的抽出,近船舯的一排 6 个手轮控制着燃油的驳进。该阀箱的定位尺寸:船首第一组手轮中心位于 21#+185,阀箱的进出口法兰平面(向船中方向的 6 个法兰)距舯 2 120,该 6 个法兰中心的高度都是 H-154,即花钢板下 154 mm。这台阀箱的定位准确非常重要,因为共有 8 路管子要与之接通,如果定位错了,这 8 路管子就会安装错误。

(2)主机润滑油粗滤器,件号为 H/5。它是随主机配套购进的。润滑油泵将循环柜内的滑油抽出时,润滑油必须经过粗滤器,这是第一道过滤,大颗粒的杂质将在这里被拦截住,这样就能确保泵的安全运行。当然,润滑油在进入主机前,还必须经过细滤器。滤器的进口高于出口,在图 5-23 中,该滤器的进口高度为 H-120,出口高度为 H-300。一般滤器都制成双联形式,由滤器上的三通旋塞控制着其中的通道,当一侧滤网由于杂质较多需清洗时,可用三通旋塞把油路调通到另一侧,这样可使系统不间断地工作。滤器的进出口管路上一般都分别安装真空压力表,轮机员可通过两只表的真空度差值的大小来判断滤器内杂质的多少。

(3)在润滑油泵的进口安装一只件号为 H/6 的铸铁直角截止阀,它的标准号为 B16040.GB/T 590—2008。泵出口安装两只件号为 H/16 的铸铁直通截止阀,标准号为 A16040.GB/T 590—2008。两只阀控制着润滑油的两个去向,一是将润滑油驳出甲板;二是将润滑油输送到润滑油冷却器后至主机。截止阀是管路中使用最普遍的一种阀件,在安装时,根据介质流向,也要遵循下进上出的原则。直角阀的下进上出不会搞错,直通阀的下进上出需留心注意。

(4)润滑油泵的一条出口管路上装有一只止回阀 H/24,这就是说,这一管路上的润滑油只能朝一个方向流动,而不能向相反方向流动。止回阀的图形符号的特点是图形的一部分被涂黑,涂黑端就是止回阀的出口。

(5)燃油泵的进出口管路上装有两个三通旋塞 R/15。它们都是 T 形旋塞。这种旋塞的特点是既能使管路液流换向,又能使液流做多路流动。T 形旋塞不能作为截止附件使用,因为塞芯处于任何位置时,它至少有一条液流相通。

5. 单元中的管子

在制作这个单元的时候,施工人员既要看管系单元组装图,又要看与之相对应的管子零件图册。该单元共有管子 37 根,其中有:海水冷却管(CS)4 根,舱底水管(BG)2 根,淡水冷却管(CF)1 根,燃油管(FO)14 根,润滑油管(LO)13 根,压缩空气管(PP)1 根,蒸汽管(ST)2 根。因为各系统管子的编号是整个机舱底部统一编排的,而该单元仅是其中的一个组成部分,所以在该单元中的各系统管子编号不一定连续。

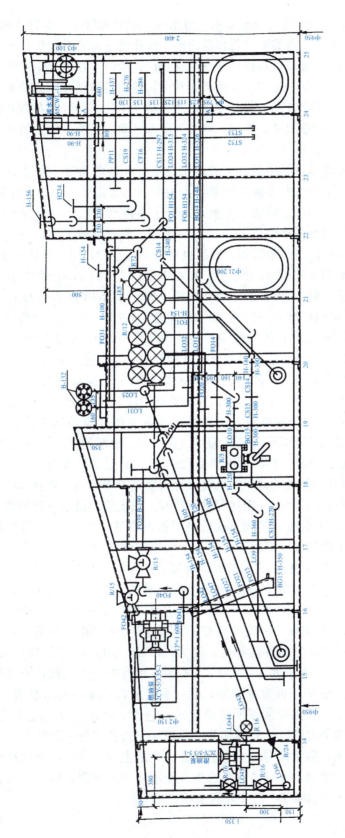

图5-23 某船机舱底部管系第三单元

本单元中各系统管子的表面处理要求:海水管、舱底水管、淡水管及蒸汽管需镀锌,燃油管、润滑油管需酸洗,压缩空气管仅需清洗。这些管子都是在内场预制,且已将连接件(如法兰、螺纹接头)焊妥以后再进行酸洗或镀锌的。所以,在单元中安装这些管子时应避免使用风割和电焊,以保护镀锌层不受破坏和保持管内的清洁。由此看来,制作和加工这些管子一定要满足管子零件图的尺寸要求,而在单元中使这些管子各就各位时,也一定要符合管子零件图中的定位尺寸。否则,就要一动牵百动,使整个单元的尺寸及质量达不到预期的要求。

观察图 5-23,发现本单元中的管子有两个特点,一是燃油管、润滑油管居多数,处于主导地位;二是管子呈水平方向并排敷设为主要的布置形式。由于该船尾部船体线型较"瘦",花钢板以下可利用空间较少,所以,管子不得已采取以不平行于船中线的排列形式。即使如此,由两根润滑油管 LO42、LO47 及三根燃油管 FO27、FO21 及 FO15 组成的管束仍以间距 105 而平行地排列,显得也很整齐。它们共用一个管子支架予以固定。它们的安装高度都是 H−154,即管子中心在花钢板以下 154 mm。在本单元的首部,纵向平行于船中线共排列着 11 根管子。最外侧的压缩空气管 PP11 是一根直管,它的安装位置是距中 2 560,纵向高度 H−137。海水冷却管 CS19 是一根直角弯管子,它的纵向段高度为 H−276,距中 2 430,横向段距肋位置为 22#+280。由于横向段不处于水平位置,向舷侧的一端微微上翘,所以只能标出其端部中心的高度为 H−234,这仅仅指该点的高度,而不是整个横向段的高度。与 CS19 相邻的管子是淡水管 CF16,它是一根带有一只直角弯及两只上别弯的管子。它的横向段共有三段,都是处于与水平面顺斜的位置,由于船体线型的关系,它向舷侧向上伸展只能顺着船体线型的趋势。它的纵向坐标为 22#+150,位于舷侧的管子端部中心高度为 H−156。有了这几个尺寸,这根管子的位置也就确定了。再往内侧是一根海水冷却管 CS13,它的主管的曲形是双斜别弯,这是为了在 21#~22# 处避让一只燃油阀箱,同时,也有舷侧管端的高度需升高的缘故。它的支管也是一只别弯,向船尾接 CS14 至尾部轴承冷却。该支管定位在主管的弯头处。在主管的纵向段的 24#~25# 肋位处,上面重叠着一根蒸汽管 ST53。继续往内侧看,还有并排三行管子,其实这里面共有 6 根管子,是上下两根重叠排列。这 6 根管子是:处于下层位置的 LO24、LO32 和 LO11,它们的安装高度分别为 H−315、H−324 和 H−326,距中尺寸分别为 2 035、1 920 和 1 795;处于上层位置的 FO1、FO6 及 BG14,它们的安装高度分别为 H−154、H−154 和 H−148,距中尺寸分别与上述三根管子相同(上下重叠)。在安装这些管子的时候,一定要将管子实物与管子零件图对照清楚,确认无误后再按零件图中的定位尺寸将它们各就各位。例如,LO24 与 LO32 都是外径为 $\phi 60$ 的直管,一根长度为 2 720,另一根长度为 2 830,在安装时稍有粗心大意就很容易使它们交换位置。即使是有弯头的管子,也要看清楚,哪一头向船首,哪一头向船尾。如管子 BG14 是一根斜定伸弯管子,在图中能很明显地看出,它为了避让一只人孔才做这样的弯曲。这根管子在纵向有两个直管段,船尾部分一段较短,船首部分一段较长,如果在安装时误将这根管子调个头,那就肯定会使管子挡在人孔的上方。当然,像这种明显的安装错误是会及时发觉的,然而,有时候也会发生一些不明显的错误,所以,安装时一定要细心。单元中还有其他很多管子,这里不再赘述。

学习成果测评与总结

一、学习成果评价单

学习成果名称	单元组装	完成限时	60分钟
场地、设备及工量具			
小组人员分工			

任务评价	自我评价	1. 通过本任务学习，我学到的知识点和技能点：_____。 存在问题：_____。 2. 在本次工作和学习的过程中，我的表现可得到： □优 □良 □中 □及格 □不及格						
	小组互评	项目人员	组长	组员1	组员2	组员3	组员4	组员5	组员6
		认真倾听、互助互学							
		合作交流中解决的问题							
		成员参与度							
		备注：请根据组员表现情况评分，优秀5分、良好3分、合格1分、不合格0分。						
	教师评价							

二、自我分析与总结

学生改错：	学生学会的内容：

练习与思考

1. 什么是单元组装？
2. 单元组装条件及要求有哪些？
3. 简述单元组装的步骤。

活动3　分段预装

工作任务	分段预装	教学模式	任务驱动
任务描述	选择合适的船体分段建造方法，在船体分段制造的同时，根据管系放样图上已标明的安装位置，安装通过该分段的所有管子，并进行分段预装的工艺处理。		
学习目标	知识目标	1. 了解分段预装的形式和方法。 2. 了解分段正转舾装的步骤。 3. 了解分段预装的工艺处理。	
	能力目标	能够按照工艺要求进行船舶管系分段预装。	
	素质目标	1. 注重培养学生动手能力，展示学习成果，对工作过程进行总结和反思。 2. 注重培养学生质量意识和安全意识及规范操作的能力，与他人进行有效沟通和团结协作的能力。	
设备器材	个人防护用品、扳手、榔头、锉刀、凿子、卷尺、直尺、线坠、粉线袋、风磨轮、割刀、电焊龙头等工具和砂纸、石笔、电焊条、富锌底漆等用品。		

知识充电站

分段预装

分段预装是将舾装件或整个单元在分段上船台之前，安装到船体结构上去的一种舾装方法，如图5-24所示。在建造船体分段的同时，通过各分段的管子，在放样图上已标明了它们的安装位置，在建造分段时就可以安装通过该分段的所有管子。

这种安装方法，对于安装在甲板下方和舱壁上的管子特别有利，实现了将空中作业改为平面作业的目标。这样既减轻了劳动强度，又减少了工作的危险性，更重要的是提高了工作效率和保证了安装质量。

图 5-24　机舱部分分段预装

分段预装形式与时机

分段预装的形式是根据船体分段建造方法而定，有如图5-25所示的分段正转预装和图5-26所示的分段反转预装等多种形式。

图 5-25　分段正转预装

图 5-26　分段反转预装

(1)船体分段在胎架上建造完工后，直接在船体结构面上进行舾装，这种预装方式可以不离开船体分段建造胎架，如甲板槽型分段、甲板平面分段、L形分段都可以采用。

(2)船体分段反身建造完工后，分段离开船体建造胎架，将其正身(翻身180°)放置，在非结构面上进行预装。

(3)船体分段正身建造完工后，直接在船体分段结构面和非结构面上进行预舾装，如主船体艏、艉主体分段。

(4)船体双层底分段一般为反身建造，内底内设置有液舱注入管、透气管、测量管、油舱加热管、压载水管及其他预埋管系。油舱加热管因安装要求，一般在分段反身建造时，分段外板装配前，进舱安装报验完工，其他液舱内管系可在分段正身后，再进行预舾装工作，具体可根据实船情况而定。

续表

分段预装方法	1. 分段预装基准面的确定 (1)横向基准面,以船体分段肋位线为基准。 (2)纵向基准面,以船体中心线为基准。 1)如船舶艏(艉)立体分段、双层底分段、甲板槽形分段,都可以直接根据该分段中龙骨或者中纵桁结构来确定船体中心线位置。 2)不能直接在船体分段上确定中心线尺寸的,一般根据该分段某一纵舱壁或某一强纵桁结构距船中心线理论尺寸来确定基准。 3)高度方向基准面,一般以船体基线、内底板平面、甲板下平台平面及各甲板层平面做方管舾装平面高度基准。 2. 管舾装安装起点选择及安装顺序 (1)选择与船体结构开孔相邻管子安装位置为安装起点。 (2)采用先大管后小管的舾装顺序,选择大管安装位置为安装起点。 (3)以分段管子布置较密集、较多的位置为安装起点。 (4)管子在分段上的安装顺序,一般应遵循的原则:先大管后小管,先主管后支管,先里层后外层,先密集后分散。
	任务实施
分段预装步骤	分段舾装的类型有多种,不同类型的分段安装方法有所不同。 本任务以分段正转舾装为例,进行说明: (1)同任务 5.1 活动 1 中管系安装一般步骤(1)～(5)。 (2)由轮机工人画出设备基座的安装位置线条,并将组装好的设备、基座放置到位。 (3)单元吊装到位。 (4)同管系安装一般步骤(8)、(9)、(11)、(12)。 (5)检查管子与设备的对中情况,对于既有偏差,管子修改又困难的场合,移动设备或调整基座高低。移动范围不超过 25 mm,对于超过 25 mm 时,须向技术部门反馈。基座修割工作由装配工实施,修割后的基座水平度不变。 (6)同管系安装一般步骤(13)、(16)～(20)。
分段预装工艺处理	管系分段预装后,待船体总段或舾装区域形成,再进行分段之间的调整管试装工作。由于管子加工和分段安装产生累积误差,可能会造成分段之间的调整管在安装后不够美观,甚至带来调整管的废返。为此在管系分段预舾装中应注意以下问题: (1)管系分段预装后,应检查分段周边接口管段的安装坐标位置与图纸的吻合性,是否在规定的安装误差范围内。 (2)管系分段预装中,应按管系安装顺序先装管子,后定管子吊架,可以适当调整分段接口管段安装位置。 (3)当两个分段对接区调整管两端分别与相邻分段对应管端试装时,出现对接管端安装坐标超出允许偏差值范围。在这种情况下,应先调整分段对接管段上的相关管吊架。如果还不能满足要求时,对管子再做相应修改,尽量避免废返发生。

任务总结

本任务介绍了管系分段预装,主要从分段预装的形式、方法、步骤和工艺处理等方面加以阐述。

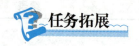

管系安装的几种方式

一、分段反转舾装

1. 分段反转舾装的一般知识

分段反转舾装是指分段以甲板为基面反造，在分段结构完工后保持反转的状态下进行管子舾装。

2. 分段反转舾装的步骤

（1）同任务 5.1 活动 1 管系安装一般步骤 (1)～(10)。

（2）单元定位。

（3）同管系安装一般步骤(11)～(20)。

图 5-27 所示为机舱平台甲板下方的分段反转舾装。

图 5-27　机舱平台甲板下方的分段反转舾装

二、分段正转舾装

1. 分段正转舾装的一般知识

分段正转舾装是指分段在正态情况下进行的预舾装工作。分段反转舾装和分段正转舾装安装的部位相隔一层甲板，如图 5-28 所示。

分段正转舾装须考虑不影响上一层分段的吊装，因此，靠近舷部、隔舱、肋骨的部位不宜安装。如必须装，则安装后不能与船体焊接，须移位。

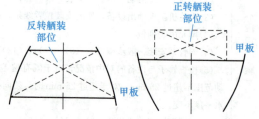

图 5-28　分段反转舾装和分段正转舾装部位示意

2. 分段正转舾装的步骤

分段正转舾装的步骤在任务实施中已介绍，此处不再赘述。

三、盆舾装

1. 盆舾装的一般知识

盆舾装是在由机舱双层底分段、泵舱双层底分段、舷部分段、隔舱分段组合起来的总组上进行的正转舾装。对于泵舱双层底分段仅对油轮而言，舷部分段和隔舱分段的高度一般略高于花钢板高度。盆舾装的作用是使花钢板以下、内底板以上的密集布置的设备、管子安装完整，使与上层分段之间的合拢管移动至花钢板以上，以减少上船台的工作量。

盆舾装不必考虑上一层分段的吊装问题，在盆舾装范围内可以将管子、设备、阀件及花钢板格栅等安装完整。

2. 盆舾装的步骤

盆舾装的步骤与分段正转舾装的步骤相同。

四、总组反转舾装

1. 总组反转舾装的一般知识

总组反转舾装是将两个或两个以上分段在反转状态下进行结构总组,总组后在反转状态下进行管子预舾装,预舾装的管子主要是分段接缝线处的管子和分段之间的合拢管。

2. 总组反转舾装的步骤

(1)同任务5.1活动1中管系安装一般步骤(1)~(12)。
(2)校正分段之间合拢管,并将合拢管制造,安装结束。
(3)同管系安装一般步骤(16)、(17)、(19)、(20)。

五、总组正转舾装

1. 总组正转舾装的一般知识

总组正转舾装是将两个或两个以上的分段在正转状态下进行结构总组,或在反转状态下进行结构总组,总组后翻身,然后在正转状态下进行预舾装(图5-27)。

预舾装的管子包括以下几项:
(1)分段接缝线处的管子;
(2)分段之间合拢管;
(3)分段正转舾装时因考虑影响上层分段吊装而未装的管子;
(4)分段预舾装阶段为使管子不伸出分段而移动的管子。

2. 总组正转舾装的步骤

(1)同分段正转舾装安装步骤(1)~(3)。
(2)对于嵌入两个分段之间的完成管,由于管子制作、安装的误差,必须将其中一个分段内的管路移动,移动的管路应是直管或平行弯管,且管路中无支管、贯通件。
(3)同分段正转舾装安装步骤(4)~(6)。

六、露天装

1. 露天装的一般知识

露天装是指在舱室顶板未盖之前进行的管子安装,如油轮货油舱内管子的安装。采用露天装的原因是舱室封顶后管子及附件无法进舱或进舱不便。采用露天装方法可以利用吊车使管子等物品进舱并配合安装,并且露天装的通风、照明环境也较好。

2. 露天装的步骤

(1)同任务5.1活动1中管系安装一般步骤(1)~(10)。
(2)单元吊入并定位。
(3)同管系安装一般步骤(11)~(13)、(15)~(17)、(19)、(20)。

七、船内装

1. 船内装的一般知识

船内装是指船体分段或总组上船台(或进船坞)搭载后的管子安装。主要安装部位如下:
(1)总组边界处的管子。

(2)直接吊上船台、船坞的分段(不参加总组的分段)边界处的管子。
(3)在船台、船坞安装的设备附近的管子。
(4)其他无条件实施预舾装的管子。

2. 船内装的步骤

(1)同任务 5.1 活动 1 中管系安装一般步骤(1)、(2)、(4)。
(2)在船体搭载过程中，穿插进行管子托盘、单元的吊入。
(3)同任务 5.1 活动 1 中管系安装一般步骤(5)~(10)。
(4)拆开与进行安装的管子有关的已安装的设备和管子、附件的封口，进行内部清洁检查，有缺陷须消除。
(5)同管系安装一般步骤(11)~(13)、(15)~(17)、(19)、(20)。

八、复合舾装

1. 复合舾装的一般知识

在实际应用中，有些分段预舾装工作需用两种或两种以上方法实施，这些分段主要是指双层底区域分段，也包括散货轮顶、底边水舱分段、集装箱船舷侧分段等。这种分段内部管子需安装于船体的二面或三面结构，如安装于双层底分段的内底板和外板，舷侧分段的外板和纵壁，顶边水舱的主甲板、外板和斜底板。在船体建造中，如果以分段顶部结构为基面反造，则安装于基面上的管子舾装为反转舾装。如果以分段底部的一面为基面正造，则安装于基面上的管子舾装为正转舾装。无论以哪一面结构为基面，另一面上的管子需朝天安装，朝天安装类似于船内装。由于分段上预舾装有着通风好、光线充足、物料进出方便等诸多优点，即使在分段内实行朝天装，也应将分段内的管子装完。在现场施工中，可根据分段建造翻身的机会，多实施向下安装工作。现以双层底分段为例对安装方法做介绍，其余分段可参照实施。

2. 复合舾装方法在双层底分段预舾装中的应用

(1)双层底分段预舾装的类型。

1)分段以内底板为基面反造：外板未封闭→管子预舾装(外板未封闭部分除外)→外板封闭→剩余部分管子预舾装→分段翻身。这种类型如机舱双层底分段。

2)分段以内底板为基面反造：外板未装→装焊内底板上的支架→装外板，分段翻身→管子预舾装。

3)分段以内底板为基面反造：分段安装完整翻身→管子预舾装。

第 2)、3)种分类类型同为货舱区双层底分段，在外板未封闭前是否预装内底板上或构架上的支架取决于船东是否允许分段结构性结束前安装舾装件。

(2)安装步骤。

1)第一种类型。

①同任务 5.1 活动 1 中管系安装一般步骤(1)~(5)。

②根据安装图的指示，将在船体分段建造过程中必须放入的管子放置到位。

③同管系安装一般步骤(6)、(7)。对于船体下料时已开好的管孔，应检查其圆度和垂直度，清除影响管子安装的缺陷。

④同管系安装一般步骤(8)~(12)。

⑤船体外板封闭。
⑥装、焊布置于后封闭外板上的管子支架,再将管子安装完整。
⑦同管系安装一般步骤(13)~(20)。
2)第二种类型。
①同管系安装一般步骤(1)~(5)。
②根据安装图的指示,将在船体分段建造过程中必须放入的管子放置到位。
③整理出布置于内底板上的支架,在外板安装前将这部分支架装焊结束。
④分段外板安装结束,翻身。
⑤同管系安装一般步骤(6)、(7)。对于船体下料时已开好的管孔,应检查其圆度和垂直度,清除影响管子安装的缺陷。
⑥同管系安装一般步骤(8)~(10)。
⑦同管系安装一般步骤(11),对于管子内的直管,可在平台上将多根管子连接,一起吊入。
⑧同管系安装一般步骤(12)~(16)。
⑨对于伸出分段端头的直管,则松开管夹,移动管子,使缩进分段 50 mm 以上。
⑩同管系安装一般步骤(17)~(20)。
3)第三种类型。
同第二种类型①、②、⑤~⑩步骤。

● 学习成果测评与总结

一、学习成果评价单

学习成果名称	分段预装		完成限时		60分钟		
场地、设备及工量具							
小组人员分工							
任务评价	自我评价	1. 通过本任务学习,我学到的知识点和技能点:_____。 存在问题:_____。 2. 在本次工作和学习的过程中,我的表现可得到: □优 □良 □中 □及格 □不及格					
	小组互评	项目人员	组长	组员1	组员2	组员3	组员4	组员5	组员6
		认真倾听、互助互学							
		合作交流中解决的问题							
		成员参与度							
		备注:请根据组员表现情况评分,优秀5分、良好3分、合格1分、不合格0分。							
	教师评价							

二、自我分析与总结

学生改错：	学生学会的内容：

练习与思考

1. 什么是分段预装？分段预装的形式有哪些？
2. 简述分段预装的步骤及工艺处理。
3. 简述不同管系安装方式的特点。

学习笔记：

任务 5.2　安装合拢管

工作任务	安装合拢管	教学模式	任务驱动
任务描述	采用传统的作业方法，在船舶建造过程中进行合拢管的现场校管，然后在车间制作检验，最后完成实船安装。		
学习目标	知识目标：熟悉合拢管现场校管、制作检验和安装的工艺过程。 能力目标：能够按照规范进行合拢管的制作与安装。 素质目标：1. 注重培养学生动手能力，能够展示学习成果，对工作过程进行总结和反思。 2. 注重培养学生质量意识和安全意识及规范操作的能力，与他人进行有效沟通和团结协作的能力。		
设备器材	个人防护用品、扳手、榔头、锉刀、凿子、卷尺、直尺、线坠、粉线袋、风磨轮、割刀、电焊龙头等工具和砂纸、石笔、电焊条、富锌底漆等用品。		

知识充电站

合拢管

合拢管又名调整管，包括制成半成品的合拢管和外场管系工自制的合拢管(图 5-29)。外场自制的合拢管包括未经生产设计的管子和因调整管遗失，或合拢管不适用需补充的管子。也有一部分完成管在安装过程中需开刀修改，修改后也按合拢管要求处理。

在现有技术中，常规合拢管一般都需要到现场放样或测量，进而为其制作和安装提供依据。

图 5-29　合拢管

任务实施

合拢管现场校管过程

合拢管现场校管一般过程如下：

(1)按管系原理图确定自制合拢管的材质、规格。

(2)需弯制的合拢管，由施工技术员计算弯管程序并核对材质、规格，然后进行领料、弯制。

(3)现场校管的调整管，必须看清管子编号，对号入座。

(4)校管前，拆去相关管子的封口，检查已装管子内部的清洁度，对于朝天的和向上倾斜的管子，必须在管端加装镀锌薄钢板封堵，以免定位焊的熔渣落入管子内部。对于与设备相接的合拢管，无论设备接口方向是朝天还是水平，一律加装镀锌薄钢板。

(5)取下点焊于调整管上的法兰，将法兰装上相关管子或设备，中间加放临时垫片，注意法兰之间应无错位和裂面。

(6)量出调整管的尺寸，然后切割余量。当因有误差使管子与法兰无法校成垂直时，切割线应与法兰平行，与管子不垂直。测量尺寸的方法可借助于样棒，用 φ10 mm 样圆按管子形状弯出，然后用样棒放到调整管位置，在法兰临时垫片处做上记号，再将样棒放到管子上画出切割线。但对于法兰与管子不垂直情况下需画出的切割斜线，仍需人为判断。

(7)定位焊。

(8)拆下合拢管，将相关管子封口，然后将合拢管带回车间进行焊前清洁修整工作，修整后向质量检验部门报验，合格后进行焊接。

(9)焊后打磨并修补缺陷。

(10)按需船级社验收的合拢管水压验收表做好水压试验报验工作，水压试验应在内场进行。

(11)按设计要求做表面处理工作。

续表

| 合拢管安装注意事项 | 合拢管安装的注意事项如下：
（1）与贯通件相连接的合拢管，必须在贯通件覆板或套管至少一面焊接后再校管，以减少贯通件焊接引起的变形。
（2）带拼接弯头的合拢管，应在弯头焊接后再校管，以减少弯头焊接带来的变形，特别是与设备相接的合拢管。
（3）与吸口连接的合拢管，通常将吸口放于舱底，在合拢管法兰和吸口法兰之间垫上与吸口离舱底高度相等的扁铁或螺母，垫的部位必须至少三处。
（4）垂直方向的合拢管，套进法兰后，因重力作用下沉，因此，在套入法兰前，下端管子上做上与法兰平齐的印记，定位焊时将管子稍微向上提起，使印记与法兰平齐。|

任务总结

本任务针对合拢管现场校管的一般过程和安装的注意事项进行了详细的阐述。

任务拓展

主机排气管和铜合金管合拢管的校管

1. 主机排气管的校管

（1）概要说明。主机排气管因口径大，通常管子加工车间无专用校管设备，需由管子安装部门自行校管。

（2）一般过程。

1）制作胎架。主机排气管因直径大、管壁薄，管子由船体施工部门用钢板卷成，在重力的影响下变成近于椭圆形。为使管子变圆，需制作胎架。胎架为半圆形钢板，直径比排气管子直径略大。

2）将管子放上胎架使其变圆。

3）在管子内部加装撑柱，撑柱部位靠近对接部位及法兰端。

4）校法兰和对接时，局部不圆处用千斤顶顶出。

5）对于因管子直径过大，法兰无法套上的情况，可在管子端部开刀，抽去一部分，然后在开刀部位重新焊接，为防止焊接应力引起裂纹，需在开刀切口根部开止裂孔（图5-30）。

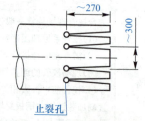

图5-30 止裂孔示意

6）安装支架、吊环。吊环包括船上吊装的吊环和搬运、翻身用的吊环。吊环与排气管之间加装覆板，覆板上开4～5个直径为30 mm的孔进行塞焊。

7）焊接。法兰和管子及直径大于1 000 mm的管子对接焊，全部双面焊。

8）对焊缝进行打磨，检查缺陷，咬口严重的进行补焊。

9）拆除管子内部撑柱，磨去撑柱与管子焊接部位的焊脚，并检查是否有咬口，咬口处需补焊。

10）移交下道包覆绝缘和薄钢板。排气管合拢管现场校管完成后，必须拆下，按要求对法兰进行双面焊接，严禁单面焊。

2. 铜合金管合拢管的校管

（1）单根管子现场校管。铜合金管校管需用氩弧焊点焊，因氩弧焊机到现场不便，可采用以下方法：

1)将管子按零件图精确下料。如果管子与内法兰之间有微小的交角，则在管子端部锉出斜度，使管子与内法兰之间间隙均匀。

2)在现场将管子和法兰对合，画出管子和内法兰之间的对合线。

3)到车间按对合线将管子与内法兰定位，进行一点定位焊。

4)到现场进行复校，如有偏差，则采用改变管子与内法兰之间间隙的方法纠正偏差。

5)到车间继续进行定位焊。

注意：在改变间隙以纠正偏差到继续定位焊之间法兰位置不可变动。

(2)单根管子靠模校管。先到船上制作靠模用的样板，样板的制作方法为在现场已安装的与合拢管相接的管子上安装钢质法兰，用角钢、管子等与两只法兰定位焊，并记好合拢管走向上需避开的地方。将样板带回车间平台，制作靠模：在样板两端安装两只法兰，并将这两只法兰固定于平台上。然后拆下样板，按平台上两只法兰的相对位置，考虑好合拢管在现场应避开的地方，量出尺寸，绘制草图，按草图弯出或拼好管子，以平台上两只法兰为基准校合拢管法兰，制作完成后到现场安装。

(3)同一路管子有多根合拢管的校管。当同一路合拢管有多根时，可绘制草图，到车间制作，上船安装后，使合拢管只剩一根，然后按上述单根管子校管方法制作最后一根合拢管。

● 学习成果测评与总结

一、学习成果评价单

学习成果名称		安装合拢管		完成限时		60分钟			
场地、设备及工量具									
小组人员分工									
任务评价	自我评价	1. 通过本任务学习，我学到的知识点和技能点：_____。 存在问题：_____。 2. 在本次工作和学习的过程中，我的表现可得到： □优　□良　□中　□及格　□不及格							
	小组互评	项目人员	组长	组员1	组员2	组员3	组员4	组员5	组员6
		认真倾听、互助互学							
		合作交流中解决的问题							
		成员参与度							
		备注：请根据组员表现情况评分，优秀5分，良好3分，合格1分，不合格0分。							
	教师评价								

二、自我分析与总结

学生改错：	学生学会的内容：

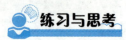 **练习与思考**

1. 现场校合拢管注意事项有哪些？
2. 简述合拢管现场校管的一般过程。

学习笔记：

任务 5.3　安装特种管子

工作任务	安装特种管子	教学模式	任务驱动
任务描述	按照工艺要求进行玻璃钢管搬运、吊装、上船预放和安装。		
学习目标	知识目标	熟悉不锈钢钢管、铜镍合金管、铝黄铜管、玻璃钢管等特种管子的安装工艺过程。	
	能力目标	能够按照工艺要求进行玻璃钢管等特种管子的安装。	
	素质目标	1. 注重培养学生动手能力,能够展示学习成果,对工作过程进行总结和反思。 2. 注重培养学生质量意识和安全意识及规范操作的能力,与他人进行有效沟通和团结协作的能力。	
设备器材	个人防护用品、切割管子的电锯、打磨管子表面用的电钻(作为驱动砂轮的动力)、纤维吊装带、卷尺、直尺、线坠、粉线袋等工具。		
知识充电站			
玻璃钢管管吊运	1. 管子搬运和吊装 在搬运过程中,管子下垫木头和橡皮。吊装时用纤维吊装带。 2. 管子上船预放 将管子吊上安装位置,在管子与船体肋板相接触处包覆橡皮,在分段端头,为防止船体切割余量和焊接时损坏管子,在管子端头套薄钢板罩。		
玻璃钢管安装要求	(1)贯通件(材料为钢管)覆板与船体隔舱紧贴,不可有间隙。 (2)管子应自然对中,法兰之间无喇叭口,膨胀接头两端管子同心,管子间距在膨胀接头要求范围内。 (3)与管子接触的支架、管夹位置装有聚四氟乙烯板及板条。		
玻璃钢管合拢管胶装	玻璃钢管的合拢管制作采用半成品现场胶接的方法,步骤如下: (1)打磨。打磨用的砂轮为专用砂轮,驱动工具为电钻,先打磨套管内部,再打磨接头外部,以利于打磨后表面的清洁保护。接头端面也需打磨,打磨不可有遗漏,打磨后洁净布擦净,不可用手摸,以免污染,在接头已干的情况下,应立即胶接。 (2)试插接头,并在接头上画出插入深度检验线。 (3)将两种成分的胶水调和均匀,涂于套管和接头的接触面上,接头上胶水涂多些,套管上胶水涂少些。 (4)将接头插入套管,并使接头上检验线与套管两端部等距离,在胶水涂得适量时,接头端部胶水形成垫珠以确保接头的端部不发生渗漏,如图 5-31 所示。 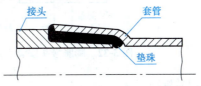 图 5-31　玻璃钢管膨胀接头 (5)将接头和套管拉紧,并保持一整天。在接头插入套管和拉紧接头时,不要使接头旋转,以免空气带入接触面。天冷时,胶水需用电热毯预热,胶接后用电热毯保温,时间为 1 h,此时管子两端应封住,避免窜风冷却。最适宜的胶接温度为 22 ℃~30 ℃。		

任务实施

(1)贯通件(材料为钢管)复板与船体装焊。

(2)支架定位、点焊。

(3)将管子放上支架,对于无支管及未胶接止动块的直管,进行转动,使管子两端处于最理想的同轴状态。使用膨胀接头连接的管子,调整好管子之间的间距。

(4)法兰连接。连接步骤如下:

1)检查管子法兰面、垫片、螺栓、螺母,法兰面应光洁。螺栓螺母的螺纹内部应无灰尘和其他固体粒子,有缺陷应消除,垫片应清洁。

2)将管子对中,检查法兰面的对中情况,应无明显的曲折和偏移。

3)在螺栓螺纹头部及垫圈上喷二硫化钼润滑剂。

4)放上垫圈、垫片、螺栓、螺母后,用手指将螺栓、螺母拧紧,然后用扭力扳手按表 5-3 所列的递增力矩逐步拧紧螺栓、螺母,最后一次的力矩为最终紧固力矩。在所有拧紧过程中,须执行交错拧紧次序。在所有的螺栓紧固力矩都达到最终紧固力矩值后,用相同的力矩检查每一只螺栓。

表 5-3 法兰螺栓、螺母紧固力矩

公称通径	每次紧固递增力矩/(N·m)	最终紧固力矩/(N·m)
25~100	7	27
150~300	14	68
350~400	14	68
450~500	27	81
600~900	34	102

(5)膨胀接头安装。膨胀接头安装示意如图 5-32 所示。

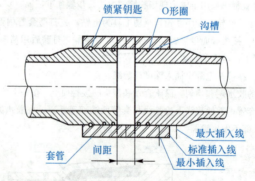

图 5-32 膨胀接头安装示意

玻璃钢管膨胀接头安装方法如下:

1)将膨胀接头套管内部用干布擦干净,涂润滑剂,套上管子,注意套管上锁紧销子槽的位置与管子上锁紧销子槽的位置应保持一致。检查膨胀接头两端部是否在接头上的安装基准线范围内。当确认在安装基准线范围内后,移动膨胀接头至安装位置以外。

2)去除 O 形圈的沟槽里的污物、灰尘等,用清洁干布擦干净。

3)检查 O 形圈,必须无损伤(无切口、气泡、拉毛)。

4)在沟槽里涂润滑剂。

续表

玻璃钢管安装步骤	5)将O形圈放入槽内。放入时注意不要将O形圈扭曲,对于通径400 mm及400 mm以下管子的O形圈放入槽内后,用洁净、光滑的金属棒涂上润滑剂放到O形圈下面,平滑地绕接头旋转,均匀地将O形圈放入槽内;对于通径超过400 mm的管子上的O形圈,可用金属棒涂上润滑剂将O形圈挑起约为管子直径的20%,然后突然抽去金属棒,使O形圈均匀地回到沟槽里。 6)将两根管子对中,使两根管子中心线在同一直线上,借助于手绞车将膨胀接头套管就位,检查并确认膨胀接头两端部在接头上安装基准线的范围内。 7)锁紧销子涂上润滑剂后插入膨胀接头和管端的销子孔。

任务总结

本任务介绍了安装特种管子的方法和工艺,主要从玻璃钢管搬运、吊装、上船预放和安装的具体实施步骤加以阐述。

任务拓展

一、不锈钢钢管的安装

加工好待安装的不锈钢钢管如图 5-33 所示。

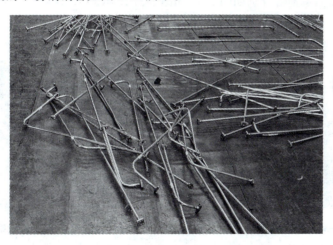

图 5-33 加工好待安装的不锈钢钢管

1. 不锈钢支架的焊接

不锈钢支架焊接可采用手工电弧焊或 CO_2 气体保护焊。两种方法中应优先选用 CO_2 气体保护焊,在焊接区域需喷上防焊接飞溅的喷涂剂。

2. 套管的焊接

套管焊接采用氩弧焊工艺,为防止母材温度过高,焊接时将整个圆周分四部分焊接,次序如图 5-34 所示。焊接套管和法兰后的不锈钢钢管如图 5-35 所示。

3. 贯通件的焊接

对于材质为不锈钢的贯通件复板和套管,可采用与不锈钢支架相同的焊接方法。

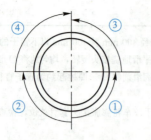
图 5-34 焊接次序

图 5-35 不锈钢钢管的套管和法兰焊接

4. 不锈钢钢管的保护

不锈钢钢管的保护包括防撞击和防污染。防撞击的方法可将不锈钢钢管放在专用的木箱内吊装，如采用散装的方式，则在托盘箱内垫上木板使管子与托盘箱隔离，吊装时采用纤维吊装带。防污染的方法：焊缝打磨采用非铁质的刷子，在安装好的管子和支架用三防布包裹，特别注意焊缝处不能接触铁质粉尘。

5. 其他方面

其他方面可参照一般钢管安装工艺。

二、铜镍合金管和铝黄铜管的安装

铜镍合金管和铝黄铜管分别如图 5-36 和图 5-37 所示。

1. 带法兰的铜镍合金管和铝黄铜管

安装工艺与一般钢管相同，但安装前后需采取保护措施，主要内容如下：

图 5-36 铜镍合金管

图 5-37 铝黄铜管

(1) 在托盘箱内采用垫木板等方式，使管子与托盘箱隔离。
(2) 吊运时宜整箱吊运，单件吊时使用纤维吊装带。
(3) 安装时保留在管子加工后包覆的三防布，缺损的补上。
(4) 易撞击的部位加装防护罩，常用走道处安装步桥。

2. 套管连接的铝黄铜管

套管连接的铝黄铜管通常用于油舱加热管。安装时，套管两端的管子应保持清洁，清洁的方法为使用洁净的干布、砂纸和丙酮等擦洗管子表面，使露出金属本色。然后将管子插入带有银焊丝的套管，用气焊焊枪在套管及管子端部加热，使银焊丝熔化。操作时应掌握好温度和加热的位置，防止银焊丝因过热而造成漏泄。最后根据需要决定在套管两端是否再用银焊丝补充焊接。

学习成果测评与总结

一、学习成果评价单

学习成果名称		安装特种管子		完成限时		80分钟		
场地、设备及工量具								
小组人员分工								
任务评价	自我评价	1. 通过本任务学习,我学到的知识点和技能点:_____。 存在问题:_____。 2. 在本次工作和学习的过程中,我的表现可得到: □优 □良 □中 □及格 □不及格						
	小组互评	项目人员	组长	组员1	组员2	组员3	组员4	组员5	组员6
		认真倾听、互助互学							
		合作交流中解决的问题							
		成员参与度							
		备注:请根据组员表现情况评分,优秀5分、良好3分、合格1分、不合格0分。							
	教师评价								

二、自我分析与总结

学生改错:	学生学会的内容:

 **练习与思考**

1. 铜镍合金管安装前后需采取哪些保护措施？
2. 玻璃钢管安装要求有哪些？
3. 简述玻璃钢管的安装步骤。

学习笔记：

模块 6　运行调试船舶管路系统

模块描述

本模块主要针对安装完毕的船舶管路系统进行后续操作工艺的讲解，主要为运行试验、管路的绝缘与油漆的介绍。管系的运行调试的流程：先对整个管系进行全面的完整性检查，找出是否存在遗漏和安装错误，并及时给予修正；然后进行管系密封性试验，检查管子和附件的连接件，包括法兰、螺纹接头、套管等安装后是否存在渗漏现象，以保持整个系统的密封性要求；最后配合机械设备进行运行试验，考验各系统的制造、安装质量，调整各种参数，使其符合技术性能，符合建造规范，满足船舶正常航行的要求。

模块分析

船舶管路系统的运行调试和绝缘与油漆是舾装工程的重要工艺环节。运行调试主要是系统的完整性检验、密封性试验和运行试验。运行试验包括系泊试验和航行试验。运行试验是与主机、辅机及锅炉的试验同时进行的，目的是检查系统中工质的压力、温度是否符合整个系统的技术要求。这项工作是对整个管舾装工程做全面的鉴定和认可。它是由资深的管系工、专业检验员并会同船级社的验船师和船东专业代表共同进行，并做出是否认可的结论。总之，运行调试船舶管路系统是整个船舶建造过程的重要环节，多方面试验合格后的管路系统才能有效地完成流通或输送介质的任务。

模块目标

一、知识目标

1. 掌握船舶管系完整性检验的操作步骤。
2. 掌握船舶管系密封性试验的操作步骤。
3. 了解船舶管系航行试验的类型和试验内容。
4. 掌握船舶管路绝缘与油漆的操作步骤及工艺要求。

二、能力目标

1. 能够进行船舶管系完整性检验。
2. 能够进行船舶管系密封性试验。
3. 能够进行船舶管系的系泊试验和航行试验。
4. 能够进行船舶管系的绝缘与油漆处理。

三、素养目标

1. 规范操作、安全操作、环保意识。
2. 培养爱岗敬业、实事求是、团结协作的优秀品质。
3. 培养分析问题、解决实际问题的能力。
4. 培养创新意识及获取新知识、新技能的能力。

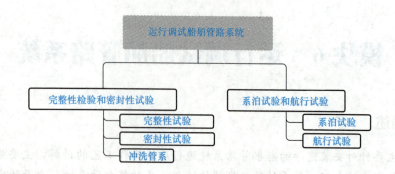

任务 6.1 完整性检验和密封性试验

活动 1 完整性检验

工作任务	完整性检验	教学模式	任务驱动
任务描述	船上所有系统的管路安装完毕后,为了确保安装质量,使之符合施工图纸上的技术要求,还必须对每一系统的管路部分进行安装正确性、完整性检验,找出是否存在遗漏和安装错误,并及时给予修正,以便后续的管系密封性试验的顺利进行。		
学习目标	知识目标	了解管系完整性检验的要求和内容。	
	能力目标	能够按照工艺要求进行管系完整性检验。	
	素质目标	1. 注重培养学生动手能力,能够展示学习成果,对工作过程进行总结和反思。 2. 注重培养学生质量意识和安全意识及规范操作的能力,与他人进行有效沟通和团结协作的能力。	
设备器材	个人防护用品、扳手、榔头、锉刀、凿子、卷尺、直尺等工具和砂纸、石笔、电焊条、富锌底漆等用品。		
知识充电站			
完整性检验要求	管子在船上安装后,应先对整个管路系统进行一次全面的安装质量外观和安装正确性检验。图 6-1 所示为安装完毕待完整性检验的管系。 (1)按照报验项目单,按系统进行完整性检验。先由部门负责自验,报品质保障部验收,合格后,按规定交船检、船东验收。 (2)验收文件:系统原理图、相关图纸、技术文件及更改通知单。 (3)验收内容:对管路系统的连接,外观,安装正确性,操作位置予以验收。	 图 6-1 安装完毕待完整性检验的管系	
任务实施			
管系完整性检验	(1)根据施工图,检查系统各部件和附件是否安装完整,相互位置是否正确,阀件的安装是否符合介质流向。 (2)管路是否符合图纸要求,特别在技术要求中专门提出的要求是否已在安装中实现。 (3)所有法兰的连接螺栓、螺纹接头及其他连接件是否均已紧固,拧紧后的螺栓伸出螺母的螺纹牙数是否符合要求。		

续表

管系完整性检验	(4)检查吊架的位置布置与数目是否符合图纸要求,并用手锤敲击来检查其焊接的牢固性。管子吊架、支架、卡箍是否牢固,对于需要伸缩或膨胀的管路、支架或吊架是否满足伸缩或膨胀要求。 (5)检查法兰端面的不平行度、不同轴度是否符合要求,管子表面有无油漆及绝缘包扎等。管路和附件的油漆及识别板刻字的内容和规格应符合规定要求。油漆表面不得有漏漆、剥落等缺陷。 (6)需包扎绝缘的管子之间,管子和其他结构之间的间隙是否满足绝缘厚度的要求。 (7)管路是否影响尾轴、加热器、冷却器和电动机后盖等设备的拆装维修,管路与管路之间、设备和船体结构之间是否留有充分的间隙。 (8)阀件及其他操纵附件是否位于易于操作处,其手轮或手柄是否能无障碍地自由转动;对特殊要求的阀件安装位置和高度是否妥当。 (9)管路中的垫片材料是否符合工作介质的要求。 (10)在"袋状"管段的最低处是否设置了放水塞;蒸汽管路是否已设置必要的膨胀弯头。 (11)油管路的连接件是否位于锅炉、排气管、烟道或其他热表面和发电机、配电板及其他电气设备上方,若已存在并难以变更,应装设专门的聚油盘和排油管。 (12)干舷甲板或上层建筑甲板上的空气管,离甲板高度是否符合干舷甲板不小于 760 mm;上层建筑甲板不小于 450 mm 的要求。 (13)对于疏排水与粪便管路,在弯角易积聚污物处,是否设置疏通螺塞。 (14)疏水、甲板排水和粪便管路是否按流向具有一定的倾斜度(一般要求疏水和甲板排水管路的倾斜度不小于 3°,粪便管路的倾斜度不小于 5°)。

任务总结

本任务介绍了船舶管系的完整性检验,主要从船舶管系完整性检验的要求和内容方面加以阐述。

任务拓展

管系安装的工艺要求

(1)管系安装必须按图纸进行,管子的排列应尽可能平直、成组成束并列、整齐和美观,避免不必要的迂回和斜交。

(2)管系的安装间距。

1)并行管或交叉管,邻近两根管子(包括管子附件)间距一般应在 20 mm 以上,允许极限大于 10 mm,如图 6-2 所示。

2)对于需要包扎绝缘的管子,包扎好绝缘后,其外缘与相邻管子、管系附件或船体结构件的间距在 20 mm 以上。

3)下列管子与电缆的距离应一般在 100 mm以上。

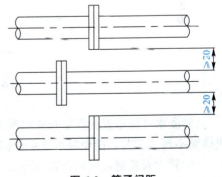

图 6-2 管子间距

①蒸汽管子绝缘层外表;
②非水隔层绝缘的排气管外表;
③工作压力 9.8 MPa(100 kg/cm^2)以上的高压空气管。

(3)空气、透气管应尽量确保无冷凝水存留现象产生。在露天的干舷甲板或在上层建筑的船楼甲板上敷设的透气管高度要求如图 6-3 所示。

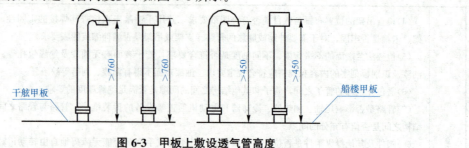

图 6-3　甲板上敷设透气管高度

(4)测量管安装力求垂直，如必须呈弯曲形时，则应弧顺、缓和，使测量工具(如测深尺)能顺利通过。测量管上端应引至易于接近的舱壁甲板以上的部位，而对油舱应引至开敞甲板上的安全位置。在测量管最上端合适位置处应有透气孔。下端口对应的舱底板上，安装防击板，防击板尺寸应符合表 6-1 的要求。在测量管下端盖板处，即管端上开 3～4 个长槽，开槽位置按图 6-4 设置。

表 6-1　防击板尺寸　　　　　　　　　　　　　　　　　　　　mm

测量管通径 DN	防击板尺寸 D×T	测量管末端与防击板距离 L	简图
≤50	100×10	20～25	
≥65	120×10	15～20	

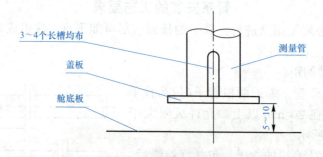

图 6-4　测量管开槽位置

(5)凝水管路布置的斜度和放水阀或旋塞的数量和位置，应在船舶处于正常纵倾、正浮或横倾不超过 5°时，能使凝水管系任何管段有效地泄放凝水。

(6)管子安装前，应检查管内清洁，如管子内壁有锈蚀，应及时予以清除。安装后的管路要防止异物进入，末端应予封口，保持管内清洁。

(7)主机滑油循环管路、汽缸油管路、凸轮轴滑油管路，安装后要进行投油清洗。

(8)蒸汽管、热水管的安装要求有热胀冷缩的补偿。

(9)舱柜空气管安装应保证空气是向上的，不能有"袋形"出现。

(10)无水封的便器和水池的泄放管路应设 S 弯头。管路的倾斜度为 2°~3°。有条件的地方,应尽量增加疏通接头。

(11)在管子弯头处附近设置法兰时,一般情况下法兰不应嵌入管子的弯曲部分。

(12)中间有 90°弯角的管子,应避免出现弯角管子两边较长和等长的现象。

(13)在船体分段连接处、单元连接处和设备连接处一般应设置嵌补管(合拢管)。嵌补管长度为 1 m 左右。

(14)为了便于管子安装,成束管子法兰的排列形状一般应为错开型或阶梯型,如图 6-5 所示。

图 6-5　成束管子法兰的排列形状
(a)错开型;(b)阶梯型

(15)阀、旋塞及滤器的安装位置,应设在便于操作和维修的地方。阀和阀并排布置时,操纵手轮的间距应在 30 mm 以上。

(16)当阀件布置于花铁板之下时,其操纵手轮应与花铁板平行,且应在其对应的花铁板上开孔并设置活络盖板。

● 学习成果测评与总结

一、学习成果评价单

学习成果名称	完整性检验		完成限时		60分钟			
场地、设备及工量具								
小组人员分工								
任务评价	自我评价	1.通过本任务学习,我学到的知识点和技能点:_____。 存在问题:_____。 2.在本次工作和学习的过程中,我的表现可得到: □优　□良　□中　□及格　□不及格						
	小组互评	项目人员	组长	组员1	组员2	组员3	组员4	组员5	组员6
		认真倾听、互助互学							
		合作交流中解决的问题							
		成员参与度							
		备注:请根据组员表现情况评分,优秀5分、良好3分、合格1分、不合格0分。							
	教师评价								

二、自我分析与总结

学生改错：	学生学会的内容：

练习与思考

1. 简述船舶管路系统完整性检验的要求。
2. 简述船舶管路系统完整性检验的内容。

活动2 密封性试验

工作任务	密封性试验		教学模式	任务驱动
任务描述	按照规范要求的密封性介质和原理图要求的压力，检查管子和附件的连接件，包括法兰、螺纹接头、套管等安装后是否存在渗漏现象，并及时给予消除，以保持整个系统的密封性要求，按检验项目表分别向公司质保部、船东、船级社报验。			
学习目标	知识目标	熟悉船舶管路系统密封性试验的操作步骤。		
	能力目标	能够按照工艺要求进行管系密封性检查。		
	素质目标	1. 注重培养学生动手能力，展示学习成果，对工作过程进行总结和反思。 2. 注重培养学生质量意识和安全意识及规范操作的能力，与他人进行有效沟通和团结协作的能力。		
设备器材	个人防护用品、压力表、扳手、小锤、压气机、水泵、计时器、隔离盲板、肥皂液等设备和工具。			
	知识充电站			
密性试验准备	(1)根据管内流通介质，准备好相应管子。 (2)试验使用的压力表必须经过校验检测，应在有效使用期内。 (3)密封性试验压力应小于或等于使用压力表取数的2/3。 (4)沿船旁或沿船房间顶设置的管路密封性试验，应在隔热材料与木板等铺设前进行，也就是说在敷设隔热材料前进行一次工艺性、紧密性试验，否则无法检查接头处渗漏。			

安装隔离盲板	**1. 安装部位** (1)设备。对于难以安装隔离盲板且又能承受密封性压力的设备，如泵和热交换器，可以不装隔离盲板，与系统一起进行密封性试验。 (2)管子端部。 (3)对于液压系统，应按冲洗需要将管路连接，用临时管和高压油泵接通，然后在冲洗泵连接的管路上加装盲板，如图6-6所示。 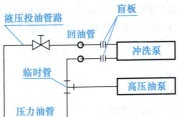 图6-6 液压系统冲洗前按密封性要求连接示意 **2. 安装要求和方法** (1)油水舱内吸入管上盲板靠近吸口。 (2)吊顶、甲板内管系包括合拢管全部制作、安装结束并参与密封性检验，不装盲板。 (3)对管径较小、压力较低的管子可在法兰内加装镀锌薄钢板盲板。大口径管、高压管用盲法兰，由于镀锌薄钢板盲板受力后会变形，取出时必须拆开管路。因此，当吸口与舱底距离很小时，为避免因无足够间距拆开管路取出镀锌薄钢板盲板，不可在管系与吸口法兰之间加镀锌薄钢板盲板，而应移开吸口，在管子上安装盲法兰。 (4)对无法兰的管端，可在管端装焊临时法兰，密封性试验结束后割去。也可用木塞封堵或在管端安装压板、垫片，然后在船体上焊支马，用支马压紧压板的方法。 (5)对舷旁短管，在舷外一侧用螺塞封堵(舷旁短管制作时，在舷外一端已安装螺纹座)。 (6)在管路的一只盲板上安装通入介质的接头。 (7)管路中所有加装的盲板应做好记录，以免遗忘。
系统预密封性试验	**1. 方法** 在管路中通入冷风，在管子法兰及套管焊缝处喷肥皂液进行预密封性试验，发现焊缝及法兰渗漏予以消除。对于密封性压力较高的系统，如液压系统，用冷风进行预密封性试验压力太低，可在冷风进行预密封性试验后，用氮气进行第二次预密封性试验。发现渗漏后应释放系统压力，然后设法消除渗漏。 **2. 渗漏消除的方法** (1)焊缝渗漏进行补焊，对工作压力低于1 MPa的系统允许使用422焊条。 (2)法兰渗漏: 1)先检查螺栓螺母有否松动，是否安装了小规格螺栓螺母，然后拧紧螺栓螺母； 2)当采用第1)种方法无效时，需松开螺栓螺母，更换垫片； 3)当采用第1)、2)种方法无效时，需拆下管子修整密封面； 4)当采用1)、2)、3)种方法无效时，需更换螺栓螺母，使用强度等级更高的螺栓螺母。 5)以上方法都无效时，管子返工，更换法兰。
系统密封性试验	**1. 密封性试验过程** 预密封性试验合格后，在管子内通入介质，然后缓慢加压，边加压边喷肥皂液并检查，当发现渗漏时，应释放压力消除渗漏。当达到管系原理图上规定的压力后，系统内保持压力2 h，经检查无渗漏，且无明显压力降后，向公司检验员报验，合格后向船级社、船东报验。

	续表
系统密封性试验	2. 密封性试验压力 世界各船级社对船舶管路紧密性试验压力都做出了规定，现简要介绍中国船级社(CCS)的《钢质海船入级与建造规范》对管路密封性试验的要求如下： (1)燃油管系和油舱加热管系的密封性试验压力为 1.5 倍设计压力，但不小于 0.4 MPa。 (2)通过双层底舱或深舱的舱底水管路的密封性试验压力应不小于该舱的试验压力。 (3)液压管系的密封性试验压力应为 1.25 倍设计压力，但不必超过设计压力加 7 MPa。 (4)当Ⅰ级和Ⅱ级管系在船上安装采用对接焊连接时，则均应用 1.5 倍设计压力进行试验，其中对于设计温度超过 300 ℃ 的管系，其试验压力应由下式确定，但不必超过 2 倍设计压力。 $$p_S = 1.5p \frac{[\sigma]_{100}}{[\sigma]_r}$$ 式中 p_S——试验压力(MPa)； p——设计压力(MPa)； $[\sigma]_{100}$——100 ℃时的许用应力(MPa)； $[\sigma]_r$——设计温度下的许用应力(MPa)。 为了避免在弯曲处和 T 形接管处产生过大的应力，经验船部门的同意，可减小到 1.5 倍设计压力进行试验。 3. 加压方法 (1)压缩空气系统用系统内压气机加压。 (2)液压系统用高压油泵加压。 (3)润滑油、二氧化碳系统在船上压缩空气可提供时用船上压缩空气加压，不能提供时，用冷风及瓶装氮气加压。 (4)用水做介质的系统用密封性专用水泵加压。
密性后工作	(1)燃油日用系统放掉密封性用水，并用氮气吹净残水，准备冲洗。 (2)液压油系统密封性后进行冲洗，冲洗结束后放掉系统内液压油，用氮气将剩油吹净，然后复位。 (3)润滑油系统(包括凸轮轴润滑油、汽缸油、尾管润滑油系统等)进行冲洗前清洁工作需拆下的则拆下，不拆下的则按冲洗要求连接。是否拆下取决于清洁过程控制的方式。 (4)其他用水做密封性介质的系统，放掉密封性用水，管系复位。 (5)用压缩空气做介质的系统，拆下盲板复位。 (6)油水舱内吸口装复，安装时，应将已用过的垫片更换，安装后做好自检互检工作。 (7)清点加装的盲板，数量应与记录一致。 (8)对安装隔离盲板的部位，除油水舱吸口处外，其余部位在系统工作时检查是否泄漏。 (9)对用法兰或螺纹接头连接的蒸汽管、凝水管、热水管，在管路中通入蒸汽或热水情况下，检查是否泄漏。
	任务实施
水密试验	对于管内流通介质为水的舱底压载水管路、冷却水管路、消防水管路、生活水管路、锅炉给水管路及蒸汽管路等压力管路，一般都采用水压的方法进行紧密性试验。试验步骤如下： (1)密试前，先将试验的管路同舱柜、设备、机械等设施相隔离(图纸规定一起试验的例外)。隔离的方法可用关闭管路中的阀门来实现，或者将管路终端的法兰接头拆开，安装堵板(闷头)。 (2)在管路的最高处设置空气旋塞(或放气阀)。进水前应将旋塞(或阀)打开，作用是排出管路内的空气，使水充满整个管路，便于检漏和稳压。 (3)在管路中选择适当位置作为进水口，向管路内注水，直至水从空气旋塞(或放气阀)溢出，然后关闭旋塞。 (4)利用外接的试验用水泵，通过管路进水口向管路加压至试验压力。在此压力下保持 20 min，观察管路内压降情况。压降值不得超过试验值的 4%，特殊要求例外。对于管子较少的系统，可以同时检查管子及附件连接处的密封性。 (5)试验压力保持 20 min，若管路不符合压降要求，自试验进口处，逐根检查管子、附件、阀件等连接处有无渗透漏出现象，如发现渗漏，应及时找出原因并消除，消除后重新试压。

续表

气密试验	对于管内流通介质为空气的压缩空气管路，一般均用压缩空气作为试验用介质进行密封性试验。试验步骤如下： (1)密试前，用关闭阀门的方法将管路与机械、设备、海底门及其他日用空气使用站相隔离。 (2)试验可利用船上已安装好的空气压缩机作为试验用高压空气源；试验中所需用中压及低压空气可经减压阀减压获得。对减压阀前、后不同工作压力的管段分别进行密封性试验。 (3)与空气瓶一起在试验压力下保压 2 h，观察管路内空气的压降情况，同时用肥皂液检查各连接处是否有漏泄现象。 (4)若 2 h 内，管路压降不超过 3%，同时各管子连接处均无漏泄现象，则认为管路气密性试验合格。若压降超过规定值，或发现漏泄现象，应及时找出原因并排除，直至试验合格为止。
油密试验	对于管内流通介质为油料的燃油管路、润滑油管路和液压管路等压力管路，在气密性试验前其完整性检查更要重视。在用油紧密试验前，应用空气进行预先密封性试验，尽可能使气密性试验时无漏泄现象发生。因为，油管路的漏泄，不仅造成油料的浪费，而且将污染舱室或其他工作环境。试验步骤如下： (1)在油料介质进行紧密性试验前，应先用 0.2～0.4 MPa 的压缩空气进行预试验，初步排除管路中产生漏泄的缺陷，然后用油料进行正式的紧密性试验。油试验的方法与水管路紧密性试验大体相同。 (2)若经验船部门和船主同意，油管路的紧密性试验可改用气密试验代替油密试验；试验压力可降至工作压力。气密试验方法与压缩空气管路的紧密性试验大体相同。
灌水试验	对于疏水管、甲板排水管和粪便管等排出端开敞的管路，一般不进行大于大气压的紧密性试验。但为了保证接头间的紧密性，通常进行灌水试验，试验方法如下： 首先，用堵板或木塞将管路排出端封闭；然后，从上至下向管路内灌水，直至水充满管路，检查接头处是否有渗水和漏水现象；最后，拆除堵板和木塞，观察管内的水是否很畅顺地从排出端流出。
制冷剂管路气密试验和真空试验	对于空调和冷藏系统的制冷剂管路，其密封性试验分为以下两个步骤进行。 1. 气密试验 (1)制冷剂管路的气密试验，一般采用纯净的氮气(N_2)作为试验介质，以制冷剂 46 ℃时的饱和气压作为试验压力。因此，试验压力按机组选用不同的制冷剂而不同，具体数值见表 6-2。 表 6-2　制冷剂管路的气密试验压力 | 制冷剂	氨(NH_3)	氟利昂(F12)	氟利昂 22(F22)
---	---	---	---
气密试验压力/MPa	1.75	1.05	1.75	 当管路充氮气加压至试验压力后，持续 24 h，若压降值低于 2%，并且连接处无漏泄现象(可用肥皂液或石蕊试纸检查)，则认为管路气密试验合格。 (2)船厂在进行制冷剂为 F22(或 F12)的管路气密试验时，往往将纯净氮气和少量制冷剂的混合气体作为试验用介质。首先向管路内充入 0.15～0.2 MPa 的 F22 或 F12(一般在环境温度较高时取上限值，环境温度较低时取下限值)，然后向管路内充入氮气，加压至所要求的试验压力，保持压力 8～12 h。若所测的环境温度和管路内压力符合下式，则认为管路气密试验合格。 $$P_0 - P_1 \cdot \frac{T_0}{T} \leqslant 0.032$$ 式中　P_0——管内初试压力(MPa)； 　　　P_1——持压后管内压力(MPa)； 　　　T_0——初始环境温度(K)； 　　　T——持压后环境温度(K)。 2. 真空试验 管路气密试验合格并提交验收后，即可进行管路的真空试验。用外接真空泵抽吸管内气体，要求管内真空度大于 700 mmHg，并希望多次抽吸，其目的是使管内高度真空下的水蒸气尽可能抽吸干净。真空试验的验收标准一般是，当管路内达到所要求的真空后，停止真空泵的工作，保持 24 h，若管内真空度的变化值小于 10 mmHg，则认为真空试验合格。

任务总结

本任务主要介绍了船舶管系密封性试验的相关操作，主要从密封性试验准备、安装隔离盲板、系统预密封性试验、系统密封性试验、密封性试验后工作等具体实施步骤加以阐述。

任务拓展

几种特殊情况的密封性试验方法

1. 货舱区横隔舱上的管子

货舱区横隔舱上的管子包括空气管、测量管、电缆管、液位遥测管。向下通到内底板以下舱室，向上通到主甲板或首楼甲板。在横隔舱分段预舾装阶段，安装了管路的中间部分，上船台（船坞）后整条管路安装完整。管路密封性试验分为两个阶段进行：第一阶段在横隔舱分段管子预舾装后，进行密封性试验并交验；第二阶段上船台（船坞）管路安装完整后，在进行船体内底板以下除燃油舱外的舱室密封性试验时，可利用舱室内的压力，检查管子的其余部分；对于燃油舱的空气管、测量管需做灌水试验。

2. 顶边水舱放水管

顶边水舱放水管经货舱通向舷外密封性试验时将舷外管口用木塞封堵，利用顶边水舱舱室密封性的压力，检查管子的套管焊缝的渗漏情况。

3. 尾压载舱内的尾管滑油管

在尾压载舱分段管子预舾装后，用木塞封堵尾轴壳上的管孔，在机舱端通入冷风，到尾压载舱内检查套管焊缝的渗漏情况。

4. 上层建筑的管子

上层建筑的管子密封性试验在上层建筑总组阶段完成。吊上船搭载后，上层建筑总组与主船体之间及总组与总组之间的合拢管制造安装后，对这部分合拢管进行密封性试验。由于上层建筑内的管子有一部分为热水管，在实际使用时，可能还会渗漏，为避免试航时漏水，在系泊试验阶段，将热水通入管路，对热水系统进行检查。

5. 舱口盖液压系统

舱口盖液压系统通常分成几部分冲洗，密封性试验工作需在冲洗结束、原拆开的管子重新接通后进行。

因压力油管的密封性压力与回油管路、泄油管路不同，在回油管路、泄油管路不能承受高压的情况下需安装隔离阀，有些地方需安装盲法兰及螺塞。隔离阀、盲法兰、螺塞及接高压油泵的快速接头的位置应安装于管子高的部位，使密封性试验结束后只需放掉一小部分油就能使系统复位。密封性试验用的连通管也处于高的部位，且能承受密封性压力。舱口盖液压系统密封性试验用管路如图 6-7 所示。

管路连接后，先用氮气进行预密封性试验，然后在系统内加入液压油，此液压油可以是工作油，密封性试验后留在系统内。系统内油加满后用高压油泵加压。先打开各隔离阀，按回油管、泄油管的压力要求进行密封性试验。合格后关闭隔离阀，按压力油管的压力要求进行密封性试验。合格后放掉少量液压油，然后将管子与设备接通。

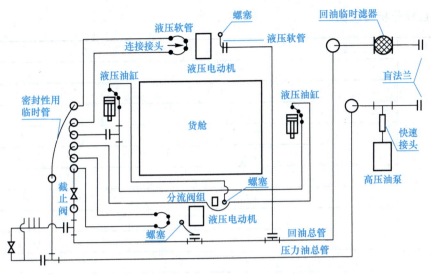

图 6-7 舱口盖液压系统密封性试验用管路

• 学习成果测评与总结

一、学习成果评价单

学习成果名称		密封性试验		完成限时		80分钟				
场地、设备及工量具										
小组人员分工										
任务评价	自我评价	1. 通过本任务学习,我学到的知识点和技能点:_____。 存在问题:_____。 2. 在本次工作和学习的过程中,我的表现可得到: □优 □良 □中 □及格 □不及格								
	小组互评	项目人员	组长	组员1	组员2	组员3	组员4	组员5	组员6	
		认真倾听、互助互学								
		合作交流中解决的问题								
		成员参与度								
		备注:请根据组员表现情况评分,优秀5分、良好3分、合格1分、不合格0分。								
	教师评价									

二、自我分析与总结

学生改错：	学生学会的内容：

练习与思考

1. 分别简述管系预密封性试验的方法和密封性试验的过程。
2. 船舶管系密封性试验的检验要求有哪些？
3. 船舶管系密封性试验后需做哪些工作？

学习笔记：

任务6.2 系泊试验和航行试验

活动1 系泊试验

工作任务	系泊试验		教学模式	任务驱动
任务描述	在船舶系泊的状态（图6-8）下，检验各管路系统工作的可靠性，检查系统中工质的压力、温度是否符合整个系统的技术要求，主要检查泵的进出口的压力是否符合要求，可以针对各系统的工作特性和技术要求进行效用试验。			
学习目标	知识目标	了解船舶管路系统系泊试验的条件、内容和工艺要求。		
	能力目标	能够按照要求进行船舶动力管系的系泊试验。		
	素质目标	1. 注重培养学生动手能力，能够展示学习成果，对工作过程进行总结和反思。 2. 注重培养学生质量意识和安全意识及规范操作的能力，与他人进行有效沟通和团结协作的能力。		
设备器材	个人防护用品、扳手、压力表、真空表、转速表、温度计、计时器、兆欧表等工具仪表。			
知识充电站				
系泊试验	系泊试验是将船舶停靠在工厂码头旁，在机电设备和系统安装结束的基础上检验船体、轮机、电气及设备系统等方面的建造质量、技术状况及工作效用，取得分析数据，核定船舶能否进行航行试验。 由于码头水深及系缆等条件的限制，动力装置在系泊试验时，是不能完全掌握其在额定工况下各种性能指标的。系泊试验的主要任务是为航行试验创造条件。 系泊试验的项目按《系泊试验大纲》进行，并向船东代表、验船师报验。系泊试验完成后，向船级社申请"船舶适航证书"。	 图6-8 船舶系泊状态		
系泊试验轮机部分内容	系泊试验轮机部分内容主要有主机试验、组合锅炉试验、机舱行车试验、机修间设备试验、热水压力柜试验、淡水压力水柜试验、卫生压力水柜试验、分油机试验、机舱泵试验、空压机和空气瓶试验、速闭阀试验、舱底水油水分离器试验、机舱舱底水吸入试验、压载系统试验、机舱风机试验、生活污水处理装置试验、瘫船试验、货舱舱底水系统试验、消防系统的试验、阀门遥控系统试验、就地阀控制系统试验、液位遥测系统的试验、自动启动和停止试验、自动切换和报警试验、安全和控制阀设定等。			
管系系泊试验条件及内容	1. 管系泵的试验条件及内容 (1)试验条件： 1)管系应按图纸要求进行安装并经密封性试验合格； 2)泵与电机的安装质量经过检验合格； 3)泵吸入及排出处安装经校准、认可的压力表； 4)测量各泵电机及控制设备的冷态绝缘电阻，应>1 MΩ。 (2)试验内容： 1)泵运转试验； 2)泵及系统效用试验。	 船舶的运行试验		

续表

管系系泊试验条件及内容	2. 泵运转试验 管系各泵试验时须调节出口阀，使排出压力和吸入压力符合泵的总扬程，连续工作 1 h，检查泵的运转情况、密封情况、温升情况等。 运转试验需记录的数据：泵的吸入和排出压力、启动电流、工作电流、电动机和控制箱的热态绝缘电阻、轴承温度等。做封闭试验的泵需检查封闭压力。 3. 泵及系统效用试验 (1) 用主润滑油泵向主机供油，检查进出主机润滑油的状况； (2) 用凸轮轴油泵向凸轮轴供油，检查压力和供油情况； (3) 用主机燃油循环泵和燃油供应泵向主机及系统供油，检查油压及泄漏情况； (4) 用主机海水冷却泵向主机海水冷却器、空冷器、凸轮轴冷却器、淡水冷却器供冷却水，检查通畅性和泄漏情况； (5) 用主机淡水向主机淡水冷却器、冷却腔供水，检查通畅性。
	任务实施
动力管系系泊试验	1. 燃油系统系泊试验 (1) 各燃油低压输送泵、驳运泵及燃油管系做 1 h 的效用试验。 (2) 在机舱外对双层底以上燃油舱、柜的速闭阀做操纵关闭试验。 (3) 对泵及管路上安全阀做启跳(开启)压力试验，启跳压力为 1.1 倍工作压力。 (4) 燃油分油机做 2 h 的分离效用试验，并对其自动装置进行调整和试验及故障报警试验。 (5) 对锅炉燃火自动点火控制装置进行试验和应急熄灭试验。 (6) 对燃油加热器的自控和黏度计的自控性能进行调试。 2. 润滑油系统系泊试验 (1) 严格检查主机、发电机、轴系及其他机械润滑系统管路清洁工作。 (2) 在船舶下水前，先检查尾轴、尾管润滑系统装置安装是否正确，再对管系进行清洁或串油检查，最后，用"压油"方法检查其密封性状态。 (3) 润滑油泵及润滑油系统做 1 h 的滑油循环效用试验。 (4) 检查和调整低压警报装置、温度调节阀的工作可靠性。 (5) 调整泵及管路中的安全阀启跳压力，启跳压力为 1.1 倍工作压力。 (6) 润滑油离心分油机做 2 h 分离效用试验，具有自动控制和自动排渣的分油机应按技术要求进行调整试验。 3. 冷却系统系泊试验 (1) 冷却水泵与整个冷却系统做 1 h 的效用试验。 (2) 检查主泵与备用泵转调使用的灵活性和方便性。 (3) 检查和调整温度自动调节器的工作温度及温度自动报警装置。 (4) 调试制淡装置并检查所制淡水的质量。 (5) 调制暖缸设备、保证主机暖缸正常进行。 (6) 调试膨胀水箱的自动供水装置。 4. 压缩空气系统系泊试验 (1) 压缩空气系统和空气瓶在额定工作压力下，进行 2 h 的气密试验。 (2) 检查和调整减压阀的排出压力、安全阀的开启压力。开启压力为 1.1 倍工作压力。 (3) 对空压机进行充气试验，并做好时间记录。 (4) 对空压机进行自动启动和停车的效用试验。 (5) 对各用气场所(主、辅机启动，鸣气笛、气动工具、海底门和油渣柜吹除等)进行效用试验。 (6) 向气动自动装置供气，保证自动装置能正常工作。

📋 任务总结

本任务介绍了船舶管系的系泊试验，主要从系泊试验的条件、方法、动力管系的系泊试验操作等方面详细阐述。

船舶通用管路系统的系泊试验

船舶管路系统的试验项目是根据其主要用途而选取的,至于各系统的具体试验内容,通常按船舶的系泊试验大纲要求进行。船舶通用管路系统的系泊试验的操作如下:

1. 舱底水系统

(1)各舱底水泵的排水效用试验和污水管的畅通试验,要求能抽干各污水井或污水沟内的污水。

(2)污水井或污水沟内水位报警装置的报警试验。

(3)舱底水油水分离器的效用试验,要求分离后的污水含油量小于 15 ppm。

(4)机炉舱应急排水阀和排水管的排水试验。

(5)防撞舱壁阀甲板操纵装置进行启闭灵活性检查。

2. 压载水系统

(1)各压载水泵的舷外水循环效用试验。

(2)压载水管与压载水舱之间的压入与排出的畅通试验。做好时间和残留水位的记录。

(3)压载水舱之间的相互转换(调驳)试验。做好试验记录。

(4)检查防撞舱隔离阀甲板操纵装置的可靠性和指示装置的正确性。

(5)遥控装置中的遥控阀(蝶阀)的启闭效用试验。

3. 消防系统

(1)水消防系统。

1)消防水泵的排水试验;

2)首制船舶做消防总管的压力试验,消火栓排出压力测量:客船为 0.28~0.32 MPa,货船为 0.26~0.28 MPa;

3)消防水其他用途(锚链冲水、甲板洒水、喷射泵的引射流体等)的效用、畅通试验。

4)应急消防泵的效用试验。

(2)二氧化碳消防系统。

1)用压缩空气对启动气缸、瓶头阀操纵装置做动作模拟试验。

2)用压缩空气对释放管路、喷头做畅通试验,对快开阀做操作试验。

3)各被保护舱室用人为烟雾做烟雾自动报警试验。

4)首制船舶选定一个被保护舱室做施放试验。

4. 舱室蒸汽取暖系统

(1)蒸汽减压阀及安全阀启闭压力的调整试验。

(2)系统内的泄水装置的位置、阻汽器的旁通阀开启状态进行检查。

(3)各舱室内取暖器的效用试验。暖气管无漏水、漏气现象;凝水回流应流畅;并做好舱室温度与大气温度的变化记录。

(4)对散热较差的取暖器可先排空凝水,再调整进气阀的开度,使排汽回流管(凝水管)中充满蒸汽,同时,检查阻汽器能否正常工作。

学习成果测评与总结

一、学习成果评价单

学习成果名称		系泊试验		完成限时		120分钟		
场地、设备及工量具								
小组人员分工								
任务评价	自我评价	1. 通过本任务学习,我学到的知识点和技能点:_____。 存在问题有:_____。 2. 在本次工作和学习的过程中,我的表现可得到: □优　□良　□中　□及格　□不及格						
	小组互评	项目人员	组长	组员1	组员2	组员3	组员4	组员5	组员6
		认真倾听、互助互学							
		合作交流中解决的问题							
		成员参与度							
		备注:请根据组员表现情况评分,优秀5分、良好3分、合格1分、不合格0分。							
	教师评价								

二、自我分析与总结

学生改错:	学生学会的内容:

练习与思考

1. 简述船舶管路系统系泊试验的条件及方法。
2. 如何进行燃油系统的系泊试验?
3. 简述润滑油系统系泊试验的内容。

活动2 航行试验

工作任务	航行试验	教学模式	任务驱动
任务描述	经过系泊试验并消除了试验中所暴露的缺点后，征得船验、船监、船主等各方面同意，共同组成试航人员，在规定的试航区域内进行各种机械设备运转灵活性和可靠性检验，并确定各种航行状态下的航速、推进装置的工作特性、燃料消耗率等，同时在以上试验过程中，检查管路中工质的压力、温度是否符合整个系统的技术要求。		
学习目标	知识目标	1. 理解船舶航行试验的含义。 2. 熟悉航行试验轮机部分的内容的操作。	
	能力目标	能够在动力装置航行试验中进行管系压力和温度等检查，确保系统服务的各种机械设备运转灵活可靠。	
	素质目标	1. 注重培养学生动手能力，能够展示学习成果，对工作过程进行总结和反思。 2. 注重培养学生质量意识和安全意识及规范操作的能力，与他人进行有效沟通和团结协作的能力。	
设备器材	个人防护用品、扳手、救生衣、压力表、真空表、转速表、温度计、计时器等工具仪表。		
知识充电站			
航行试验	航行试验是船舶处于航行状态下(图6-9)，全面检验动力装置的安装质量和运行性能，并将在系泊试验时，不能进行全负荷或正常运行试验的各种机械设备及系统，在各种航行工况下，进行连续的联合运行试验，以验证动力装置在规定工况下的各种参数；然后对在试验过程中所暴露的全部缺陷进行检修、调整，使船舶达到规定的设计性能和技术要求。 航行试验顺利结束后，就可以进行船舶的交接工作。		 图6-9 船舶航行试验状态
航行试验条件	(1)完成全部系泊试验项目并全部交验合格。 (2)设计部门编制航行试验大纲，经船部门和船东代表确认后，作为船舶进行试验和检验的依据。 (3)准备足够供试验用的燃油、润滑油、淡水及生活给养和救生器具等。 (4)试验用的设备和仪器应具有计量部门签发的有效的合格证书。 (5)船厂确定试航日期后，由质检部向验船部申请，审核后，对具备试航条件的船舶签发船舶试航证书。 (6)试验在风力不超过3级，海浪不超过2级时进行，水深和航道宽度应满足要求。		
管系航行试验	船舶管路系统的航行试验是与主机、辅机及锅炉的试验同时进行的，目的是检查系统中工质的压力、温度是否符合整个系统的技术要求，多数在密封性试验和系泊试验过程中已完成试验，少许需要在航行试验全负荷或规定工况的状态下进一步检验，以确保安装的质量和系统服务的各种机械设备运转灵活可靠。 与管路系统有关的试验都集中在轮机部分，如在柴油机运行试验中，需要检查柴油机的燃油、润滑油、冷却水系统及其调节系统工作的可靠性，燃用重油的柴油机需进行燃用轻柴油的转换试验等。		

续表

航行试验轮机项目内容	航行试验轮机项目内容包括自动化与遥控系统试验；低稳定转速运行试验；功率测量；主机仪表测量；辅机测量；海水制淡装置的能力测量；组合锅炉蒸发试验；启动空气系统的容量测量；扭振测量；燃油消耗率测量（耐久性试验期间）；中间轴负荷测量；液位遥测和吃水测量系统；货舱监测系统；油气回收控制系统；惰性气体系统；货油和压载系统；货舱扫舱系统；消防水灭火和固定式泡沫灭火系统；洗舱机/洗舱系统；其他试验等（图6-10）。	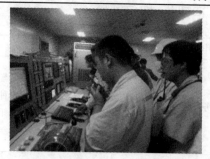 图6-10 集控室轮机项目航行试验

任务实施

部分航行试验轮机项目	1. 海水制淡装置（图6-11）试验 (1)试验在航行试验主机全速运转时进行，试验时间不少于2 h。 (2)在主机耐久性试验过程中，进行造水量的测量，检验淡水的水质和造水量是否符合要求。 (3)对海水制淡装置的自动控制系统进行调整，然后进行效用试验。 在以上试验过程中，检查管路中工质的压力、温度是否符合整个系统的技术要求。 2. 主机燃油切换试验 (1)从柴油切换到燃油(M.D.O.→H.F.O.)。 1)准备：确认燃油日用舱内燃油温度是否达到75 ℃。 2)主机燃油日用管路蒸汽伴行管通气运行。 3)燃油黏度/温度控制器准备就绪。 4)步骤： ①主机负荷设定在约正常输出功率CSR的75%（约67.5%MCR）； ②手动操作燃油黏度控制器，将管路系统中的柴油缓缓加热到60 ℃～80 ℃； ③确认管路系统中柴油温度达到60 ℃～80 ℃，并且柴油黏度不能够低于2 cst，并满足燃油日用舱的温度与被加热柴油的温度(60 ℃～80 ℃)的温差值不超过25 ℃； ④通过操作供油单元三通转换阀切换到燃油运行； ⑤接着将系统中的燃油加热到预定黏度(10～15 cst)； ⑥将黏度/温度控制器设定在自动控制状态。 (2)从燃油切换到柴油(H.F.O.→M.D.O.)。 从燃油切换到柴油的步骤如下： 1)主机负荷设定在约正常输出功率CSR的75%（约67.5%MCR）； 2)切断向供油单元燃油加热器和蒸汽伴行管的蒸汽供给； 3)燃油温度降到80 ℃～85 ℃后，通过操作供油单元三通转换阀切换到柴油运行。 在以上试验过程中，检查管路中工质的压力、温度是否符合整个系统的技术要求。 3. 组合式锅炉试验 (1)在主机额定功率试验时，对废气锅炉进行1～2 h的效用试验； (2)对自动调节及安全报警装置进行调整和验收，并随锅炉做效用试验； (3)安全阀试验报请验船师参加； (4)在主机全负荷航行时，锅炉做效用试验； (5)烟气调节门启闭检验；

图6-11 海水制淡装置

部分航行试验轮机项目	(6)吹灰器效用试验。 在以上试验过程中,检查管路中工质的压力、温度是否符合整个系统的技术要求。 图 6-12 所示为船舶组合式锅炉。  图 6-12　船舶组合式锅炉

任务总结

本任务主要介绍了航行试验的相关内容,鉴于管路系统的运行试验是与主机、辅机及锅炉的试验同时进行的,依托航行试验轮机项目中的海水淡化装置、主机燃油切换试验和组合式锅炉试验,进行管路系统中工质的压力、温度的检查,检验是否符合整个系统的技术要求。

任务拓展

某散货船部分航行试验程序实例

1. 组合锅炉的蓄汽性能试验

试验日期：_____　　　　结果：_____

1.1　目的

验证锅炉的安全阀有充足的能力。

1.2　步骤

在主机大输出(M/E M.C.R—9480 kW/127 r/min)和锅炉燃烧器点火状态下关闭锅炉蒸汽出口主蒸汽阀(STOP VALVE)。

在试验期间,保证锅炉处于安全水位的状态。

1.3　验证

(1)安全阀泄汽:安全阀开启压力不大于蒸汽管路设计压力的 103%,即 0.79 MPa(蒸汽管路设计压力为 0.77 MPa,0.77×1.03＝0.793 1)——根据 BV 规范,PtC,Ch1,Sec3,{3.2.3b}。

(2)锅筒中的蓄汽压力不超过锅炉最大允许工作压力的 110%,即 0.99 MPa(锅炉最大允许工作压力为 0.90 MPa,0.9×1.1＝0.99 MPa)。

最大测量时间为 7 min。

组合锅炉的蓄汽性能试验记录表见表 6-3。

表 6-3 组合锅炉的蓄汽性能试验记录表　　　　　　　　MPa

	实测数值	最大允许数值	试验结果
钢炉安全阀开启压力		0.79	
锅筒中的蓄汽压力		0.99	
试验结论：			
船东认可签字：			
船检认可签字：			

说明：在主机耐久性试验过程中，进行上述试验。

2. 组合锅炉废气部分蒸发量测试

试验日期：_____

2.1　目的

确认组合锅炉废气部分的蒸发量。

组合锅炉废气部分的参数：

蒸发量：1 000 kg/h　（主机正常输出—90％MCR，增压器进口空气温度为 25 ℃）。

蒸汽压力：0.7 MPa

给水温度：80 ℃（≥60 ℃）

2.2　组合锅炉废气部分的蒸发量测试

测试持续 1 h。

(1)工况。

1)主机负荷：90％MCR(正常)。

2)组合锅炉：不点火。

3)加热蒸汽：从组合锅炉废气部分供应。

4)多余蒸汽：输向多余蒸汽冷凝器(即大气冷凝器)。

(多余蒸汽放泄阀设定压力为 0.7 MPa)

(2)测量。

1)给水流量(通过临时流量计)。

2)组合锅炉锅筒压力和液位。

3)组合锅炉废气部分废气进、出口温度。

4)M/E 出口、进口空气温度。

在主机耐久性试验过程中，进行上述组合锅炉废气部分的蒸发量测量。

3. 海水制淡装置造水量测试

试验日期：_____

3.1　目的

确认海水制淡装置的造水量。

海水制淡装置的参数：

容量：20 t/天

盐度：小于或等于10 ppm

3.2　步骤

在正常航行(90％MCR)状况下，测试 1 h，获得表 6-4 中的数据。

表 6-4 海水制淡装置逃水量数据表

测试项目		测试时间			平均
造水机壳内真空度		MPa			
造水机壳内水温		℃			
蒸馏水盐度		ppm			
冷凝器冷却海水压力	进口	MPa			
主机缸套冷却水温度	进口	℃			
	出口	℃			
排盐喷射泵压力	进口	MPa			
	出口	MPa			
海水泵进口压力		MPa			
蒸馏水泵出口压力		MPa			
蒸馏水流量	表值	L			
	差值	L/h			
造水量		t/d			

在主机耐久性试验过程中,进行上述造水机的造水量的测量。

学习成果测评与总结

一、学习成果评价单

学习成果名称		航行试验		完成限时		60分钟		
场地、设备及工量具								
小组人员分工								
任务评价	自我评价	1. 通过本任务学习,我学到的知识点和技能点:_____。 存在问题:_____。 2. 在本次工作和学习的过程中,我的表现可得到: □优 □良 □中 □及格 □不及格						
	小组互评	项目人员	组长	组员1	组员2	组员3	组员4	组员5	组员6
		认真倾听、互助互学							
		合作交流中解决的问题							
		成员参与度							
		备注:请根据组员表现情况评分,优秀5分、良好3分、合格1分、不合格0分。							
	教师评价								

二、自我分析与总结

学生改错：	学生学会的内容：

练习与思考

1. 简述航行试验的主要内容和条件。
2. 简述航行试验轮机项目的主要内容及试验中管系的检查内容。

学习笔记：

任务 6.3　管路的绝缘与油漆

工作任务	管路的绝缘与油漆	教学模式	任务驱动
任务描述	根据船舶管路系统的布置走向，按照绝缘包扎工艺规范进行外场包扎操作并检查和判定，确保管路绝缘包扎的施工质量。同时，根据管系油漆的颜色和标识，正确识别管系类型和流向。		
学习目标	知识目标	1. 了解船舶管路绝缘材料包扎施工前准备、工艺要求、工艺过程及检验。 2. 熟悉船舶管路的油漆工艺。	
	能力目标	1. 能够按照绝缘包扎工艺规范要求进行管系的外场包扎操作。 2. 能够根据油漆颜色，正确识别管路系统。	
	素质目标	1. 注重培养学生动手能力，能够展示学习成果，对工作过程进行总结和反思。 2. 注重培养学生质量意识和安全意识及规范操作的能力，与他人进行有效沟通和团结协作的能力。	
设备器材	个人防护用品、切割刀、剪刀、带齿形刮板、卷尺、绝缘材料、金属丝等包扎辅助材料等。		

知识充电站

管路绝缘功用

管路的绝缘为了最大限度地减少热损失或稳定舱室温度，很大一部分高温管系需要包扎绝缘层，高温管系的绝缘不仅减少了管路的热损失，还消除了因管子周围温度过高而灼伤工作人员和旅客的现象，以及防止易燃物品发生火灾的危险。

对于需要防止受热的管路(如制冷系统)，进行绝缘就保证了冷冻剂参数的相对稳定性，并防止在管路上凝结水珠。

实际上，凡是工作介质温度大于 50 ℃ 的管路，以及通过住人房舱而工作介质温度低于 10 ℃ 的管路和非冷藏装置的管路通过冷藏舱时均应包扎绝缘层。

管路绝缘包扎如图 6-13 所示。

图 6-13　管路绝缘包扎

管路绝缘工艺

1. 施工前准备

(1)熟悉和掌握管系包扎和施工工艺。

(2)密封性试验及涂装结束后，确认要包扎的系统无渗漏。

(3)包扎系统的管子、阀门及附件等应对照相应系统图要求，核查其正确性和完整性。

2. 绝缘层包扎方法

包扎绝缘层前先清洗管子表面，如果有需要，可在管子表面涂上一层防锈漆，然后敷设规定材质和厚度的绝缘材料，并且要有镀锌的铁丝来固定绑扎，最后，在绝缘层面最后一层应该粘上玻璃纤维纱布。包扎中需要注意以下几点：

(1)除蒸汽管的法兰或阀件应用可拆卸护垫来绝缘外，其他用于不影响阻止散热的蒸汽溢流管、开放式放泄管、冷凝水泄放管及锅炉给水管等管路的法兰与阀件不需要绝缘包扎，这样能方便维护，在泄漏时能很快地发现。

(2)花钢板以下的管子，原则上只在人需要保护及减少热量流失的地方才进行绝缘处理。

(3)电器设备上方的海水管应用玻璃纤维布进行包扎。

(4)凡涉及管子法兰及附件的绝缘，绝缘末端应留出螺栓拆装的空间。

(5)在包扎绝缘材料时应带上呼吸面具及穿戴御衣服，以防止碎屑对人呼吸系统的不利影响。

(6)管系的绝缘包扎工作应该在管系安装结束并已经过验收和压力试验之后进行。

续表

| 管路油漆与识别符号 | 1. 管路油漆 管路油漆的主要目的在于避免锈蚀及识别不用功用的管系。特征记号的油漆颜色应符合相应的船舶标准。一般情况下，各管系的颜色规定：燃油管路用棕色表示；润滑油管路用黄色表示；海水管路用绿色表示；淡水管路用灰色表示；舱底水管路用黑色表示；压缩空气管路用浅蓝色表示；蒸汽管路用银色表示；消防管路用大红色表示；透气、测量和溢流管路则依其介质而定，如图6-14所示。另外，还会在管路上设管路彩色识别标识（简称管路色标）来表示介质及其流向等相关信息，而且管路色标一般设在靠近机器设备管路进出口、阀件、日用器具、管路的交叉点，以及舱壁两侧和其他需要识别管内流体的部位的管路上。
需要格外注意的是，消防系统的阀和阀柄、阀盘应喷涂成红色，其他阀柄、阀盘颜色应喷涂与管路色标颜色相同的颜色。
管系的油漆还可以与船东及有关船级社协商决定。
管子在上船安装之前，均需在管子外表面涂防锈漆一遍。
对于燃油管、滑油管、液压油管等应涂刷环氧富锌底漆一层；蒸汽管、热水管等应涂刷耐热漆一层；其他管涂刷防腐底漆一层或按图纸要求选择油漆进行涂刷。凡是套管连接或对焊连接的管子，在涂漆时管子两端应留适当的余量不刷漆，以便船上焊接。
2. 管路的识别符号 管路的识别符号由色带和箭头组成，识别符号应用不同颜色的油漆涂刷。
色带用来表示由相同介质组成的不同的管路，即用管子油漆颜色和色带数目来代表不同的管路，如用绿色管子和色带分别代表卫生水管路、海水管路和压载水管路。
箭头指向用来表示管内介质的流动方向。对于介质可以双向流动的管路，则在相反方向再画一只箭头，如图6-15所示。识别符号应涂在靠近机械设备、日用器具、阀件、管路的交点及舱壁两侧或其他需要识别管内流体部位的管子上。
目前，管子油漆颜色和识别符号的代表意义尚未统一，一般可按厂标或船主的要求确定。 | 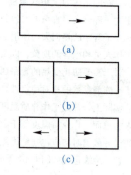

图6-14 船舶管系的颜色

图6-15 管路的识别符号 |

任务实施	
管路绝缘包扎	管路绝缘包扎工艺程序如下： (1)包扎绝缘层前先清除管子表面的灰尘、污迹。 (2)蒸汽管的法兰或阀件应用可拆卸护垫来绝缘。 (3)保温材料包扎在管路上的包扎顺序应为先管子后阀门、法兰等。 (4)管子上绝缘层要有镀锌的铁丝来固定绑扎，并且绝缘层面最后一层应该粘上玻璃纤维布。 (5)凡涉及管子法兰及附件的绝缘，绝缘末端应当留出螺栓拆装的距离。 (6)花钢板以下的管子原则上只在人需要保护及减少热量流失的地方才进行绝缘处理。 (7)绝缘层包扎形式：包扎的管路上有压力表座、泄放螺塞，应留出工作位置。货油系统的包扎要在电伴热安装完成后进行。

各种系统的包扎形式见表 6-5。

表 6-5 各种系统的包扎形式

应用场合	简图	备注
管路绝缘包扎 — 绝缘管	(管子；玻璃纤维/镀锌薄钢板；橡塑/矿棉绝缘纤维；铁丝)	包扎绝缘层应用铁丝扎紧最外层用玻璃纤维布粘贴
管路绝缘包扎 — 需蒸汽伴行管的燃油管或带有电伴热	(燃油管；蒸汽伴行管)	在用两根伴行管情况下绝缘尺寸比管尺寸高一级
管路绝缘包扎 — 弯曲部分		长度方向同上绝缘层被分为3～5层
管路绝缘包扎 — 蒸汽和凝水管路热水管路（$T>65\ ℃$）居住区冷水管	(玻璃纤维布)	在人体需要保护的地方应用

续表

续表

应用场合	简图	备注
管路绝缘包扎 / 法兰	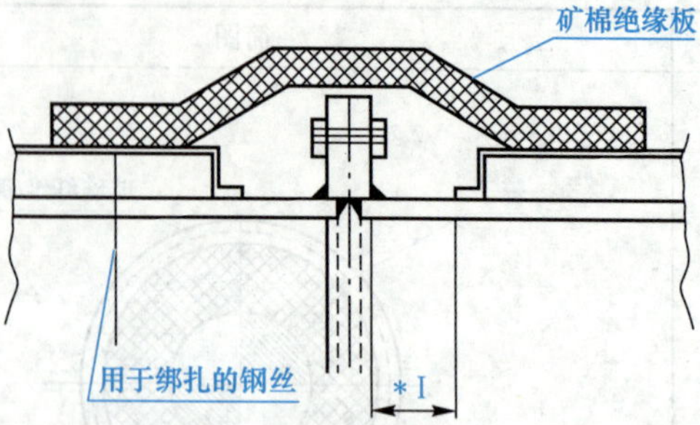 （矿棉绝缘板；用于绑扎的钢丝；*I）	应用于蒸汽管
	（管状连接应用于管子的保养和维护；用于伴行的带子；*I）	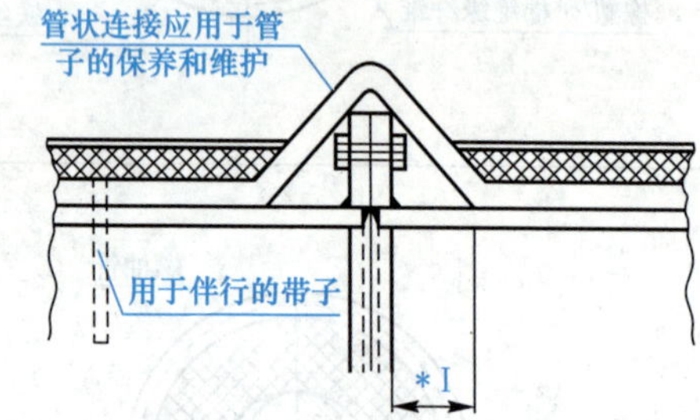 为避免着火以后能在管子泄漏时尽早探测到燃润滑油系统的法兰，法兰部分不用绝缘板绝缘
	（玻璃纤维纱布）	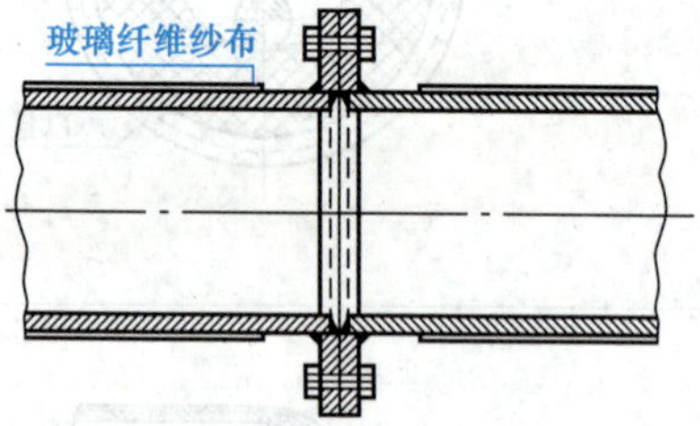 这种情况用于不影响阻止散热的蒸汽溢流管、开放式放泄管、冷凝水泄放管及锅炉给水管
	（*I）	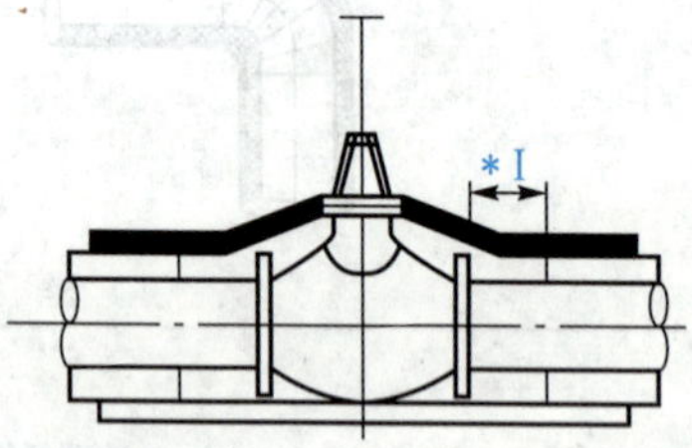 应用于蒸汽管
	（*I）	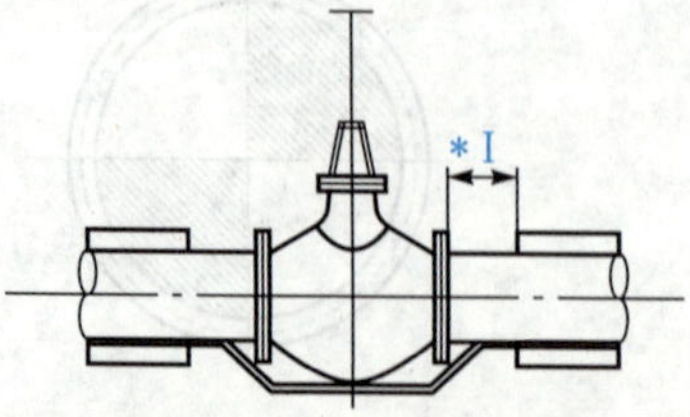 燃、润滑油系统不要绝缘板绝缘

注：如果是六角螺钉 *I 的尺寸应增加 15 mm，以便螺栓可以方便地拆卸。

续表

管路绝缘检验	1. 检验项目 检查要包扎的系统管路安装完整性。 2. 检验顺序 (1)镀锌薄钢板接缝及帆布缝合线放在被人不易观察到的位置。 (2)核实要包扎的系统使用的绝缘材料正确。 3. 检验方法和结果判定 (1)连接阀件法兰的六角螺钉处应减少 15 mm 包扎，以便螺栓可以方便地拆卸。 (2)包扎的管路上有压力表座、泄放螺塞，应留出工作位置。 (3)包扎的管路内层必须用铁丝或胶粘剂粘接或扎紧敷料，外层用规定的材料贴敷，完工后整个管路呈现出一种光顺的感觉。

任务总结

本任务介绍了管路的绝缘与油漆，主要从管路绝缘的功用、包扎和检验工艺及管路油漆工艺等方面详细阐述。

任务拓展

常见管路绝缘材料的选用

用于船舶管路系统的绝缘材料必须具备以下各种性能：较小的导热系数和良好的耐高温性，密度小且要有一定的强度，耐火，不自燃，对金属不腐蚀，耐振动，另外，还要求价格低，在受热时不应散发有害的气体和气味。

船上常用的管路隔热材料有石棉制品（目前石棉制品危害性大，船上多禁用）、硅酸铝制品及玻璃纤维制品，也有使用矿渣棉制品。为施工方便，大多使用成型管（两半式），也有使用卷带制品。另外，为牢固地在管路上固紧绝缘材料，同时，也为了防止绝缘材料在振动中发生损坏，在安装绝缘层外还包扎各种辅助材料，如金属网、镀锌薄钢板、黄铜丝或铁丝、帆布、玻璃纤维布等，以形成具有一定强度的保护层。

玻璃纤维基本上由二氧化硅氧化钙及氧化铝等组成。作为管路绝缘用的玻璃纤维有玻璃丝、玻璃带和玻璃毡等。在使用玻璃纤维时，必须注意玻璃碎屑对人呼吸系统的影响，并防止落入人的毛孔，因此，工作人员在包孔时应戴上呼吸面具及穿上防御衣服。

常见管路系统的绝缘工艺方法如下：

(1)热油系统、货油系统的包扎采用橡塑保温绝缘材料，外表面再包扎不锈钢薄板并用不锈钢自攻螺钉固定。

(2)居住区冷水管（海水、淡水、消防）、空调柜冷却进口管用两层细帆布缝合。

(3)排气管系统的包扎内层用玻璃纤维＋岩棉或玻璃棉＋玻璃纤维包裹在管子的四周达到规定的厚度后用铁丝扎紧，待整个管路包裹完成后再包镀锌薄钢板。

(4)带蒸汽伴行管的管路、蒸汽或凝水管路内层用矿棉绝缘纤维包扎，四周达到规定的厚度后用铁丝扎紧，最外层用玻璃纤维布缝合。

管路系统的绝缘包扎工作大部分是在造船的船装阶段进行的，此时管系已安装结束，并已经交付验收和进行压力试验。

不同管系的绝缘包扎材料选用见表 6-6。

表 6-6 不同管系的绝缘包扎材料选用　　　　　　　　　　　　　　mm

应用范围	温度范围/℃	通径	绝缘厚度	绝缘材料	表面材料	备注
蒸汽	$PN1.6$ MPa $T \geqslant 205$	$D \leqslant 50$	25	矿棉绝缘纤维	玻璃纤维布	
		$D \geqslant 80$	30			
	$PN0.6$ MPA $205 \geqslant T \geqslant 155$		25			
	$PN0.4$ MPa $155 \geqslant T \geqslant 130$					
热油	150~250	所有通径	25~30	矿棉、橡塑保护材料或根据技术要求	根据技术要求	
货油	50~60					
伴行蒸汽管路	—					
蒸汽和凝水管路	—		25	矿棉绝缘纤维	玻璃纤维布	1. 对可能造成人体伤害的蒸汽阻气器或泄放出口管设置绝缘。2. 花钢板以下的蒸汽冷凝管无绝缘
热水管路	$T>65$					
排水管路	—		50	玻璃纤维+岩棉；玻璃棉+玻璃纤绵	白铁皮	烟囱内 2.1 m 以上不包扎

学习成果测评与总结

一、学习成果评价单

学习成果名称	管路的绝缘与油漆		完成限时		60分钟		
场地、设备及工量具							
小组人员分工							
任务评价	自我评价	1. 通过本任务学习，我学到的知识点和技能点：＿＿＿＿。存在问题：＿＿＿＿。2. 在本次工作和学习的过程中，我的表现可得到：□优 □良 □中 □及格 □不及格					
	小组互评	项目人员	组长	组员1	组员2	组员3	组员4	组员5	组员6
		认真倾听、互助互学							
		合作交流中解决的问题							
		成员参与度							
		备注：请根据组员表现情况评分，优秀5分、良好3分、合格1分、不合格0分。							
	教师评价								

二、自我分析与总结

学生改错:	学生学会的内容:

练习与思考

1. 船舶管路系统绝缘的目的是什么？
2. 简述船舶管系绝缘层包扎的方法及注意点。
3. 管路油漆的目的是什么？不同颜色的管路系统分别代表什么管系？

学习笔记：

附 录

学习模块 1
任务工单 1.1

工作任务	认知船舶管系工的地位与管子的生产过程		任务成绩	
姓名		学号	班级	日期
任务描述	本任务主要是对典型管子的生产过程进行认知学习。			
知识	1. 熟悉船舶管系工的重要地位和作用。 2. 了解船舶管系放样。 3. 了解船舶管系的生产过程。			
技能	1. 能够掌握船舶管系的作用。 2. 能够掌握船舶管系工的任务。			
素质	1. 激发学生深入学习船舶管系的兴趣。 2. 培养学生具有分析、判断、计算、应用实践的基本素质,能够展示学习成果,对工作过程进行总结和反思。			
计划与准备	确定所需要的知识、设备、工具,并对小组成员进行合理分工,制订详细的工作计划。			
任务实施步骤	步骤1: 步骤2: 步骤3: 步骤4:			

遇到问题	解决问题
1.	
2.	
3.	
4.	
5.	

评估	

指导教师签字:

任务工单 1.2

工作任务	船舶管系放样工艺		任务成绩	
姓名		学号	班级	日期
任务描述	接受任务工单，根据要求对管子放样基本符号和管子尺寸标注进行掌握，为船舶管系的零件图和安装图识读进一步打下基础。			
知识	1. 了解船舶管系放样工艺和放样符号。 2. 了解管系基准面的确定方法。 3. 了解船舶管系尺寸的标注方法。			
技能	1. 能够掌握船舶管系放样工艺。 2. 能够识读船舶管系常用放样符号。 3. 能够掌握船舶管系尺寸的标注方法。			
素质	1. 激发学生深入学习船舶管系识图的兴趣。 2. 培养学生具有分析、判断、计算、应用实践的基本素质，能够展示学习成果，对工作过程进行总结和反思。			
计划与准备	确定所需要的知识、设备、工具，并对小组成员进行合理分工，制订详细的工作计划。			
任务实施步骤	步骤1： 步骤2： 步骤3： 步骤4：			

遇到问题	解决问题
1.	
2.	
3.	
4.	
5.	

评估	
	指导教师签字：

任务工单 1.3

工作任务	识读管子零件图		任务成绩			
姓名		学号		班级		日期
任务描述	熟悉船舶管子零件图的识读方法，对船舶管系弯管参数进行计算，能够编制弯管顺序，进而正确地识读管子零件图。					
知识	1. 了解弯管参数计算的含义。 2. 熟悉编制弯管参数的步骤。 3. 了解管子零件图的识读步骤。					
技能	1. 能够掌握弯管参数计算的方法。 2. 能够计算下料长度编制弯管顺序。 3. 能够掌握零件图的识读方法。					
素质	1. 激发学生深入学习船舶管系识图的兴趣。 2. 培养学生具有分析、判断、计算、应用实践的基本素质，能够展示学习成果，对工作过程进行总结和反思。					
计划与准备	确定所需要的知识、设备、工具，并对小组成员进行合理分工，制订详细的工作计划。					
任务实施步骤	步骤1： 步骤2： 步骤3： 步骤4：					

遇到问题	解决问题
1.	
2.	
3.	
4.	
5.	

评估	
	指导教师签字：

任务工单 1.4

工作任务	识读船舶管系安装图		任务成绩		
姓名		学号	班级		日期

任务描述	熟悉船舶管系安装图的识读方法，对管系安装形式及管系安装图纸类型进行学习，对管系分段预装和倒装进行认知，进而为识读管系分段预装图打下坚实的基础。
知识	1. 了解船舶管系安装图的内容。 2. 熟悉船舶管系安装图的应用。 3. 熟悉识读某船某管路系统局部的安装图方法。
技能	1. 能够掌握管系安装图的内容。 2. 能够掌握船舶管系安装图的应用。 3. 能够掌握管系安装图——按系统进行安装的图纸识读方法。
素质	1. 激发学生深入学习船舶管系识图的兴趣。 2. 培养学生具有分析、判断、计算、应用实践的基本素质，能够展示学习成果，对工作过程进行总结和反思。
计划与准备	确定所需要的知识、设备、工具，并对小组成员进行合理分工，制订详细的工作计划。
任务实施步骤	步骤1： 步骤2： 步骤3： 步骤4：

遇到问题	解决问题
1.	
2.	
3.	
4.	
5.	

评估	
	指导教师签字：

任务工单 1.5

工作任务	识读管路单、双线图		任务成绩	
姓名		学号	班级	日期
任务描述	熟悉船舶管路单、双线图的表示方法，对弯头的单、双线图，三通、四通的单、双线图，变径管及阀门的单、双线图的表示进行系统学习。			
知识	1. 熟知管系弯头单、双线图表示。 2. 熟知管系弯三通、四通单、双线图表示。 3. 熟知管系变径管及阀门单、双线图表示。			
技能	1. 能够掌握管系弯头单、双线图的表示方法。 2. 能够掌握管系弯三通、四通单、双线图的表示方法。 3. 能够掌握管系变径管及阀门单、双线图的表示方法。			
素质	1. 激发学生深入学习船舶管系识图的兴趣。 2. 培养学生具有分析、判断、计算、应用实践的基本素质，能够展示学习成果，对工作过程进行总结和反思。			
计划与准备	确定所需要的知识、设备、工具，并对小组成员进行合理分工，制订详细的工作计划。			
任务实施步骤	步骤1： 步骤2： 步骤3： 步骤4：			

遇到问题	解决问题
1.	
2.	
3.	
4.	
5.	

评估	
	指导教师签字：

任务工单 1.6

工作任务	绘制管路系统轴测图		任务成绩		
姓名		学号	班级	日期	
任务描述	熟悉船舶管路单系统轴测图的绘制方法,对船舶管路系统正等轴测图和斜等轴测图有进一步的学习和认知。				
知识	1. 了解管路系统正等轴测图的绘制方法。 2. 了解管路系统斜等轴测图的绘制方法。				
技能	1. 能够掌握管路系统正等轴测图的绘制方法。 2. 能够掌握管路系统斜等轴测图的绘制方法。				
素质	1. 激发学生深入学习船舶管系识图的兴趣。 2. 培养学生具有分析、判断、计算、应用实践的基本素质,能够展示学习成果,对工作过程进行总结和反思。				
计划与准备	确定所需要的知识、设备、工具,并对小组成员进行合理分工,制订详细的工作计划。				
任务实施步骤	步骤1: 步骤2: 步骤3: 步骤4:				

遇到问题	解决问题
1.	
2.	
3.	
4.	
5.	

评估
   指导教师签字:

学习模块 2

任务工单 2.1

工作任务	备料、下料管子		任务成绩		
姓名		学号		班级	日期
任务描述	接受任务工单，根据要求对管子进行砂轮机切割划线和下料操作。				
知识	1. 了解管子备料的工艺方法。 2. 熟悉确定管子的下料工艺。				
技能	1. 能够掌握管子备料的工艺步骤。 2. 能够掌握砂轮切割、火焰切割、锯床切割的工艺。				
素质	1. 注重培养学生动手能力，能够展示学习成果，对工作过程进行总结和反思。 2. 注重培养学生质量意识和安全意识及规范操作的能力，与他人进行有效沟通和团结协作的能力。				
计划与准备	确定所需要的知识、设备、工具，并对小组成员进行合理分工，制订详细的工作计划。				
任务实施步骤	步骤1： 步骤2： 步骤3： 步骤4：				

遇到问题	解决问题
1.	
2.	
3.	
4.	
5.	

评估

指导教师签字：

任务工单 2.2

工作任务	操作弯管机		任务成绩		
姓名		学号		班级		日期	
任务描述	接受任务工单,根据要求利用弯管机床弯进行弯管操作。				
知识	1. 了解弯管机弯制的工艺步骤。 2. 熟悉弯管机的分类。 3. 熟悉弯曲变形的影响因素。				
技能	1. 能够按照正确的弯管步骤操作弯管机。 2. 能够掌握弯曲变形的影响因素。 3. 能够掌握划线的工艺方法。				
素质	1. 注重培养学生动手能力,能够展示学习成果,对工作过程进行总结和反思。 2. 注重培养学生质量意识和安全意识及规范操作的能力,与他人进行有效沟通和团结协作的能力。				
计划与准备	确定所需要的知识、设备、工具,并对小组成员进行合理分工,制订详细的工作计划。				
任务实施步骤	步骤1: 步骤2: 步骤3: 步骤4:				

遇到问题	解决问题
1.	
2.	
3.	
4.	
5.	

评估	

指导教师签字:

任务工单 2.3

工作任务		平台校管法兰		任务成绩		
姓名		学号		班级		日期
任务描述	接受任务工单，按照要求，根据管子零件图在校管平台上装配法兰。					
知识	1. 掌握管子校对的工艺方法。 2. 掌握使用法兰定规、角度尺等的方法。					
技能	1. 能够按照正确的校管操作规程定位法兰。 2. 能够掌握平台校管的工艺步骤。 3. 能够掌握法兰画线的工艺方法。					
素质	1. 注重培养学生动手能力，能够展示学习成果，对工作过程进行总结和反思。 2. 注重培养学生质量意识和安全意识及规范操作的能力，与他人进行有效沟通和团结协作的能力。					
计划与准备	确定所需要的知识、设备、工具，并对小组成员进行合理分工，制订详细的工作计划。					
任务实施步骤	步骤1： 步骤2： 步骤3： 步骤4：					

遇到问题	解决问题
1.	
2.	
3.	
4.	
5.	

评估

指导教师签字：

任务工单 2.4

工作任务	焊接打磨管子		任务成绩		
姓名		学号		班级	日期
任务描述	接受任务工单,根据要求对管子进行焊接打磨工艺操作。				
知识	1. 掌握管子焊接的工艺方法。 2. 掌握确定打磨的工艺。				
技能	1. 能够掌握管子焊接的工艺步骤。 2. 能够掌握管子打磨的工艺步骤。				
素质	1. 注重培养学生动手能力,能够展示学习成果,对工作过程进行总结和反思。 2. 注重培养学生质量意识和安全意识及规范操作的能力,与他人进行有效沟通和团结协作的能力。				
计划与准备	确定所需要的知识、设备、工具,并对小组成员进行合理分工,制订详细的工作计划。				
任务实施步骤	步骤1: 步骤2: 步骤3: 步骤4:				

遇到问题	解决问题
1.	
2.	
3.	
4.	
5.	

评估	

指导教师签字:

任务工单 2.5

工作任务	打压试验管子		任务成绩	
姓名		学号	班级	日期
任务描述	接受任务工单,根据要求对管子进行打压强度试验操作。			
知识	1. 了解液压试验的工艺步骤。 2. 熟悉打压试验的试验目的。 3. 熟悉打压试验管子外观质量检查的方法。			
技能	1. 能够掌握打压强度试验的目的。 2. 能够掌握打压强度试验的工艺步骤。 3. 能够掌握打压强度试验的工艺方法。			
素质	1. 注重培养学生动手能力,能够展示学习成果,对工作过程进行总结和反思。 2. 注重培养学生质量意识和安全意识及规范操作的能力,团结协作的能力。			
计划与准备	确定所需要的知识、设备、工具,并对小组成员进行合理分工,制订详细的工作计划。			
任务实施步骤	步骤1: 步骤2: 步骤3: 步骤4:			

	遇到问题	解决问题
1.		
2.		
3.		
4.		
5.		

评估	
	指导教师签字:

任务工单 2.6

工作任务	清洗和表面处理管子		任务成绩			
姓名		学号		班级		日期	
任务描述	接受任务工单，根据要求对管子进行化学清洗试验操作。					
知识	1. 了解管子进行清洗的工艺方法。 2. 了解确定管子表面处理的方法。					
技能	1. 能够掌握管子进行清洗和表面处理的工艺步骤。 2. 能够掌握表面处理后的质量检查。					
素质	1. 注重培养学生动手能力，能够展示学习成果，对工作过程进行总结和反思。 2. 注重培养学生质量意识和安全意识及规范操作的能力，与他人进行有效沟通和团结协作的能力。					
计划与准备	确定所需要的知识、设备、工具，并对小组成员进行合理分工，制订详细的工作计划。					
任务实施步骤	步骤1： 步骤2： 步骤3： 步骤4：					

	遇到问题	解决问题
1.		
2.		
3.		
4.		
5.		

评估	

指导教师签字：

任务工单 2.7

工作任务	托盘配送管子		任务成绩		
姓名		学号		班级	日期
任务描述	接受任务工单,根据要求对管子进行托盘管理操作。				
知识	1. 了解托盘管理的产生。 2. 了解托盘管理的流程。				
技能	1. 能够掌握托盘的划分原则。 2. 能够掌握托盘管理的作用。 3. 能够认知托盘代码。				
素质	1. 注重培养学生动手能力,能够展示学习成果,对工作过程进行总结和反思。 2. 注重培养学生质量意识和安全意识及规范操作的能力,与他人进行有效沟通和团结协作的能力。				
计划与准备	确定所需要的知识、设备、工具,并对小组成员进行合理分工,制订详细的工作计划。				
任务实施步骤	步骤1: 步骤2: 步骤3: 步骤4:				

	遇到问题	解决问题
1.		
2.		
3.		
4.		
5.		

评估	
	指导教师签字:

学习模块 3
任务工单 3.1

工作任务	制作通舱管件		任务成绩			
姓名		学号		班级		日期
任务描述	接受任务工单,根据要求对管子进行制作直通式通舱管件操作。					
知识	1. 了解通舱管件的作用。 2. 熟悉砂轮机的使用方法。 3. 熟悉焊机的方法。 4. 熟悉制作直通法兰连接通舱管件工艺步骤。					
技能	1. 能够正确使用砂轮切割机、焊机等设备。 2. 能够掌握制作直通法兰连接通舱管件工艺步骤。					
素质	1. 注重培养学生动手能力,能够展示学习成果,对工作过程进行总结和反思。 2. 注重培养学生质量意识和安全意识及规范操作的能力,与他人进行有效沟通和团结协作的能力。					
计划与准备	确定所需要的知识、设备、工具,并对小组成员进行合理分工,制订详细的工作计划。					
任务实施步骤	步骤1: 步骤2: 步骤3: 步骤4:					

遇到问题	解决问题
1.	
2.	
3.	
4.	
5.	

评估	
	指导教师签字:

任务工单 3.2

工作任务	制作焊接管子支架		任务成绩		
姓名		学号	班级		日期
任务描述	掌握管子支架的制作方法,能够按要求制作管子支架。				
知识	1. 了解管子支架的作用。 2. 了解管子支架的分类。 3. 了解管子支架的制作工艺。				
技能	1. 能够掌握管子支架的分类。 2. 能够掌握管子支架的制作工艺步骤。				
素质	1. 注重培养学生动手能力,能够展示学习成果,对工作过程进行总结和反思。 2. 注重培养学生质量意识和安全意识及规范操作的能力,与他人进行有效沟通和团结协作的能力。				
计划与准备	确定所需要的知识、设备、工具,并对小组成员进行合理分工,制订详细的工作计划。				
任务实施步骤	步骤1: 步骤2: 步骤3: 步骤4:				

遇到问题	解决问题
1.	
2.	
3.	
4.	
5.	

评估

指导教师签字:

任务工单 3.3

工作任务	制作等径直角三通		任务成绩			
姓名		学号		班级	日期	
任务描述	接受任务工单,根据要求制作等径直角三通。					
知识	1. 明确直角三通的作用。 2. 熟悉气割的操作方法。 3. 熟悉电焊机的使用方法。 4. 熟悉制作等径直角三通工艺步骤。					
技能	1. 能够正确进行气割、电焊等操作。 2. 能够掌握制作等径直角三通的工艺步骤。					
素质	1. 注重培养学生动手能力,展示学习成果,对工作过程进行总结和反思。 2. 注重培养学生质量意识和安全意识及规范操作的能力,与他人进行有效沟通和团结协作的能力。					
计划与准备	确定所需要的知识、设备、工具,并对小组成员进行合理分工,制订详细的工作计划。					
任务实施步骤	步骤1: 步骤2: 步骤3: 步骤4:					

	遇到问题	解决问题
1.		
2.		
3.		
4.		
5.		

评估	
	指导教师签字:

学习模块 4

任务工单 4.1

工作任务	安装其他连接附件		任务成绩		
姓名		学号	班级		日期
任务描述	接受任务工单,根据要求对管子进行法兰的选用和安装操作。				
知识	1. 了解并认知法兰的结构。 2. 熟悉法兰的连接螺栓的选用。 3. 熟悉法兰安装注意事项。				
技能	1. 能够掌握法兰的分类。 2. 能够掌握法兰安装的工艺步骤。				
素质	1. 注重培养学生动手能力,能够展示学习成果,对工作过程进行总结和反思。 2. 注重培养学生质量意识和安全意识及规范操作的能力,与他人进行有效沟通和团结协作的能力。				
计划与准备	确定所需要的知识、设备、工具,并对小组成员进行合理分工,制订详细的工作计划。				
任务实施步骤	步骤1: 步骤2: 步骤3: 步骤4:				

遇到问题	解决问题
1.	
2.	
3.	
4.	
5.	

评估

指导教师签字:

任务工单 4.2

工作任务	安装常用的阀件		任务成绩			
姓名		学号		班级		日期
任务描述	掌握船舶管路常用阀件的选用和安装方法,能够按要求安装常用阀件。					
知识	1. 了解常用阀件的结构。 2. 熟悉常用阀件的选用。					
技能	1. 能够掌握常用阀件的标记方法。 2. 能够掌握常用阀件的安装注意事项。					
素质	1. 注重培养学生动手能力,能够展示学习成果,对工作过程进行总结和反思。 2. 注重培养学生质量意识和安全意识及规范操作的能力,与他人进行有效沟通和团结协作的能力。					
计划与准备	确定所需要的知识、设备、工具,并对小组成员进行合理分工,制订详细的工作计划。					
任务实施步骤	步骤 1: 步骤 2: 步骤 3: 步骤 4:					

遇到问题	解决问题
1.	
2.	
3.	
4.	
5.	

评估

指导教师签字:

任务工单 4.3

工作任务	安装检查测量附件		任务成绩	
姓名		学号	班级	日期
任务描述	掌握船舶管路常用检查测量附件——压力表、温度计、液位计的选用和安装方法,能够按要求安装压力表。			
知识	1. 了解认识压力表、温度计、液位计的结构。 2. 熟悉压力表、温度计、液位计的选用。			
技能	1. 能够掌握压力表、温度计、液位计的分类。 2. 能够掌握压力表、温度计、液位计的安装注意事项。			
素质	1. 注重培养学生动手能力,能够展示学习成果,对工作过程进行总结和反思。 2. 注重培养学生质量意识和安全意识及规范操作的能力,与他人进行有效沟通和团结协作的能力。			
计划与准备	确定所需要的知识、设备、工具,并对小组成员进行合理分工,制订详细的工作计划。			
任务实施步骤	步骤1: 步骤2: 步骤3: 步骤4:			

	遇到问题	解决问题
1.		
2.		
3.		
4.		
5.		

评估	

指导教师签字:

任务工单 4.4

工作任务	其他常用附件的选用		任务成绩	
姓名		学号	班级	日期
任务描述	掌握船舶管路其他常用附件的选用方法,主要从滤器和密封材料的选用方面加以阐述。			
知识	1. 熟悉认识滤器的结构和选用。 2. 熟悉船舶管路常用垫片的选用。			
技能	1. 能够掌握滤器的结构和选用。 2. 能够掌握滤器的安装注意点。 3. 能够掌握常用垫片的选用方式,会正确选择垫片。			
素质	1. 注重培养学生动手能力,能够展示学习成果,对工作过程进行总结和反思。 2. 注重培养学生质量意识和安全意识及规范操作的能力,与他人进行有效沟通和团结协作的能力。			
计划与准备	确定所需要的知识、设备、工具,并对小组成员进行合理分工,制订详细的工作计划。			
任务实施步骤	步骤1: 步骤2: 步骤3: 步骤4:			

	遇到问题	解决问题
1.		
2.		
3.		
4.		
5.		

评估	
	指导教师签字:

学习模块 5

任务工单 5.1

工作任务	安装船舶管路系统		任务成绩		
姓名		学号	班级		日期
任务描述	接受任务工单,根据要求进行某船舶管路系统安装步骤操作。				
知识	1. 熟悉某单元设备及铁舾件安装要求。 2. 熟悉某单元管系及附件安装要求。 3. 熟悉分段预装的形式和方法。				
技能	1. 能够掌握单元设备及铁舾件安装步骤。 2. 能够掌握单元管系及附件安装步骤。 3. 能够掌握分段预装的形式和方法。				
素质	1. 注重培养学生动手能力,能够展示学习成果,对工作过程进行总结和反思。 2. 注重培养学生质量意识和安全意识及规范操作的能力,与他人进行有效沟通和团结协作的能力。				
计划与准备	确定所需要的知识、设备、工具,并对小组成员进行合理分工,制订详细的工作计划。				
任务实施步骤	步骤1: 步骤2: 步骤3: 步骤4:				

遇到问题	解决问题
1.	
2.	
3.	
4.	
5.	

评估	
	指导教师签字:

任务工单 5.2

工作任务	安装合拢管		任务成绩		
姓名		学号		班级		日期	

任务描述	采用传统的作业方法,在船舶建造过程中进行合拢管的现场校管,然后在车间制作检验,最后完成实船安装。
知识	熟悉合拢管现场校管、制作检验和安装的工艺过程。
技能	能够按照规范进行合拢管的制作与安装。
素质	1. 注重培养学生动手能力,能够展示学习成果,对工作过程进行总结和反思。 2. 注重培养学生质量意识和安全意识及规范操作的能力,与他人进行有效沟通和团结协作的能力。
计划与准备	确定所需要的知识、设备、工具,并对小组成员进行合理分工,制订详细的工作计划。
任务实施步骤	步骤 1: 步骤 2: 步骤 3: 步骤 4:

遇到问题	解决问题
1.	
2.	
3.	
4.	
5.	

评估	
	指导教师签字:

任务工单 5.3

工作任务	安装特种管子			任务成绩			
姓名		学号		班级		日期	
任务描述	按照工艺要求进行玻璃钢管搬运、吊装、上船预放和安装。						
知识	熟悉不锈钢钢管、铜镍合金管、铝黄铜管、玻璃钢管等特种管子的安装工艺过程。						
技能	能够按照工艺要求进行玻璃钢管等特种管子的安装。						
素质	1. 注重培养学生动手能力,能够展示学习成果,对工作过程进行总结和反思。 2. 注重培养学生质量意识和安全意识及规范操作的能力,与他人进行有效沟通和团结协作的能力。						
计划与准备	确定所需要的知识、设备、工具,并对小组成员进行合理分工,制订详细的工作计划。						
任务实施步骤	步骤 1: 步骤 2: 步骤 3: 步骤 4:						

遇到问题	解决问题
1.	
2.	
3.	
4.	
5.	

评估	

指导教师签字:

学习模块 6

任务工单 6.1

工作任务	完整性检验和密封性试验		任务成绩		
姓名		学号	班级	日期	
任务描述	船上所有系统的管路安装完毕后,为了确保安装质量,使之符合施工图纸上的技术要求,还必须对每一系统的管路部分进行安装正确性、完整性检验,找出是否存在遗漏和安装错误,并及时给予修正,以便后续的管系密封性试验的顺利进行。				
知识	了解管系完整性检验和密封性试验的要求和内容。				
技能	能够按照工艺要求进行管系完整性检验和密封性检查。				
素质	1. 注重培养学生动手能力,能够展示学习成果,对工作过程进行总结和反思。 2. 注重培养学生质量意识和安全意识及规范操作的能力,与他人进行有效沟通和团结协作的能力。				
计划与准备	确定所需要的知识、设备、工具,并对小组成员进行合理分工,制订详细的工作计划。				
任务实施步骤	步骤1: 步骤2: 步骤3: 步骤4:				

遇到问题	解决问题
1.	
2.	
3.	
4.	
5.	

评估	
	指导教师签字:

任务工单 6.2

工作任务	系泊试验和航行试航		任务成绩		
姓名		学号	班级		日期
任务描述	在船舶系泊的状态下,可以针对各系统的工作特性和技术要求进行效用试验。经过系泊试验并消除了试验中所暴露的缺点后,同时检查管路中工质的压力、温度是否符合整个系统的技术要求。				
知识	1. 了解船舶管路系统系泊试验的条件、内容和工艺要求。 2. 熟悉船舶航行试验的含义。 3. 熟悉航行试验轮机部分的内容的操作。				
技能	1. 能够按照要求进行船舶动力管系的系泊试验。 2. 能够在动力装置航行试验中进行管系压力和温度等检查,确保系统服务的各种机械设备运转灵活可靠。				
素质	1. 注重培养学生动手能力,能够展示学习成果,对工作过程进行总结和反思。 2. 注重培养学生质量意识和安全意识及规范操作的能力,与他人进行有效沟通和团结协作的能力。				
计划与准备	确定所需要的知识、设备、工具,并对小组成员进行合理分工,制订详细的工作计划。				
任务实施步骤	步骤1: 步骤2: 步骤3: 步骤4:				

遇到问题	解决问题
1.	
2.	
3.	
4.	
5.	

评估
指导教师签字:

任务工单 6.3

工作任务	管路的绝缘与油漆		任务成绩	
姓名		学号	班级	日期
任务描述	根据船舶管路系统的布置走向，按照绝缘包扎工艺规范进行外场包扎操作并检查和判定，确保管路绝缘包扎的施工质量。同时，根据管系油漆的颜色和标识，正确识别管系类型和流向。			
知识	1. 了解船舶管路绝缘材料包扎施工前准备、工艺要求、工艺过程及检验。 2. 熟悉船舶管路的油漆工艺。			
技能	1. 能够按照绝缘包扎工艺规范要求进行管系的外场包扎操作。 2. 能够根据油漆颜色，正确识别管路系统。			
素质	1. 注重培养学生动手能力，能够展示学习成果，对工作过程进行总结和反思。 2. 注重培养学生质量意识和安全意识及规范操作的能力，与他人进行有效沟通和团结协作的能力。			
计划与准备	确定所需要的知识、设备、工具，并对小组成员进行合理分工，制订详细的工作计划。			
任务实施步骤	步骤1： 步骤2： 步骤3： 步骤4：			

遇到问题	解决问题
1.	
2.	
3.	
4.	
5.	

评估	
	指导教师签字：

参 考 文 献

[1] 孙文涛. 船舶管系放样与生产[M]. 北京：北京理工大学出版社，2014.
[2] 《管路附件选用手册》编委会. 管路附件选用手册[M]. 北京：机械工业出版社，2008.
[3] 中国船级社. 钢质海船入级规范(2012)[M]. 北京．人民交通出版社，2012.
[4] 陈铁铭. 船舶管系[M]. 北京：人民交通出版社，2007.
[5] 邵志深. 船舶管系工中级工培训教程[M]. 哈尔滨：哈尔滨工程大学出版社，2007.
[6] 章炜樑，许正权. 船舶管系工[M]. 北京：国防工业出版社，2011.
[7] 王欢. 船舶管路系统[M]. 哈尔滨：哈尔滨工程大学出版社，2019.
[8] 韩笑妍. 船舶行业安全生产标准化达标应知应会读本[M]. 哈尔滨：哈尔滨工程大学出版社，2020.